第2辑

Youth Dynamics
Perspective Diversity

博望天下

翟崑 主编

杨体荣 张添 谭萌 王丽娜 副主编

世界知识出版社

图书在版编目（CIP）数据

博望天下. 第 2 辑 / 翟崑主编；杨体荣，张添，谭萌副主编. --北京：世界知识出版社，2023.11
ISBN 978-7-5012-6695-1

Ⅰ.①博… Ⅱ.①翟… ②杨… ③张… ④谭…
Ⅲ.①世界史—文集 Ⅳ.①K107-53

中国国家版本馆 CIP 数据核字（2023）第 199913 号

责任编辑	刘豫徽
责任出版	李　斌
责任校对	陈可望

书　　名	博望天下（第 2 辑） Bowang Tianxia (Di 2 Ji)
主　　编	翟　崑
副 主 编	杨体荣　张添　谭萌　王丽娜
出版发行	世界知识出版社
地址邮编	北京市东城区干面胡同 51 号（100010）
经　　销	新华书店
网　　址	www.ishizhi.cn
电　　话	010-65233645（市场部）
印　　刷	北京虎彩文化传播有限公司
开本印张	787 毫米×1092 毫米　1/16　15¾印张
字　　数	210 千字
版次印次	2023 年 11 月第一版　2023 年 11 月第一次印刷
标准书号	ISBN 978-7-5012-6695-1
定　　价	79.00 元

版权所有　侵权必究

编委会

主　编：翟　崑

副主编：杨体荣　张　添　谭　萌　王丽娜

编　委：韩卓希　兰　旻　张安琪

序 言

北京大学区域与国别研究院以"博望天下"之名汇聚全球有志青年，从66号院的知识码头再次起航，探知识之海洋，拓实践之疆域。《博望天下》丛刊是北京大学区域与国别研究院（以下简称"北大区研院"）倾力打造的知识生产新航标，旨在创新和优化我国区域国别研究的人才培养。该刊第1辑于2022年出版，内容广博多元，凸显区域国别研究的交叉学科气质，彰显北京大学区域国别研究的开放性、包容性。第1辑出版后，不但得到了中宣部、共青团中央和同行院校的高度认可，而且深受区域国别研究青年的喜爱。守正创新，踔厉风发，我们在此基础上继续向前向上，及时出版第2辑。本辑《博望天下》以北大区研院主办的全国首期"领潮行"写作营的文章为基础，编辑团队组织学员扩写和优化文章，历经近一年的时间，最终形成现在这部新作。

领潮前行，迎难而上

当前是我国区域国别研究上行发展的新时代！作为交叉学科的"区域国别学"一级学科进入了国家研究生培养的学科专业目录，有关区域国别学学科体系、学术体系、话语体系和人才培养体系的讨论和探索层出不穷，其间，涌现出很多高水平的成果。在全国区域国别研究机构数量大增长之后，学生培养的规模也在快速扩大。但是在区域国别研究领域究竟要"培养什么人、为谁培养人和怎样培养人"，大家还有很多困感。北大区研院提供的诸多方案之一，是发展社会型学术，培养区域国别研究青年服务大众的知识生产能力，全面增强他们"爱国关天下"的意识与能力。

为此，我们在2022年7月至2023年1月组织了首期"领潮行"写作营，并得到北京大学写作中心的支持。"领潮行"寓意"引领潮流，勇立潮头，知行合一"。我们面向全球招募学员，最终入营的学员遍布祖国大江南北，散布全球多个国家。他们的学习和学科背景多样，既有来自国际关系、国际政治专业的研究生，也有来自不同外语专业的本科生；既有在国内居家学习用心钻研的同学，也有置身中东、非洲和澳大利亚等地进行田野调查的青年研究者。这些来自不同时空的区域国别研究有志青年，围绕"疫情时代的线上教育"进行研究，在由学术界、出版界和国际组织等各领域专家构成的导师组带领下，完成了一批高质量的社会型学术文章。

我国的区域国别研究过去主要集中在高校，拥有悠久深厚的历史传统，在所立足的学科开展专业性知识生产。但是在区域国别学快速迭代的新阶段，区域国别研究活动既有面向学术研究的基本需求，又要服务国家战略，还要关心社会大众的需求，"想百姓之所想"。这是一个填补知识空白的过程，使命光荣，责任重大，需要我们迎难而上。

踏浪而上，快速迭代

区域国别研究的建设需要青年，世界的发展需要青年。当今世界的发展变乱交织，技术快速进步与风险高发彼此交叠，世界社会发展的各种难题需要青年踏浪而上。世界各国社会发展的复杂问题，呼唤青年贡献新思想和新行动，为解决问题寻找新方案和新路径。全球可持续发展在治理、信任和技术等方面存在的赤字，需要青年孜孜以求，上下求索。但"九层之台，起于垒土；千里之行，始于足下"，远大目标的实现离不开青年的长期投入，推动底层的知识生产创新和进化。北大区研院于2018年4月成立，次年开始启动社会型学术的系列项目，形成了以澎湃新闻"再看世界"为代表的知识产品矩阵。截至目前，我们共发布了超过1 000篇作品，包括原创文章、数说世界短文、全球智点知识卡片、书评等不同类型，累计阅读量超过1亿次。我们的180余名作者积极回应社会大众对全球经济、科学技术、历史变迁、数字化转型、政治战略等问题的知识需求，推动社会型学术的快速迭代。

在区域国别研究的知识海洋上，除了需要青年踏浪而上，更重要的是汇聚知识的浪花，合成中国区域国别研究改革创新的新浪潮。当前我国区域国别研究中社会型学术的力量主要有两种类型，一是各高校和科研院所从事相关研究的教师，二是研究生。从未来长远发展看，尤其是为了把握好未来5—10年我国区域国别研究的关键增量期，我们还需要具有更高精准度和迭代率的社会型学术。

从"再看世界"的船坞扬帆起航

北大区研院在澎湃新闻开设的"再看世界"专栏，是我国区域国别研究青年人才修炼功夫、扬帆起航的船坞，是社会型学术"立足中国、走向世界"和"展望世界，定位中国"的知识平台。"再看世界"内含新时代中国对外开放的新精神，既要继承"博望侯"张骞的开拓精神，发扬"睁眼看世界"之初代青年的创新和进取；又要在此基础上守正创新，把握中国发展的脉动和世界变化的气象。

从"再看世界"船坞扬帆起航的，是新时代中国区域国别研究中生生不息的有志青年。区域国别学一级学科的诞生，不只是在我国研究生教育学科专业目录中多了一个编号"1407"的存在。它的背后是中国更深程度、更大范围参与全球发展的转向，是中国与世界更加紧密地联系在一起的体现。这一过程需要大量青年的持续投入，需要青年不断升级自己的知识和技能库，需要一艘艘青年之船升帆出海，引领新时代区域国别研究的发展。

从"再看世界"船坞扬帆起航的，还是新时代中国区域国别研究急需的社会型学术。区域国别研究无小事，推动区域国别研究的发展与运用，需要全社会的参与。今日的中国，与全球发展的联系程度高过以往任何时候，对世界发展的贡献比率远超过去。新时代的发展，需要社会大众的关注和参与。反观群众自发性的知识需求，可以看到我国社会大众对世界局势的关心。出租车司机、菜市场商贩、电商带货"网红"等，几乎谁都能依据自己的亲身体验谈两句国际形势，体现出中国大众对全球发展的关心。面对这一深度互嵌的国家知识需求和社会知识需求，区域国别研究中的社会型学术也需要快速迭代，持续在知识船坞中汲取力量，重新出发！

从"再看世界"船坞扬帆起航的，更是新时代的中国特色区域国别研究。我国区域国别研究的发展立足自身科研体系，吸收英美等国家大学里区域研究（area studies）的改革经验，具有突出的实践性、开放性和包容性。但面对深化对外开放的系统性需求，现有区域国别研究知识体系供给不足，因而需要构建新时代中国特色的区域国别研究知识体系。北大区研院提供的方案之一，是由基础型、政策型和社会型学术构成的功能型知识生产体系。从"再看世界"这一支点出发，联动人才培养、科学研究、社会服务和国际交流等其他环节，中国区域国别研究正在知识之海上持续系统化、专业化和数字化。

登陆全球，共绘天下

乘船出发的区域国别研究青年并没有止步于海洋，他们从陆地出发，抵达海洋之后又飞向太空，构建了中国青年多样立体的知识空间。历史学家王赓武先生说，中国过去几千年的发展偏重陆地性，近200年才越来越关注海洋性。这是中国与世界大变局催生的知识转型。而当下的中国青年，以全新的精神面貌拥抱世界，以自主能动的写作构建新的叙事。

今日中国的区域国别研究青年，从未偏安一隅，而是心系全球。他们在不断践行"爱国关天下"的精神！我们的区域国别研究青年，从他们生活的中国出发，或通过陆地或通过海洋，走向世界发展的各个角落。他们不局限于过去研究中的传统空间，而是结合自身的兴趣爱好和资源条件，走向"一带一路"沿线的"冷门国家"，走入各种类型的国际组织。这些有志青年保持对国家改革和世界发展前沿的关注，从国家、区域、大洲等空间走向地球之外，关注人类持续探索的新领域。

我们的区域国别研究青年以全新的风貌、充足的能量，生成服务新时代中国高水平对外开放的空间。未来，这些研究者将成长为共绘天下的新力量，以他们开放的视野、突出的包容性和快速的行动力，对地球内外的各类问题进行研究，服务中国自主知识体系的建设。我们将长期出版《博望天下》丛刊，将其打造成时代青年的成长平台，为中国区域国别学的高质量发展注入可持续动能。

翟崑

2023 年 9 月 23 日

目　录

全球线上教育领潮

- 003　知识的开放还是开放的知识？
　　　从 Z-Library 关闭看知识获取的博弈　　　段　寻
- 017　全球线上教育的治理实践
　　　——以"网课爆破"为切入点的考察　　　闫天行
- 030　看联合国教科文组织
　　　如何把教育政策的价值"写"入非洲大地　　　刘春吾
- 044　东盟教育数字化转型现状、挑战与前景　　　王翊臣

线上教育改革汇潮

- 063　中日韩"亚洲校园"线上课堂：
　　　为日本北海道余市"云定制"旅游政策的经历　　　李冠儒
- 085　步履维艰的科摩罗教育：
　　　从教室走向网络　　　孔元　周心培
- 100　澳大利亚高校数字教育的探索与未来　　　徐　博
- 119　坦桑尼亚的"限"上教育　　　张超峰

国别线上教育新潮

- 135　网络技术为何能赋权沙特女性教育　　　刘庆龙

151　驱散"幽灵"：
　　　越南线上教育的网络欺凌治理　　　　　郭小语　池龙威
165　缅甸数字教育创业者冲浪记　　　　　　　　上官雯静

线上教育转型风潮

181　跨越数字边界的印度尼西亚求学者　　　　　尹楷珺
199　疫情浪潮过处泰国贫困学生"何以为学"？　王晞蓓儿
219　俄罗斯教育数字化转型：
　　　动因、路径与挑战　　　　　　　　　　刘奇　王陈昊志

全球线上教育领潮

知识的开放还是开放的知识?
从 Z-Library 关闭看知识获取的博弈

段　寻[*]

2022年11月3日，全球著名的大型"影子图书馆"——Z-Library因涉嫌图书盗版被美国作家联盟（The Authors Guild）检举，并被美国警方封锁，一个跨越国家、语言、学科的免费知识的"分享"平台成为历史。但与此同时，网络上却掀起了另一场"保护"Z-Library的行动，例如分享新的链接方式、寻求新的资源分享平台。这些行动的发起者以学生为主，他们是Z-Library免费知识获取的最大受益者。相关事件的对峙体现出了一个核心问题：知识生产者与使用者之间的博弈。

一、知识开放的演进

权力使知识成为"知识"，知识是被少数群体占有的权利。知识的开放是被占有的"知识"冲破层层边界的过程，从学术群体面向社会大众的知识开放。但同时，在知识开放的过程中也显示出开放知识的选择性。

---

[*] 段寻，北京外国语大学国际教育学院博士研究生，研究方向为跨学科知识生产、区域国别教育。

(一) 谁的知识才是知识

近代早期的欧洲，知识是精英们所认可的知识，即他们所了解的学问。普通民众了解的不是知识，他们也不应该被教以知识，这将使得他们无法满足于自身所处的环境。① 被认可的知识最典型的体现是被书写和传播。随着普通民众所拥有的"地方知识"和"日常知识"开始"复原"，② 知识不再为单一精英阶层所拥有，知识变得多样化和复杂化。同时，多样化的知识也开始产生了不同层级的界分，例如理论知识与实际知识、公共知识与私有知识、合法知识与禁忌知识等不同类型。其中，专门性的知识因其更少人掌握变得"高高在上"，而普遍性的、常识性的知识却成为被忽视的存在。专门性知识的典型代表是"学术"，通常指的是由专门的人群研究客观事物规律而形成的系统知识。本文所涉及的知识尤指这类知识。学术性知识在知识演化的过程中具有明显的生产、传播和使用的过程，更能体现出知识获取的博弈。

同时，在这种知识的界分过程中也呈现出一个核心问题：谁来区分这些知识？于是便产生了知识与权力关系的探讨。在彼得·伯克（Peter Burke）对知识社会史的相关论述中，知识与权力的讨论涉及"知识之表达""知识之建立""知识之定位""知识之分类""知识之掌握""知识之销售"以及"知识之获取"等关键环节。其中，知识的表达、建立、定位、分类皆属于学术界关于知识的讨论，表现出对知识抵制或创新之间不同观点的矛盾。"知识之掌握"主要涉及知识和政治之间的关系，而"知识之销售"和"知识之获取"则涉及知识生产者与市场、出版业和读者之间的关系，这也正是本文所涉及的矛盾主体。

---

① 彼得·伯克：《知识社会史（上卷）：从古登堡到狄德罗》，陈志宏、王婉旎译，浙江大学出版社，2016。
② 同上。

因此，从知识的建立到知识的获取，涉及不同利益主体之间的矛盾，而突破这些矛盾的阻碍，也就成为知识不断开放的重要体现。正如《知识社会史》中所描述的：

> 它（知识的社会史）是一部编外人员和编内人员、业余人士与专业人员、知识企业家和知识食利者之间互动的历史。它同样是创新与传统、流动与固定、"融化与冰冻趋势"、正式与非正式知识之间的互动。一方面，我们看到了开放的圈子和网络，另一方面也看到固定人员资格和确切权限的其他机构，修筑和维持界限将其与竞争对手及外行男女相隔离。读者也许会支持创新者而反对卫道士，但很可能在漫长的知识历史中，两者都曾起过同等的作用。

（二）知识的初放：学术界的"开放社会科学"

知识的第一次开放发生在 20 世纪末的学术界，尝试突破的是知识创新与传统、知识内部和外部之间的矛盾阻碍。在资本主义现代化和全球化发展背景下，以著名的社会学家、历史学家伊曼纽尔·沃勒斯坦（Immanuel Wallerstein）为核心组建的古本根重建社会科学委员会（Gulbenkian Commission on the Restructuring of the Social Sciences）在《开放社会科学：重建社会科学报告书》中指出了知识生产的结构性问题，即以学科为中心的知识生产模式产生了知识生产内部的偏狭性以及外部界限和资源竞争等问题。面对这些知识生产的矛盾，知识迎来了第一次开放，即开放研究者与研究活动之间的关系；开放时空与研究分析之间的关系；开放政治、经济和社会"这三个假象的自律领域之间的人为分离"。① 沃勒斯坦等人进一步指出，开放过程中，"在选择各种可能的未来时，资源问题在很大程度上是一个政治问题，扩大决策参与范围的要求也是一种全球性的要求"，② 如何平衡利益相关者，合理分配知识这一重要的发展资源成为知识开放过程中的关键问题。此外，沃勒斯坦等人也提出，在知识开放过程中需要注意"如何才能避免在有知者和无知者之间制造一个鸿沟"，③ 其关注到了知识生产者与知识使用者之间的矛盾。

在第一次知识开放提议之后，学术界对知识生产进行了一系列新的尝试。例如，扩展大学内部组织机构或组建与大学联合的各类机构，集合各方面学者围绕着主题问题进行共同研究、联合聘用研究人员以及联合培养研究生等。不难发现，这些知识的开放仍存在于学校内部，是一种内部结构的自我调整。尽管第一次知识开放在一定程度上调和了学科知识之间的分野，却未能有效调和"有知者"和"无知者"之间的矛盾。伴随着知识生产模式的转型与发展，社会这一新兴知识需求主体愈加展现出对知识的迫切需求，但以学校为主体的知识生产者仍保留着较强的边界，"有知者"和"无知者"即知识生产者与知识使用者之间仍未能得到有效的连接。在新需求与旧模式的矛盾影响下，知识迎来了第二次开放，即突破学术与社会边界的开放科学（Open Science）。

（三）知识的再开放：将学校知识生产"复制粘贴"到社会

21世纪初，开放科学的相关概念开始逐渐出现，但对其并无统一的

---

① 伊曼纽尔·沃勒斯坦：《开放社会科学：重建社会科学报告书》，刘锋译，生活·读书·新知三联书店，1997，60页。
② 同上书，第73页。
③ 同上书，第74页。

定义，可以从国际组织对开放科学的主要实践领域中探寻。国际组织作为开放科学重要的提倡者，对其实践具有重要的价值引领作用。2015年，经济合作与发展组织（OECD）发布的《让开放科学成为现实》中对开放科学的界定是，研究人员、政府、研究资助机构或科学界通过数字格式的公开访问让公共资助的研究成果得以让社会获取的方式，主要包括开放获取、开放研究数据以及开放协作。[①] 2019年，欧盟发布了《开放科学》的专题报告，其中指出开放科学是一种系统变革，允许通过开放和协作的方式生产并共享知识和数据及其结果，它通过更好地共享资源使科学更有效率，通过更好的验证使科学更可靠，并更能响应社会的需求。[②] 2021年，联合国教科文组织在发布的《开放科学建议书》中提出将开放科学定义为一个集各种运动和实践于一体的包容性架构，旨在实现人人皆可公开使用、获取和重复使用多种语言的科学知识，为了科学和社会的利益增进科学合作和信息共享，并向传统科学界以外的社会行为者开放科学知识的创造、评估和传播进程。[③] 从三个主要的国际组织对开放科学的定义中可以发现，早期国际组织倡导的开放科学仍然是一种面向社会的单方面需求的传输，也就是将学校或研究机构所生产的知识"复制粘贴"到社会领域中，没有真正涉及社会的知识需求，也一定程度上继续形成了这种单方面的知识的开放。

（四）知识的新开放：数字化转型过程中的知识开放

社会对于知识需求与知识生产的矛盾在社会急速变化的背景下集中

---

① *Making Open Science a Reality*, OECD, October 15, 2015, accessed April 23, 2023, https://www.oecd-ilibrary.org/science-and-technology/making-open-science-a-reality_5jrs2f963zs1-en.
② *Open Science*, European Union, December 13, 2019, accessed April 23, 2023, https://research-and-innovation.ec.europa.eu/system/files/2019-12/ec_rtd_factsheet-open-science_2019.pdf.
③ 联合国教科文组织：《开放科学建议书》，2021年，第7页，参见联合国教科文组织数字图书馆，https://unesdoc.unesco.org/ark:/48223/pf0000379949_chi。

得到了暴发。全球性的危机迫使数字环境得到了急速发展，从而使得知识突破了传统物理阻碍，促进了知识的广泛获取，但同时也对知识的开放性提出了新的要求。

一方面，新的要求体现在对开放科学的边界拓展。联合国教科文组织在 2019 年发布的《关于开放式教育资源的建议书》中认识到，信息通信技术在促进有效、公平和包容地获取开放式教育资源以及使用、改编和重新发布开放式教育资源方面有巨大的潜力。有了信息通信技术，包括残疾人和边缘及弱势群体成员在内的所有人都有望随时随地获取开放式教育资源。信息通信技术有助于满足个人学习者的需求，有效促进性别平等，并鼓励创新性的教育、教学和研究方法。① 经济合作与发展组织在 2021 年发布的报告《开放科学——在数字时代实现发现》中提出，新的开放科学要求颠覆传统科学研究的方式，促进创新过程并消除知识传播的障碍。研究人员与整个社会之间通过数字化网络等途径快速、便捷和高质量的科学交流来增加开放性，促进更好地应对社会挑战，并通过开发创新产品和服务提供商业机会，尤其在全球紧急情况下，开放科学政策可以消除研究数据和思想自由流动的障碍，从而加快对抗击疾病至关重要的研究步伐。

另一方面，新的知识开放还集中体现为数字化出版过程中的开放获取（Open Access）。开放获取产生于 20 世纪末，其早期作为开放科学的重要组成部分而进行实践，主要存在于学术、出版和新闻传播界。开放获取旨在通过信息网络推动学术信息和出版的传播，从而实现研究知识的公共利用程度的提升。而在新的信息网络时代，开放获取开始变得越来越重要，各种类型的知识通过数字网络平台去满足社会发展的需求。但是这种开放获取的知识内容仍占比较小，相关调查显示：目前全球的科研出版大约 80% 是订阅模式，20% 是开放获取模式。在可预见的未来，

---

① 联合国教科文组织：《关于开放式教育资源的建议书》草案，2019 年，第 6 页，参见联合国教科文组织数字图书馆，https://unesdoc.unesco.org/ark:/48223/pf0000370936_chi。

开放获取所占比例会继续增长，预计3—5年后会达到25%。①

可以发现，这种新的知识开放是一种基于社会发展需求的知识生产的体现，即科学知识的生产需要识别许多全球性挑战，例如气候、人口变化和流行病，需要联通学校知识生产与社会知识需求。此外，这种新的知识生产开放还产生了一定的溢出效应和积极的外部效应，例如行为改变、文化和科学交流，从而通过知识的开放去影响社会发展。知识开放经历了内部自我开放、外部的单向开放以及内外双向开放的过程，知识生产的边界在一定程度上有所减弱，学校与社会之间知识的关联性有一定的增强。但目前以开放科学和开放获取为主要倡导的知识开放模式是真的实现了知识生产的开放吗？Z-Library关闭事件中知识生产者与知识需求者的对立在一定程度上仍体现出知识开放的阻碍。知识的开放问题反向提醒着我们去思考：未开放的知识被谁所拥有？

二、开放的知识：生产者与使用者的博弈

从知识的角度审视，被开放的知识实质上显示出了知识生产者与知识使用者之间的权利博弈。Z-Library关闭是知识生产者对自身知识占有权利的保护，同时Z-Library关闭对于知识使用者来说则加重了获取知识的不平等性。

（一）Z-Library关闭：知识生产者的胜利

探寻未开放的知识被谁拥有，需要再次回到Z-Library关闭事件中。从2015年起，对Z-Library的封锁行动就开始了，全球各地的各种知识生

---

① 赵曙光：《数字化转型、开放获取与"不平等"出版——基于2019年SSCI来源期刊的知识图谱分析》，《现代出版》2020年第5期。

产者实体都试图阻止对 Z-Library 网站的访问，并取得了一些短暂的成功。例如，2021 年，哈佛大学出版社通过使用《数字千年版权法案》（*Digital Millennium Copyright Act*，DMCA）中的相关条例进行警示后，暂时封锁了 Z-Library 的域名。法国和印度的出版商也成功地暂时封锁了该网站。2021 年 3 月，中国境内也封锁了 Z-Library 的域名。但这些封锁都是短暂的，不久后，Z-Library 的域名又开始在许多地方可以进行访问。本次的"彻底"封锁则源于美国联邦执法部门对于 Z-Library 两名运营者安东·纳波尔斯基（Anton Napolsky）和瓦莱里娅·埃尔马科娃（Valeriia Ermakova）涉嫌参与盗版电子书，侵犯版权、洗钱和电汇欺诈的指控，在逮捕他们的同时控制了 Z-Library 网站。

长期以来，倡导版权保护的美国作家联盟明确表态反对 Z-Library 的存在。美国作家联盟是一个由 12 000 多名专业作家组成的全国性非营利性协会，作为一个成员通过写作谋生的组织，协会的根本利益在于保护美国作家的重要贡献免受猖獗的在线盗版损害。美国作家联盟收集 Z-Library 网站各种非法发布的线上资料，向美国参议院提出声明，检举盗版电子书库对作家们生计所造成的威胁与伤害，其投诉引用了 TikTok 上用户推广 Z-Library 作为免费获取书籍的方式的增长趋势，并指出"Z-Library"标签在该平台上的浏览量超过 1 900 万。该组织同时还提到了另一个影子图书馆——Library Genesis（创世纪图书馆，简称"Libgen"），认为这两个网站对写作的知识生产者都有毁灭性的影响。

美国作家联盟指出数字图书盗版是当今知识生产者生计面临的最大威胁之一。在过去 10 年间，由无数盗版电子书的使用以及出版商整合等原因，出版市场的发展已经处于历史低点。美国作家协会收入调查显示，2019 年全职专业作家的平均写作收入为 20 300 美元，比 10 年前减少了 42%。[①] 在数字图书盗版使用者剧增的背景下，知识生产者的收入正在下

[①] "AG Letter to Brewster Kahle," The Authors Guild, March 31, 2020, accessed May 22, 2023, https://authorsguild.org/app/uploads/2020/04/AGLettertoBrewsterKahle.3.31.2020.1.pdf.

降。今天，访问盗版电子书网站比以往任何时候都更加容易。盗版不仅影响与传统出版商合作的作者，也影响越来越多的独立出版作者，他们的收入包括从出版商版本的每次销售中支付给他们的版税。因此，对于每一次被盗版下载替代的销售，图书的出版商和作者都会损失收入，而此次 Z-Library 的关闭，被作家为代表的知识生产者定义为一次"打击盗版的胜利"，也展现出知识生产者在知识权力"斗争"中的一次胜利。从本质上说，Z-Library 是违反版权法的存在，那么为什么会得到如此广泛的支持呢？

（二）Z-Library 关闭：知识使用者的鸿沟与边缘化

在该事件中还有另一种舆论声音——知识使用者。在国外相关媒体报道中，知识使用者将 Z-Library 的关闭与"亚历山大图书馆的焚毁"进行了类比，认为这是一种知识的封锁行动，大量的知识被私人或商业所拥有，而社会接触知识的渠道就变为单一的"金钱"购买。在此基础上，Z-Library 就被视为预算有限学生或社会人士的"生命线"（Lifeline）。昂贵的知识来源让非常多的人无法承担所谓的正版知识获取。以国外学术文章出版社巨头施普林格（Springer）为例，其网站的书籍大多单价超过 20 美元，某些学术专用书籍价格甚至高达 200 美元，而对其而言，主要的知识销售途径是通过从生产者购买知识，然后再以增资形式卖出这些知识。对学生来说，若以正常途径取得这些学习资料，昂贵的费用将他们拒之门外，这也就催生了以 Z-Library 为代表的"影子图书馆"的存在，它们获取并免费分享那些以数字化形式在网络上存在过的知识内容，从而为许多学生或者社会人士提供了免费知识获取的途径。在高峰时期，Z-Library 提供了超过 1 000 万册的电子书和超过 8 400 万篇电子文章，用户可以选择每日定额数量的免费下载，或者通过低价"捐赠"的形式获得不限额度的下载方案。①

知识获取的价格不仅影响个人，更加深了全球南北方的知识鸿沟，甚至被认为是一种种族主义和不平等的现象。发达地区的学生通常可以通过订阅期刊获得学术论文，但在欠发达地区，学术论文的获取则是通过微薄的经费所购买。根据国外媒体采访，一位在印度国家高等研究院攻读博士学位的 Z-Library 用户说道，即使在她资金相对充裕的大学图书馆，也不是所有的书都能买到。一本书就可以花掉她一半的月薪，尤其当她只需要读其中部分内容的时候，这个价格似乎特别不合理。此外，由于欠发达地区出版印刷行业的缺乏以及数字化发展的鸿沟，学术文献或者是相关图书的获取都是一件不易的事情。因此，面对 Z-Library 的关闭，欠发达地区的人士认为"这几乎是一种蓄意的策略，将学术界与那些被种族化或以其他方式边缘化的人拒之门外，尤其是在世界脆弱的经济体中"。②

而对于中国内地学生或者社会人士来说，以 Z-Library 为代表的"影子图书馆"更多提供的是获得外籍图书与研究资料的重要途径。如果仅从所在学校购买的数据库去获取资料，往往需要在多个数据库之间来回切换，甚至无法获得。此外，由于网络情况的限制，也给知识的获取形成了一定的阻碍。以某外国语大学学生的使用经验为例，他所研究的外籍文献并未在中国进行出版，因此需要从国外订购，在完成论文时间限制的基础上，如果从国外订购一本外语书籍，运送到学生手上的时间最快需要 3 周，这将大大影响论文完成的进度。同时，如果研究的外语书籍是已经不再版的书籍，寻找这些书籍将会变得更加艰难，过去 Z-Library 能够在这些问题上给予学生研究的便利，但现在当 Z-Library 关闭

---

① "Pirated E-book Site Z-Library Vanishes—Sending College Students into a Panic," Fast Company, April 11, 2022, accessed May 16, 2023, https://www.fastcompany.com/90806657/z-library-ebook-piracy-shut-down-alternatives.

② "Z-Libruary's Closure Raises Tough Questions about Access," Inkstick, May 1, 2023, accessed May 20, 2023, https://inkstickmedia.com/z-librarys-closure-raises-tough-questions-about-access/.

后，这些问题成为这类学生开展学术研究前，不得不花时间和精力去解决的"烫手山芋"。

从知识使用者角度看，以 Z-Library 为代表的"影子图书馆"在一定程度上打破了知识获取的限制，促进了知识的传播，同时减轻了知识鸿沟，缓解了知识获取之间的不平等，这与国际组织所倡导的开放科学的理念"不谋而合"，理应获得存在的价值认可。但在知识开放过程中，知识生产者与知识使用者的对立在一定程度上仍提醒着开放知识面临的挑战。知识生产者选择的是知识的开放，而知识使用者需要的是开放的知识，知识的开放结果不一定产生了开放的知识，大量的知识的开放只是从一个拥有者转移到了下一个拥有者，仍然无法形成开放的知识，知识使用者仍然在知识获取的途径之间进行着"游击队"（Guerilla）式的寻找。①

三、开放的圈子和网络 vs 固定人员资格和确切权限的其他机构

Z-Library 事件中的知识生产者和使用者的矛盾，恰恰体现了前文中彼得·伯克在《知识社会史》提及的"开放的圈子和网络"以及"固定人员资格和确切权限的其他机构"之间的冲突。以 Z-Library 为代表的"影子图书馆"的出现与盛行，代表的是对出版行业寡头垄断的反抗和抵制。例如，Sci-Hub 在网站中显示出其存在的目的是"世界上第一个提供给大众访问的网站""消除科学道路上的所有障碍"以及"知识的开放"。

---

① "游击队"的形容源于 *Internet Achieve* 上发表的一篇名为《游击队式的开放获取宣言》（Guerilla Open Access Manifesto）的文章。参见 Aaron Swartz, "Guerilla Open Access Manifesto," Internet Achieve, November 11, 2011, accessed May 21, 2023, https://archive.org/stream/GuerillaOpen AccessManifesto/Goamjuly2008_djvu.txt。

知识使用者接触到知识是有一定限制的，这种限制在某种程度上成为获取知识的一种资本的体现，包括购买知识所需的金钱，以及能够获取知识的地理位置。而如今，在信息技术发展的影响下，地理位置对于获取知识的限制已经变得不再重要，我们可以通过网络跨越地理边界去搜索任何地理方位的知识储存，但同时这种新的技术也带来了新的限制，即网络数字鸿沟。因此，获取知识的资本仍然存在，并且变得愈加明显，尤其体现在无处不在的"会员制"。但同时，对于知识生产者来说，版权的存在是其生存的基础。但是，版权的存在不应成为限制知识传播的壁垒，它应该成为知识生产和传播的守护者，正如国外媒体报道中引用德里高等法院的判决陈述一样。

> 因此，版权，特别是文学作品的版权，并不是赋予作者对其创作绝对所有权的不可避免的、神圣的或自然的权利。它旨在刺激艺术活动和进步，以丰富公众的知识。[①]

或许，我们应该思考的不是知识生产者和知识使用者两者对立选其一，而是寻找中间调和的路径，有没有一种方式既可以保障知识生产者的知识版权，维护其基本的权利，同时也能满足学生以及大众对于知识使用的需求。

第一，搭建"开放的圈子和网络"。文学作品或者是学术研究的存在价值是被阅读、被传播，因此我们仍需要搭建起知识获取和传播的有效途径。传统的方式是通过实体书籍的借阅和购买实现的，但随着信息技术的使用以及数字化的发展，知识的获取与传播会变得愈加虚拟化。我们可以搭建网络分享平台，分享知识、传播知识，从而让更加广泛的人

---

① "A Further Strike against Copyright Protection—Indian Court Says: 'Not a Divine Right'," IP Lawyer Tools, October 29, 2018, accessed September 4, 2023, https://ip-lawyer-tools.com/a-further-strike-against-copyright-protection-indian-court-says-not-a-divine-right/.

群获取知识，消除知识之间的鸿沟，促进平等和谐的人类社会发展。

第二，保障"固定人员的资格"。作者、出版商、销售方仍是知识开放与知识获取过程中重要的主体。知识的开放抑或是开放的知识都需要在维护利益相关者权利的基础上开展。作者的知识产权需要被保护，被传播的知识需要告知作者；出版商的版权需要被合理保护和使用；销售方也需要得到市场贸易的保护。

第三，明确"其他机构的确切权限"。在知识被新的途径传播的同时，也带来了一些新的机构参与其中，例如发布平台。平台如何发布知识，如何通过知识获利以及如何串联起知识生产者与使用者之间的关系，平衡彼此的利益成为亟待解决的问题。一本电子书应不应该定价？如何定价？被公开发表的知识能否通过某一平台进行二次定价获利？因此，知识应该如何付费的相关问题，成为新数字化时代带来的新的挑战。不应该让层出不穷的"会员制"成为知识生产者与知识使用者之间的鸿沟。

2023年初，外媒报道Z-Library"卷土重来"，通过以交换实体书籍来实现知识分享的Z-Points新计划。[①] 这项计划提出让个人闲置的实体书籍通过放置于固定的位置交换所需的书籍，从而实现知识的互换。不难发现，Z-Points计划是在遵守了图书版权法的基础上进行的知识分享活动，但是考虑到地理位置限制和实体书置换之间的成本，这项计划能否取得广泛认可仍需要一定时间的观望。

当今，即使出版业越来越明显资本化和垄断发展，但是个人和社会对知识的需求却愈加强烈，阅读仍然拥有巨大的需求。在某种程度上，盗版的存在使得知识不受边界和数字版权管理的影响，更加直接地满足了社会对于知识的渴求。当我们谴责盗版对知识权利的损害的同时，也应关注到不是每个人都可以使用图书馆，也不是世界上所有的图书馆都

---

① "Z-Library Envisages Operating as a Virtual Library, to Allow Exchange of Physical Books via 'Z-Points'," Good Reader, April 10, 2023, accessed May 21, 2023, https://goodereader.com/blog/digital-library-news/z-library-envisages-operating-as-a-virtual-library-to-allow-exchange-of-physical-books-via-z-points.

有充足的藏书。似乎问题又回到了最初的地方，我们的知识应该被谁拥有，是成为生产者选择性知识的开放，还是成为使用者分享的开放的知识？似乎这个问题很难拥有确切的答案，知识生产者与知识使用者之间仍会存在博弈，未来，在知识获取的过程中如何将这些博弈变成合作博弈与非零和博弈，这是关键所在。

全球线上教育的治理实践
——以"网课爆破"为切入点的考察

闫天行*

"网课爆破"是全球新冠疫情蔓延背景下的特殊产物,通过在线课堂平台对上课师生实施网络暴力,扰乱教学秩序,甚至导致受害者死亡,造成极大的负面影响。互联网的隐秘性显著降低其犯罪成本与被发现的可能,受害范围的局限性也遮蔽了公众对这一问题的认知。网络爆破现象并没有得到足够的重视,施暴者在犯罪后依然可以逍遥法外,令人扼腕。直到2022年9月,世界范围内尤其是欧美国家不断披露、曝光"网络爆破",[1] 才让这种诡异现象真正进入公众的视野,因"网络爆破"而消逝的生命才真正被注意到。

随着该现象被不断挖掘,公众对其操作流程逐渐清晰:在社交平台上搜索,可以发现许多"爆破组",对课堂或教师不满的学生泄露的课堂会议号及密码是这些"爆破组"的主要犯罪来源,极端的学生甚至以金钱为诱饵,诱导犯罪。诚然,线上教育依托便捷互联网,适时满足了疫情下的教育需求,但世界范围的网络爆破已经说明"互联网+教育"模式仍存在某些缺陷。线上环境存有网络暴力风险,使得依托这一平台的教

---

* 闫天行,国际关系学院 国际政治系本科生,研究方向为全球教育治理。
[1] 曝光主体以在校学生居多。

育模式面临诸多问题，线上教育与网络暴力并行，进而使得线上教育面临的问题激增，对疫情下互联网教育模式的讨论也具备其必要性。

一、初识线上教育

为明确本文的讨论范畴，在此应对"线上教育"的概念加以定义。西方的教育从词源上讲，源自拉丁语"educare"，其内涵具有广义与狭义之分。从广义的维度上讲，教育在社会系统中承担着教化"人"的作用，对人的知识、技能与品德起到促进作用。从狭义的维度上讲，教育是一种作用于个体发展过程的实践活动。因此，"线上教育"可以被定义为基于信息技术和互联网平台传播和促进"人"发展的实践活动。从实然的角度讲，当前线上教育的形式主要呈现为：（1）包含课程视频学习、考核、问答互动等功能在内的开放教学平台；（2）在特定组织架构下依托实时交互平台进行的即时教学活动。

在第一种模式下，具有学习需求的主体可以通过平台在无限制或低限制条件下获取所需知识。知识的输出方在架构起相应的学习模式后缺乏对后续教学成效的主观关切，对知识的接受方也仅存在群体性的模糊印象。该模式下，学生的学习成果由平台和自己把控，而教师的教学成果虽然有平台的问卷反馈，但难以起到实际的效果。由于其低限制所带来的高度开放性，授课教师对应着大量的学习主体，难以对个性化问题和需求进行回应和反馈，网络互动多发生在平台的学生群体之中。在平台的筛选机制下，学生间的"问题"与"回答"经筛选后发表在平台自带的交流板块，这样的交流优势在于可以保障沟通与交流的内容相对合规，但交流的内容与质量缺乏输出方的审核与回应，因而其教学效果的有效性有待研究。

而第二种模式下，无论是社会性质还是商业营利性质的组织中，存在教授方与受教方的联系渠道。由于教学的方式具备即时性，师生间的互动性较第一种模式更强。学生在学习时的诉求与疑问会更多地被授课者所关注并满足。相比起单纯的知识传输，尽管仍无法与线下教育相比，在这种模式下，能够体现出师生间更多的人文交流，一定程度上能够起到教育对人品德的促进作用，这是第一种模式所不具备的人文关怀。[1] 但其所用媒介的本质是"视频会议软件"，其平台所提供的服务范围并非专用于教育教学，对于在平台上所发表言论的"和谐力度"也低于前者。在即时化的交流中，违规信息或对教学产生扰乱的信息在未被筛选的情况下会直接地由教学活动的全体参与者感知到。因此，"网课爆破"事件更多地发生在这一种模式之下。

上述两种线上教学方法现下已经形成了相对完整的运行模式，对疫情期间的教育教学起到了重要作用。然而，其在实际运行中所暴露出的问题，其在常态化管理环境下的实际运行中所暴露出的问题，应当引起各国政府和教育机构的高度重视。

二、国外疫情常态化管理环境下的线上教育

目前，在国外普遍选择放开疫情防控政策的情况下，学校在回归"正轨"，将教育的主要方式移回线下教育的同时，部分地区特批了"虚拟特许学校"，继续为学生提供线上教育服务。以美国俄勒冈为例，该州有20所虚拟特许学校，2021年以来，虚拟学校的招生数量较疫情暴发前整体有所提升。[2] 其反映的现象是，在该地区线上教育推广后，以线上教

---

[1] 以思想道德作为知识传授内容的课程是特例，不在此进行讨论。
[2] Elizabeth Miller, "These Oregon Students Chose to Start High School Online Rather Than Return to Classroom," Oregon Public Broadcasting, August 16, 2022, accessed December 06, 2022, https://www.opb.org/article/2022/08/16/these-oregon-students-chose-to-start-high-school-online-rather-than-return-to-classrooms/.

育模式替代实体学校教育的需求有所增长。这种需求不仅产生自学生方对于疫情潜在传播风险的担忧,还来源于对校园暴力的恐惧——在此前的线下教育环境中,部分国家的校园就存在有校园暴力的隐患,而疫情中的线上教育加剧了学生的心理负担,催生了网络暴力的形式,也提高了校园传统暴力事件的风险,导致处于弱势方的学生不愿重回校园。

(一)线上教育遗留压力

线上教育过后,学习压力、人际关系压力以及对重新适应线下教育的压力等方面的因素,导致部分学生产生了对教育教学的负面情绪。耶鲁大学助理临床教授及教育促进中心创始人克里斯蒂娜·梅森(Christine Mason)表示,学校将采取相当大的行动来解决流行病引起的创伤,这种创伤已经为学校暴力创造了条件。由于流行病时期的教育方式成果不佳,许多学校都在向教师和学生施加压力,要求他们在学业上迅速赶上进度。[①] 这种压力带来的影响在国外表现为暴力事件大幅增加,美国《教育周刊》(*Education Week*,EdWeek)于2022年年初发布的研究报告显示,在2020—2021年实行线上教育或混合教学的地区,有51%的单位反馈了学生暴力事件发生率相比2020年新冠疫情暴发前有所提高。[②] 对于此类地区,2021学年有71%的受访者反馈了本学年学生存在"行为不端"的现象,而2020学年这一比例为52%。[③] 由此可以间接得出一个结论,即疫情前后对于学生知识掌握程度和学习水平要求持平的前提下(这种标准源自教师教学目标的主观设置及学生升学面临的客观压力),

---

[①] Emily Pierce, "As Students Return to School, So Does School Violence," U.S. News & World Report, November 17, 2021, accessed December 6, 2022, https://www.usnews.com/education/k12/articles/as-students-return-to-school-so-does-school-violence.

[②] 报告中未注明暴力事件的具体类型。

[③] Holly Kurtz, "Threats of Student Violence and Misbehavior Are Rising, Many School Leaders Report," *Education Week*, January 12, 2022, accessed December 8, 2022, https://www.edweek.org/leadership/threats-of-student-violence-and-misbehavior-are-rising-many-school-leaders-report/2022/01.

线上教育所提供的教学成果并未能达到教学预期。为了填补差距，教师出于责任只能通过线上的方式与学生进行沟通交流。正如线上教育的效果难以达到，这样的交流成效也难如传统面谈那般理想，甚至可能会导致反作用，引起学生对学习乃至教师本身的反感，最终出现学生自己不思进取的现象，甚至还在教学活动中干扰他人学习。在疫情政策放开，教学模式转变的同时，已经习惯于线上教学的学生突然被要求回到约束力更强的社群之中，无论是难以适应还是对严格环境的抵抗都会导致其心理压力随之上涨，作为错误宣泄方式的干扰教学行为也转移回到线下，校园暴力的风险也随之上涨。数据表明，在某些枪械合法化的国家，校园枪击事件的发生率也有所上升。在校园内发生的过失暴力行为本身对社会秩序的风险性与危害性较低，但在其他因素的作用下，这一行为却可能上升至更加恶劣的校园恐怖主义行为。

（二）校园恐怖威胁

与上文所述暴力事件不同的是，某些社交媒体网络上发表的言论仅为"威胁"，即表现出意愿而尚未采取实际行动。安全无小事，其背后更加引人深思的是青少年威胁信号背后的实际意图与认知。2022 年 4 月，加利福尼亚州奥兰治县尔湾的一名 14 岁中学生因在社交媒体上发表对学校的暴力威胁言论而被捕。[①] 11 月，一名伊利诺伊州库克县西塞罗的学生在社交媒体上发表对另一名同学的暴力威胁言论后遭调查，警察在其家中发现了一把手枪，这名青少年被指控犯有大规模伤害威胁罪和持有

---

① Sareen Habeshian, "14-year-old Irvine Student Arrested for Online Threat of School Violence," *Ktla 5 Morning News*, April 13, 2022, accessed December 8, 2022, https://ktla.com/news/14-year-old-irvine-student-arrested-for-online-threat-of-school-violence/.

枪支罪。① 12月，俄亥俄州的一名学生因在社交媒体上发表对小迈阿密中学（Little Miami School）的威胁言论遭到逮捕，此后曾在少年法庭等待听证会。② 诸如此类的报道还有很多，这里仅仅举出三个例子。根据斯宾塞信号理论，信号包括传递与甄别两大方面。这些学生的意图在甄别上未必为真，然而其在安全领域可能产生的负面影响却不可小觑。对于安全部门的人而言，对信号作出反应所花费的成本远远小于因忽略信号而付出的代价。对这些学生采取的行为进行心理学分析可知，其意图是在人与人之间通过威慑引起另一方的恐惧，或是单纯地宣泄对于学校实体的不满。然而，不同于国际社会的无政府状态，在政府的管理下，为了维护他人的生命健康及社会运行的稳定，对于具有恐怖主义行为倾向的主体势必会采取严格控制。而另一个需要思考的问题则是，在许多国家针对未成年人（或低龄儿童）所设定的法条中，对其违法行为在一定条件下实行豁免。中国《刑法》第十七条规定了十四周岁是我国的最低刑事责任年龄；美国的最低刑事责任年龄则因州而异。因此，在网络上进行干扰线上教育甚至危害社会活动的主体做出这些行为是忽略了网络安全相关法规，还是仗着最低刑事责任年龄肆意妄为需要谨慎定性。在此基础上，针对法律意识淡薄的主体，应在降低其对学校及教育负面影响的基础上加强针对性的法律教育。而对于"知法犯法"的主体，较前者具备更大的不确定性，在其未造成恶劣社会影响下对该类主体进行教化十分必要。

---

① Fernando Alba, "Gun Found at CNY Student's Home after She Threatened Violence at School, Deputies Say," Syracuse.com, November 3, 2022, https://www.syracuse.com/crime/2022/11/gun-found-at-cny-students-home-after-she-threatened-violence-at-high-school-deputies-say.html.
② WLWT Digital Staff, "District: Student in Custody after Social Media Threat Targeting Little Miami School," WLWT5, December 12, 2022, accessed December 9, 2022, https://www.wlwt.com/article/student-in-custody-social-media-threat-little-miami-school/42151775.

三、世界范围内现行线上教育的弊端

1998年，美国杰·克罗斯（Jay Cross）较早地提出线上教育概念，即 E-learning（Electronic Learning）。他认为，这一概念的关键不在于"E"，而在于"learning"。因此，从中文释义来看，"线上"是实现"教育"的平台、媒介和手段。而着眼于具体实践，这一平台并不能完美地还原传统教育模式的教学功能。正如前文所述，无论是环境上，还是其他维度，线上教育作为新兴教学模式，仍存在诸多弊端。一方面难以完全满足教师在传统线下授课的基本教学需要，另一方面也无法满足学生多感官应用与应用实践的学习需求。在基本功能未能全然被满足的虚拟网络平台上，人内心的负面情绪易被激化；在脱离群体的独处环境下，被激化的负面情绪难以消解，就可能以一种错误的方法害人害己。

（一）功能不完整

线上教育虽然能够满足"视""听"两感，却不能满足"嗅""味""触"三觉。例如，中小学的科学、劳动等课程中所必备的实践环节都是线上教育难以满足的。包括美国在内的部分国家所进行的教育教学具备实践性较强的特点。由于疫情原因，大量在线下进行的传统实践教育手段无法实施。一方面，对于这类国家的学生而言，知识摄入型的学习则提升到了一个前所未有的高度，这种变化幅度远超以往把知识学习作为最重要教育内容的日韩等国，对学生的适应力提出了重大挑战；另一方面，对于教师而言，教学结构比重的调整意味着教师需要调整多年来形成的习惯性教学体系，这无疑是对教师的一项重大挑战。实践环节的削弱，对于传统教学体系下的师生无疑是巨大的打击。学生难以适应，教师难以让学生接受，很大可能会造成其对线上教育的反感与厌倦，而这种消极情绪一方面会在长时间存续的线上教育中不断积累，导致学生心理以及生理上的压抑；此外，学生不再受到教师的现场管理，而对课堂厌倦的学生更会做出消极举动，对课堂造成不良影响。

  线上教育缺乏传统线下教学管理中的强制性措施，学生的自制力在线上教学中起到了极其重要的作用。美国部分高中有学生在疫情期间找到了全职工作，而线上网课的回放则是其实现"两全其美"的方法。人的发展具有多样的可能性，在这个例子中，我们短期内无法评价这类学生是否成功实现了"学习工作两开花"。但无论学生是否能够平衡好工作和学习，教师的基本职能势必会受线上教育的"电子化"牵制，即无法实现传统教学模式下的课堂管理和教学监测，进而导致教育能力的失真与教学进度的放缓。线上教育之功，可以说在于给予了学生在知识学习领域更高的自主性；线上教育之过，也体现在这种宽松的自主性之上。在这种情况下，教学成效总体表现为以教师教学水平和教学内容为基准，根据学生自制力①而上下浮动。然而，自制力作为一种可以后天培养的能力，对于缺乏锻炼的中低年龄段学生而言，其自身往往存在着这种能力的缺失，因而更容易受到误导。例如，美国埃尔金学院（Elgin Academy）的教师指出，安德鲁·泰特（Andrew Tate）在网络上的性别言论严重影响到了学生们，他们每节课都在讨论有关仇恨与性别歧视的话题。而因为缺失前期引导，加之在线上与教师关系的淡漠，对线上教育的方案不满等诸多因素，学生们相信了网上的煽动性言论。后来试图引导他们树立正确观念的教师便成为校园霸凌的对象。② 当谈及这种自制力的提高方法时，除了学生自身有意识地提高，生物也具备着与生俱来的模仿性。

---

  ① 在刨除天赋的干扰因素下，基于学生自制力与学习所付出的时间和努力呈正比例关系的假设。

  ② Holly Kurtz, "Threats of Student Violence and Misbehavior Are Rising, Many School Leaders Report," *Education Week*, January 12, 2022, accessed December 8, 2022, https://www.edweek.org/leadership/threats-of-student-violence-and-misbehavior-are-rising-many-school-leaders-report/2022/01.

这就要求家长为学生提供一个良性的家庭教育环境。在线上教育阶段能够最直接接触到学生的"家长"这一不具备任何考核标准的职业，他们对孩子的教育潜移默化、不可或缺，但无法具体量化。相反，经过严格标准考核选拔出的教师群体，在教书育人领域整体上能够起到体系化的引导作用。教师对学生起到积极正向的表率能够在学生的成长过程中促进其自制力的发展形成。而线上教育模式下，除了上课时间，教师与学生的联系被大大地削弱，直接结果便是此种身教和互动的阻绝。网络环境错综复杂，当教师不再是学生与社会联系的通道时，学生便会或主动或被动地接收来自互联网的良莠不齐的信息。倘若学生接触到的信息与教师所授的社会道德规范和法律法规要求相悖，那么师生间的矛盾将会被进一步地激化。

在"网课爆破"中，不可忽视的一点便是"网络暴力"。这种暴力行为不只出现在对于网课秩序的破坏上，更有针对教师其人甚至学生的网络暴力。近些年来，尽管校园暴力这一话题更多进入了大众视野，然而随着疫情时代教育阵地向线上的转变，这一话题被渐渐雪藏。随着线下教育的恢复，这一问题可能会被进一步边缘化。在国外线下教育回归的过程中，这一问题再度变本加厉地席卷而来。对于受害主体而言，在线上时期，暴力的形式相比于实质性伤害，更多地体现为对受害者的一种精神伤害，这种伤害难以被除受害者外的主体直观感知。借助网络渠道，施暴者对受害者造成虚拟的、精神上的冲击，以网络暴力的形式严重伤害着受害者的心理健康。这种对外界威胁的恐惧也促成了诸如俄勒冈州放开线下教育后不少学生不愿重返校园的结果。另外，从群体性影响上讲，在线下教育中，教师教学呈现为"一对多"的特征，在教学活动开展的过程中，群体中个体的行为不可避免地将影响到整体。教师教学的非互动环节中，学生所处的网络平台也呈现出"一对多"的特征，而"多"这一部分的个体彼此处于独立空间，其行为的相互影响程度相对小于线下教育。但正如前文所言，线上的师生沟通成效会弱于面谈，教师对学生违规行为的掌控难度也更高。这样的扰乱行为也会增大教师的心理压力，而教师群体不同于涉世未深的学生群体，绝大部分教师不会采取对教学产生干扰的行为来疏解这种心理压力，这就使得教师的压力越来越大，极大地影响教师的心理健康。不仅教师自身的心理健康问题，在传统的学校中，教师和学生彼此之间能够有更深的接触，教师能够在学生间建立相对高的威望，提升自身话语的有效性，也因此在针对学生群体内部发生的校园暴力时，其对施暴者施加的外力可以相对有效地给予其引导，进而化解或制止校园暴力。近些年来，或许是出于危害性高低的考虑，某些持枪合法化国家对于涉及枪械的校园暴力威胁或行为有着较为严格的管控，对于日常发生的校园暴力行为却并没有得到很好的控制。而线上的网络暴力成本更低，直观看来其危害也似乎更小，更难以阻断。前述案例已经告诉我们，在网络的强大影响力下，在学生群体中未建立信誉及威望的教师难以为受到外界思想干预的学生们塑造正确的价值观。这大大暴露出了线上教育在德育功能上的严重缺失。

（二）平台欠完备

线上教育高度依赖设备与技术。在设备的覆盖上，并不是所有学生家庭都可以负担有效的电子设备。价格低廉的电子设备存在信号差、显示屏对视力损伤大等缺点，影响学生的学习效果和身体健康。与此同时，在全世界范围内，网络基础设施较差的国家，如尼日利亚、秘鲁、阿尔及利亚、菲律宾和斯里兰卡等国更是难以保障全体学生能有一个良好的网络学习环境。[①] 在广义定义下，承担着社会"人"教化功能的教育应保障其普适性和公平性，这种具有门槛的线上教育与基础教育所追求的特性却是相悖的。当部分学生经历网课时断时续时，他们的学习体验和

---

① Surfshark, *2022 Digital Quality of Life Index*, accessed March 16, 2023, https://surfshark.com/dql2022.

学习效果因为这些硬件因素而大打折扣。先不论其是否错过了学习内容，这种感受将会引起学生的严重不适，不但会对网课产生抵触情绪，对线上教育产生消极的态度，而且可能以此为借口，排斥学习。

西方发达国家在第二种线上教育模式中所使用的网课平台多为Zoom、Webex Meeting、Google Meet，均不是专为线上教育研发，更存在准入门槛低、身份识别难等弊端。通过会议号和密码，或是扫描二维码等方式，无论是谁都有可能进入网课现场。倘若采取提前审批的形式，则会凭空产生事前统计的工作量，加大教师或学生负责人的压力，增加时间成本，对于人员变动频繁的大学讲座和常规课堂等可谓相当不便。对于大部分国家的开放态度而言，线上教育仅仅作为临时使用的手段而非一种将长期延续的教学方式。为此，当前线上教育所采取的平台没有发展到较高水平存在着利益上和趋势上的合理性。既然存在有不完善，那线上教育便面临着遭受干扰和攻击的风险。

"网课爆破"的主体年龄较低，有许多"爆破手"[①]自发地结为不良社会团体，主动宣传、接单，为不想上课的学生提供"网课爆破"的服务。这些"爆破手"采取的手段往往是以一种较为简单、低级的方式，对即时可进的网课教学秩序进行干扰：如播放音乐、辱骂，甚至播放不雅视频等。企业可以通过及时的功能更新停止其行为。例如，在诸多"网课爆破"事件之间，许多的平台已有着全员静音、全员禁言的内置功能。但为何"网课爆破"的事件依然层出不穷？或许可以从教师的角度去思考这一问题。授课的教师群体年龄差异大，中年和老年教师大多习惯于传统的线下教学，在接受和熟练使用网课平台上存有难度。这也使得教师在面临传统教学不会产生的外来者与突发状况时难免手忙脚乱，疲于应对。鉴于此，学校应该更加积极主动地组织教师学习教学平台的使用，教师也应转变教学观念，积极接受教学的新形势，以确保教师能

---

① 参与"网课爆破"的主体自称为"爆破手"。

够实现教学所需的基本操作，并能够及时运用更新的功能阻止授课过程中所突发的一切情况。

（三）规定待完善

在疫情暴发后的线上教育中，如何考勤，如何组织考试等问题都是打破传统教学体系的挑战。即便现下的学校出台了电子签到、双机位考试等应对方案，仍旧避免不了存在签到后便不再听讲以及在线上考试中钻空子的学生。不完善的宽松规定对线上教育的宽松环境和未形成自制力的学生无疑是一道迈腿即越的矮墙。如果说考勤和考试的目的是对学生的学习成效负责，线上教育的考勤和考试则让传统教学组织体系下的学校对学生难以真正负责。国外对于线上考试实践的调查显示，线上监考并不能完全避免作弊的行为，同时线上考试事实上比传统考试增添了更多的人力成本。[①]

在已有体系的移用中尚存在着这样的问题，线上教育这一网络空间安全的新领域在政策和法律上的规定也有待于进一步完善。更为急迫的，是如何塑造这一活动的参与主体对于自身行为的性质能够产生正确的认知。针对"网课爆破"这一事件，该行为在"爆破手"眼中并非一件违法乱纪的事情，他们将其视作一种"娱乐活动"。相比于真正参加教学活动的主体学生，这些校外人士非但不受学校相关规定的约束，而且由于其"低龄化"的缘故，传统法律对其的约束力也有限。这一领域中的相关法规也尚未为全体民众所共识。法律法规难以对存在扰乱教学行为倾向的主体产生威慑，究其根本是其在认知上并未能对"爆破"行为形成

---

① Christopher Charles Deneen, "Online and In-person Exams Both Have Problems—That's Now Clear. Unis Have a Window of Opportunity to Do Better," The conversation, June 13, 2022, accessed December 10, 2022, https://theconversation.com/online-and-in-person-exams-both-have-problems-thats-now-clear-unis-have-a-window-of-opportunity-to-do-better-184320.

正确的认知，存在着对自身行为危害性和违法性的忽视。

　　前述线上教育的乱象将其现存的弊端，乃至于以前教育中存在的问题更加凸显出来，向所有使用者暴露出它的双面性与复杂性，也为线上教育的完善提出了更高的要求。同时，线上教育作为手段，并不会脱离使用者、维护者而单独存在，国家、学校等也会成为线上教育掌舵人，引导其走向。因此，国家应加强对网络环境的管理，完善相关制度法规，为提供线上教育服务平台的企业提供支持和补贴，促使其提高公共产品的服务质量和安全性；学校应重视在线上教育中增强针对学生的合理教育，关注学生的心理健康情况，努力建设师生与学校间良好稳定的学习氛围，正确处理学校中广泛存在的校园暴力问题，并积极对线上教育加以改良，双向促进，这才会全面促进整治"网络爆破"。

　　本文主要从线上教育所存有的弊端出发，重点阐述线上教育进行过程中的功能性缺失、媒介不普及、规定待完善以及由此而来的诸多乱象。但不可否认的是，线上教育也存在着如跨越时空开展教学活动的巨大优越性。尽管新冠疫情对社会生活影响最深的时代已经过去，线下教育将重新扛起对青少年进行教育——德与知的重要功能，但相信"线上教育"未来经过规范化、法制化的改进，必然会在世界范围内发展成为具有独特优势的，更加稳定的、服务于教学的优良工具。

看联合国教科文组织
如何把教育政策的价值"写"入非洲大地

刘春吾[*]

2022年5月,联合国教育、科学及文化组织(United Nations Educational, Scientific and Cultural Organization,以下简称"教科文组织")发布报告称,在非洲地区,仍有38%学生无法返校,甚至永久失学。自新冠病毒大流行以来,教科文组织多次倡议全球合作应对疫情传播带来的次生教育灾害,特别是面向教育基础薄弱的非洲地区提供教育援助。[①] 本文基于全球教育联盟(Global Education Coalition)的有关实践,解读教科文组织政策的价值追求和路径选择。什么政策能够得到最广大的拥护,取决于什么价值观能够链接最广泛的人群、代表最深层的关切。全球教育联盟成立以来,启动教育应急响应机制,特别关注受疫情影响最严重的发展中国家和地区的基础教育。教育政策的"价值追求"应当反映最迫切的需求,同时描绘教育发展未来的图景。此外,公平、博爱、扶弱的价值追求需要科学、严谨、高效的合作管理办法才能够撑起疫后非洲教育的一片天。

---

[*] 刘春吾,纽约大学硕士,研究方向为全球教育治理。
[①] "How Many Students Are at Risk of Not Returning to School?" Section of Education Policy, July 2020, accessed June 23, 2023, https://unesdoc.unesco.org/ark:/48223/pf0000373992.

一、联合国教科文组织的非洲"基因"

教科文组织在漫长的历史进程中形成了"非洲优先"（Priority Africa）的重要政策。第二次世界大战结束后，为数众多的非洲国家加入教科文组织，形成重要会员主体，为教科文组织发展赋予新的重要使命。

从图1发展历程中可以看出，教科文组织成立初期的工作重点是提供教育领域战后重建工作，恢复教育生态。

1945年 联合国教科文组织成立
其工作重点是提供战后紧急援助，恢复教育系统。

1948年 联合国大会通过《世界人权宣言》
其中第二条指出人人享有受教育的权利。

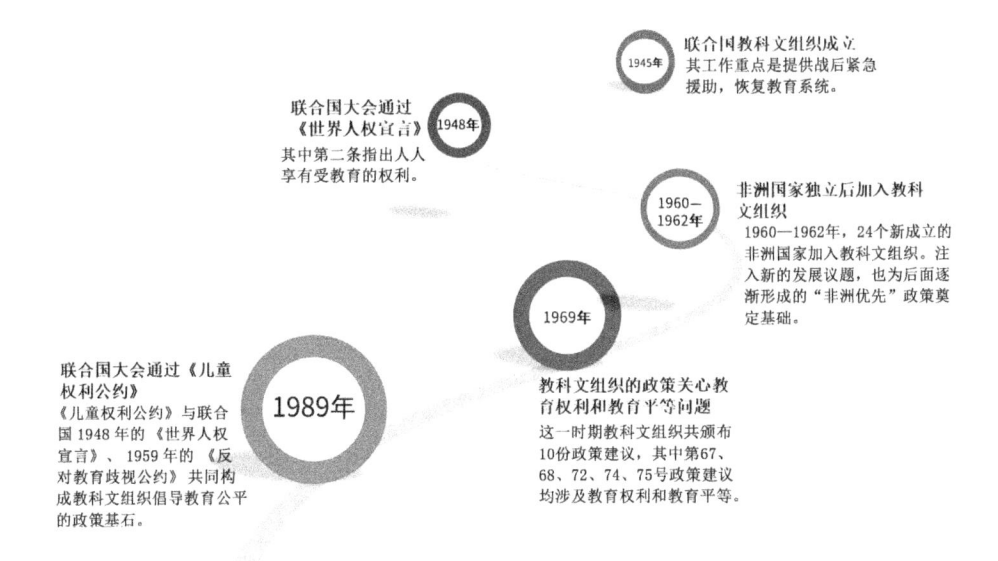

1960—1962年 非洲国家独立后加入教科文组织
1960—1962年，24个新成立的非洲国家加入教科文组织。注入新的发展议题，也为后面逐渐形成的"非洲优先"政策奠定基础。

1969年 教科文组织的政策关心教育权利和教育平等问题
这一时期教科文组织共颁布10份政策建议，其中第67、68、72、74、75号政策建议均涉及教育权利和教育平等。

1989年 联合国大会通过《儿童权利公约》
《儿童权利公约》与联合国1948年的《世界人权宣言》、1959年的《反对教育歧视公约》共同构成教科文组织倡导教育公平的政策基石。

图1 联合国教科文组织教育使命的历史演变

资料来源：笔者根据联合国教科文组织资料制作。

发挥应急响应机制、增强教育系统韧性是教科文组织自成立之初就具备的核心功能。1948年，联合国大会通过《世界人权宣言》（*Universal Declaration of Human Rights*），宣言第二条指出，"接受教育是人的基本权利"。此后经过近半个世纪的发展，通过扎实的理论和政策基础，国际社会从根本上确立了实现全民教育权利、追求教育公平的基本立场。如今教育作为人权的基本的内容之一成为普遍共识和共同追求，它的发展经历了长期的理论论证和漫长的历史沉淀。

20世纪60年代初，许多非洲国家获得独立后，新上任的领导人迅速将教育摆在发展议程的优先位置。他们期冀通过普及初等教育可以帮助独立后的非洲摆脱赤贫，加入以教育为工作宗旨的国际组织成为当时一种共同选择。此时出现了非洲国家加入联合国教科文组织的热潮，仅1960—1962年就有24个新成立的非洲国家成为教科文组织的成员。这为教科文组织带来更加丰富的工作议题，也为后来形成"非洲优先"的工作原则埋下伏笔。1985年，教科文组织启动了非洲优先计划，1996年成立非洲部（Africa Department），为与非洲国家建立更加长期稳定的合作伙伴关系奠定了坚实的基础，也为后续提供政策咨询、提供教育援助和教育资源扶持设立了合作框架。

2023年2月，联合国教科文组织和非洲联盟（African Union）联合发布了一份题为《非洲教育——将公平置于政策核心》的报告。[①] 在这份报告中，教科文组织将联合国可持续发展目标第四项"优质教育"目标与非洲联盟《2063愿景》（*2063 Vision*）中的教育目标结合在一起，通过推动双方认可的评价标准和价值框架，再将公平位于核心的价值观推广到更多国家的教育政策和教育改革行动中。此外，教科文组织通过广泛分布的非洲国别办公室收集能够反映教育现状的关键数据，发挥自身理论和研究优势，分析造成非洲教育不公平的多层次原因，最终通过相对完善的理论构建，为非洲国家发展教育特别是基础阶段的普及教育提供先进理念和方针。

---

① *Education in Africa: Placing Equity at the Heart of Policy—Global Launch of the Continental Report*, UNESCO, Africa Union, February 2023, accessed June 23, 2023, https://www.unesco.org/en/articles/education-africa-placing-equity-heart-policy-global-launch-continental-report.

二、新冠病毒大流行为非洲教育带来挑战

2019年新冠病毒大流行对全球教育造成前所未有的破坏，为了抵御新冠病毒传播，非洲各国采取了不同程度的封控措施。2023年5月，世界卫生组织宣布新冠疫情不再构成"国际关注的突发公共卫生事件"。然而，新冠为非洲教育带来的影响并没有轻易"翻篇"，在教育资源紧缺的国家和地区，各个阶段教育中断以及女童失学的影响在持续发酵。

2020年疫情肆虐之时，除了布隆迪，非洲所有国家都曾关停学校，时长从几周到数月不等（见表1）。①

表1 新冠疫情期间非洲学校关闭情况

新冠疫情期间学校关闭时长	国家
11—20周	喀麦隆、尼日尔、坦桑尼亚、埃及、科特迪瓦
21—30周	尼日利亚、乍得、苏丹、阿尔及利亚、毛里塔尼亚、纳米比亚、博茨瓦纳
31—40周	摩洛哥、突尼斯、加纳、利比里亚、肯尼亚
40多周	安哥拉、赞比亚、南非、津巴布韦、莫桑比克

资料来源：UNESCO, "Education: From School Closure to Recovery," https://en.unesco.org/covid19/educationresponse/。

联合国教科文组织统计了2020—2021年非洲学校关闭的时长，结果显示西部非洲地区学校关闭时间最短，如喀麦隆和尼日尔的学校关闭11—20周；其次是中非和北非，如尼日利亚、乍得和苏丹的学校关闭21—30周；最严重的是撒哈拉以南非洲地区，安哥拉、南非、莫桑比克、

---

① "Global Education Crisis: A Path to Recovery A Joint UNESCO, UNICEF, and World Bank Report," The World Bank, UNESCO and UNICEF, December 6, 2021, accessed June 23, 2023, https://unesdoc.unesco.org/ark:/48223/pf0000380128/PDF/380128eng.pdf.multi.

津巴布韦和赞比亚等国家关闭学校超过41周，有的学校甚至关闭长达1年的时间。① 学校关闭为学生带来的影响绝不仅是中断学业，照料家庭、外出务工等因素使学生面临彻底中断学业的风险，即使重新开放学校也有可能无法再次返回学校继续学习。对于更弱势的群体，如无学可上的女童还极有可能被迫早婚、早孕，甚至遭受割礼。每天入校学习不仅为女童们提供受教育的机会，免费的餐食是健康和营养的重要保障，而停学在家就会使得原本遭受贫穷和饥饿的家庭更艰难。以往女童每天上学，那些坚持割礼旧习的家长迫于女童没有不间断的时间愈合休息，而不得不放弃计划。然而现在失去了学校"保护伞"的女童，将面临怎样的境遇是不可想象的。

为了减轻关闭学校带来的负面影响，非洲国家通过建立数字化学习平台，借助电视和广播教授课程，尽量延续课程和学习活动。然而，在广大非洲地区，电力和网络基础设施不完善，手机、平板电脑和移动设备严重不足，导致远程教育无法发挥理想的效果。此外，电力和网络基础设施在不同地区之间发展不均衡，互联网仅集中在主要的城市区域，在城市周边和广大的农村地区，学生没有机会使用互联网，更没有足够的电子设备完成线上学习。据调查，撒哈拉以南非洲地区92%的家庭缺少电脑设备，2.16亿学生无法使用电脑进行远程学习，86%的家庭接触不到网络，以及1.99亿学生无法通过网络平台获取知识。② 此外，大部分教师远程教学经验不足，无法满足教学内容丰富性的要求，并且在新冠病毒大流行期间，非洲各国政府教育部门普遍忽视了教学质量评估。

世界银行的报告称，新冠病毒大流行加重了各国经济增长的不确定

---

① "A Snap Shot of Educational Challenges and Opportunities for Recovery in Africa," UNESCO, 2021, accessed June 23, 2023, https://unesdoc.unesco.org/ark:/48223/pf0000377513/PDF/377513eng.pdf.multi.

② "UNESCO Rallies International Organizations, Civil Society and Private Sector Partners in a Broad Coalition to Ensure #LearningNeverStops," UNESCO, March 26, 2020, accessed June 23, 2023, https://en.unesco.org/news/unesco-rallies-international-organizations-civil-society-and-private-sector-partners-broad.

性，使得教育支出占财政支出总额的比例降低。在疫情以前，世界银行预测撒哈拉以南非洲地区2020年人均教育支出增长应为6.5%，然而实际上受到疫情影响，教育支出大幅缩水，增长率降低至-4.2%。尽管2021年已经呈现经济恢复增长的形势，但教育投入却没有明显增加，这也将为疫后教育恢复带来严重的负面影响。[①]

联合国教科文组织是参与、倡导和组织全球教育治理最重要的政府间国际组织之一，响应教育危机、启动应急机制、提出教育治理策略和发展倡议是它主要的功能。2020年3月，教科文组织动员多方力量，成立全球教育联盟，旨在应对因新冠疫情导致的世界各地学校关闭和教育不平等现象。全球教育联盟是新冠病毒大流行以来教科文组织推出的影响范围最广、持续时间最久、涉及利益攸关者最多的项目，汇集了来自国际机构、私营企业和非营利组织共167家成员单位，为各国教育需求匹配专业的资源，围绕"互联互通""教师技能提升"和"性别平等"三个目标开展工作。

疫后教育的首要任务是将学生入学率恢复至疫情以前的水平，其次是总结公共卫生危机带来的心理层面的挑战，在疫后教育活动中融入心理韧性建设，提高对学生人格发展的重视程度。

三、全球教育联盟的价值追求

全球教育联盟是联合国教科文组织应急响应机制的成果，体现了教科文组织一以贯之的价值选择。

---

① "A Snap Shot of Educational Challenges and Opportunities for Recovery in Africa," UNESCO, 2021, accessed June 23, 2023, https://unesdoc.unesco.org/ark:/48223/pf0000377513/PDF/377513eng.pdf.multi.

（一）教育连续性和公平性追求占据政策目标的首位

强调教育公平的原则——保证女童、弱势群体、难民和极端贫困人群接受教育的权利，是全球教育联盟最重要的工作原则。从全球教育联盟成员单位认领的任务比重来看，参与实现非洲地区学生"均等地享有返回校园接受教育的权利"的成员单位达到101家，几乎占到成员单位总数的一半。可见性别平等是教科文组织实现教育公平的前提和条件，是公平作为构筑教育理想、实现终极人文关怀的基石，也反映了深刻的人文主义传统。

教科文组织2022年发布的《全球教育联盟促进教育转型汇编》重申了性别平等的"红线"，打造平等、包容、安全和健康的校园成为全球教育联盟保证教育活动连续性的首要任务。在汇编中列举的31项教育转型典型案例中，涉及非洲地区教育的项目有17项；列举的6项重筑教育系统的案例中，3个项目与提升非洲入学率、减少性别不平等、缩小数字鸿沟有关。[①]

联合国教科文组织的倡议和报告立足非洲长治久安的全面考量，主要内容如下：实现教育公平及性别平等；巩固非暴力文化价值观念；预防非洲大陆内生性冲突发生；让接受过教育的女性能够在社会经济活动中承担更重要的角色以促进经济和社会可持续发展；将公平置于教育政策的核心位置是实现非洲繁荣的关键步骤；投资教育是打破贫困代际循环的关键。此外，非洲各国政府需要采取一系列措施促进基础教育公平发展，扩大基础教育阶段投资，培养优质劳动力积极参与经济和社会发展，从而实现非洲大陆持久繁荣。

---

① *Transforming Education through Innovation: The Global Education Coalition Leading in Action*, UNESCO, January, 2021, accessed June 23, 2023, https://unesdoc.unesco.org/ark:/48223/pf0000381023.

（二）数据安全和隐私保护同样不可忽视

理解全球教育联盟政策的价值追求，前提是深入理解教科文组织的传统。作为一家规模庞大的国际组织，几十年的实践尝试积累了知识资本，再逐渐成为共识，共识发展成为规范。在很多人的理解中，教育是教科文组织的工作重点，实际上不仅如此，早在2006年，教科文组织在联合国所有专门组织中率先推出科学与技术伦理纲领性文件，探索科技治理的伦理与规则也是教科文组织的核心任务。

2020年3月，全球教育联盟成立之初，教科文组织总干事奥德蕾·阿祖莱（Audrey Azoulay）在接受媒体采访时表示，保护信息安全和用户隐私是与利用科技促进教育转型同等重要的任务。① 远程教育可以增加教育韧性，然而科技手段进入教学场景引发人们对技术和信息滥用的警惕。为了保证教育科技有效治理，全球教育联盟确立四项基本原则：

1. 师生等用户信息不得用于任何商业用途；
2. 在信息采集过程中，保障用户知情权；
3. 以最严格的行业规范保护用户信息安全；
4. 特别针对免费或者优惠价格的产品，声明使用周期。②

教科文组织关注教育带来的机遇，也关注科技手段带来的潜在风险。实际上，教科文组织几乎是联合国系统中最早关注科技伦理的专门机构。

---

① "The Digital Learning Turn in Africa: The Role of Local Ecosystems Global Education Coalition Celebrates Africa Day," UNESCO, 2021, accessed June 23, 2023, https://unesdoc.unesco.org/ark:/48223/pf0000377725.

② "UNESCO Director-General Audrey Azoulay Charts a New Strategic Direction," UNESCO, March, 2020, accessed June 23, 2023, https://www.unesco.org/en/articles/unesco-director-general-audrey-azoulay-charts-new-strategic-direction.

教科文组织 1998 年设立世界科学知识与技术伦理委员会（World Commission on the Ethics of Scientific Knowledge and Technology），1999 年颁布《科学与科学知识使用宣言》，2008 年发布会议文件《联合国教科文组织科学与技术伦理》（*Ethics of Science and Technology at UNESCO*），这些历史中的每一步都为特殊时期教育应急管理打下了基础。教科文组织不仅关注教育，而且更加关注广泛的社会发展问题。或者可以理解为将教育领域暴露出的问题放在社会系统性风险的议题之下，在伦理的概念下讨论教育保护的话题。

（三）以多种形式让教育合作的"度量"升起来

截至 2023 年，全球教育联盟成员单位数量达到 167 家，在成员类别、数量和合作规模上取得了前所未有的突破。全球 37 家科技企业、9 家平台型组织、43 家非营利组织、6 家学术机构、4 家传媒机构和 28 家多边机构参与非洲教育重建，[①] 体现了教科文组织最大限度的合作精神。全球教育联盟并不是要取代各国或各类成员单位已有的计划，而是将分散的资源进行整合，保证信息流通和资源使用有效性。全球教育联盟不会直接干涉成员单位采取的行动方案，但会定期报告全球教育治理的现状及教育重建的典型案例。

以华为支持教科文组织发展非洲远程教育为例。华为和非洲国家教育部门合作举办的"未来种子"信息通信技术（ICT）技能大赛，已经成为非洲最具广泛影响力的赛事之一。加入全球教育联盟后，为了实现"互联互通"工作愿景，华为启动联结学校（Connecting School）项目，为加纳、埃塞俄比亚和埃及的学校提供移动电子设备，解决网络连接和数字化学习内容的挑战。该项合作已经被列为非洲地区加强学校数字化

---

① UNESCO, Global Education Coalitions, accessed June 23, 2023, https://globaleducationcoalition.unesco.org/.

建设的旗舰项目。① 特别值得一提的是，华为通过手机应用软件 StorySign 将儿童书籍转译成手语，帮助听觉障碍儿童获得教育，体现了教育应急响应机制中深刻的人道主义精神内涵。

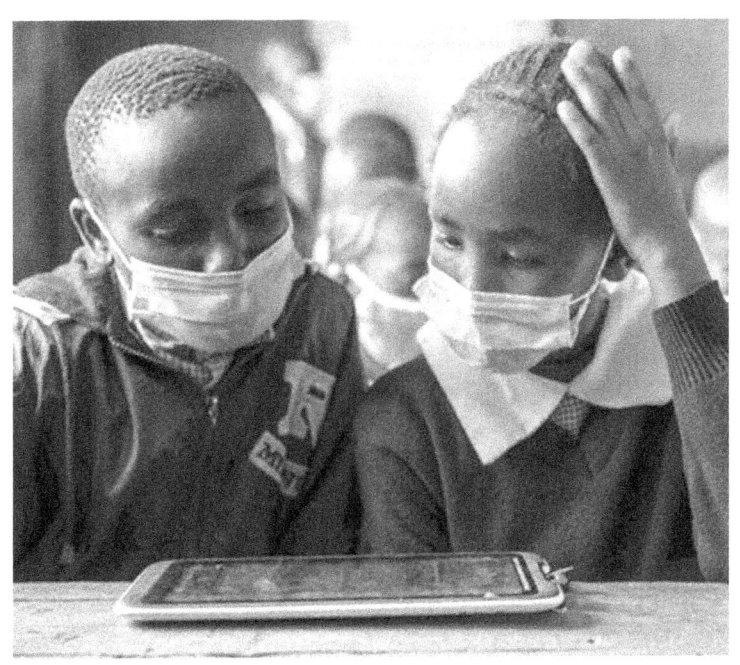

图 2　华为为埃塞俄比亚 9—10 年级学生提供网络和电子设备
资料来源：华为官网。

---

① "UNESCO Partners with Huawei to Support the Building of Technology-enabled Open School Systems in Egypt, Ethiopia and Ghana," UNESCO, September 4, 2020, accessed June 23, 2023, https://www.unesco.org/en/articles/unesco-partners-huawei-support-building-technology-enabled-open-school-systems-egypt-ethiopia-and.

图3 华为运用 AI 科技自主研发的手机应用 StorySign 帮助失聪儿童学习
资料来源：华为官网。

（四）全球教育联盟工作纲领实操性更强

外界环境充满复杂性和不确定性，教育政策需要以更清晰、更具体的形式来应对挑战。除了重申立场和原则，提供操作性较强的指导建议和工具包或许更受欢迎。从实际操作的角度来看，全球教育联盟为疫后教育恢复规划路径。将"互联互通""教师技能提升"和"性别平等"作为教育重建工作的核心。其中：

"互联互通"指资源及时、准确到达需要帮助的学校和其他教育实体；

"教师技能提升"指将提升教师能力作为保证教学质量的核心；

"性别平等"指保护女童拥有平等受教育的权利。①

每一个核心覆盖多项具体的教育行动,每项行动对应明确的目标。例如,涉及课程数字化、教师数字技能提升和教育社区恢复等目标的行动总共 27 项。在撒哈拉以南非洲地区,教师技能培训、提升性别平等意识、增加女教师人数都是重点攻关领域。在 2021 年发布的进度报告中,教师能力建设还特别涵盖了针对弱势群体,发展教师特殊教育技能,提供更公平、更包容的教育,以及提高教育决策者和管理部门能力,包括利用数字化信息辅助教育决策等内容。②

四、价值追求的深层渊源

思考价值追求应当源于实践中的挑战,最后归于解决发展的难题。保证教育公平性有利于非洲各国长期的社会经济发展以及政治和平稳定。此外,教育政策价值追求有深厚的理论和精神基础。

(一)保证教育公平性促进非洲长期和平稳定

联合国教科文组织政策的价值追求体现了非洲国家社会的内生性需求。例如,《2016—2025 非洲大陆教育战略》《2063 愿景》和 2018 年《内罗毕宣言》均涉及提高入学率、保证基础教育公平,教科文组织结合非洲区域性国际组织已经形成的理论成果和观念共识,推出的公共产品

---

① UNESCO, Global Education Coalitions, accessed June 23, 2023, https://globaleducationcoalition.unesco.org/.
② "Transforming Education in Africa through Innovation: The Global Education Coalition Leading in Action," UNESCO, February 2022, accessed June 23, 2023, https://unesdoc.unesco.org/ark:/48223/pf0000381683.

《非洲教育——将公平置于政策核心》贴合区域和国家发展需要，尊重各国政府在教育政策颁布和实施过程中的主体性地位。

对于政府这一治理主体而言，单纯强调教育公平性的人道主义意义是不够的，保证儿童无差别地获得基础教育，要特别展现教育发展与经济繁荣、区域安全之间的必然联系。无论从短期利益还是从长治久安的角度来看，保证教育公平性都是对未来经济发展和政治稳定环境的投资。

（二）价值取向的基础是契约精神

教育援助的举措能够落实和达成的根基是契约精神。契约精神也是国际社会倡议、公约、宣言等文书产生效力和运作的基础。它的内核是"守信"和"自由"，前者是义务，后者是权利，两者对立统一，就像天秤的两端。华为等科技企业本着契约精神加入全球教育联盟，自愿投入、自我规范。然而，现在天秤的平衡仅仅依靠企业自我约束，具体项目实施过程中缺少严谨的监督和评估，全球教育科技治理不仅需要共识和原则，还需要强有力的管理办法。

全球教育联盟的倡议、正式报告和活动路径通常有严密的理论基础，这些理论在联合国系统漫长的发展历史中经过商榷、反复论证和推敲，已经形成了比较完备的逻辑基础。以保护用户信息安全为例子，经历了充分的研讨，也经历了全球范围内推广的漫长的前期工作。

受到新冠疫情的持续影响，全球教育系统恢复工作似乎进入了一场"持久战"。社会经济基础薄弱和生态环境脆弱的地区需要更长时间摸索应对灾害的韧性之路，不仅考验信心和耐心，更需要治理模式的智慧。全球教育联盟曾表示所提供的远程教育支持均为免费服务，Safaricom 公司在 2021 年 5 月"非洲日"活动上公开表示，商业模式和公益教育模式应当形成互补。① 尽管公益性原则从根本上有助于保障弱势群体和极端贫困人口也享有接受教育的权利，然而单一的公益性并不能保证多方力量有效参与教育援助和治理。"免费的午餐"似乎只能作为灾害紧急响应机制下的"战时策略"，长此以往，仍需寻求适应新形势的发展模式。只有扎根发展实践一线，掌握区域、国家、社区甚至不同个体的需求，才能在更高层面上促进合作、引领理念创新并赢得更广泛的信任。

---

① "The Digital Learning Turn in Africa: The Role of Local Ecosystems; Global Education Coalition Celebrates Africa Day 2021," UNESCO, March, 2021, accessed June 23, 2023, https://unesdoc.unesco.org/ark:/48223/pf0000377725.

东盟教育数字化转型现状、挑战与前景

王翊臣[*]

自 2022 年底东盟峰会上通过《东盟教育系统数字化转型宣言》以来，东盟教育数字化转型进入了 2023 年新周期。加快推动教育领域的数字化变革，培育适应数字时代的新人才，成为各国教育发展不可避免的新使命。[①] 新冠疫情对教育的重创显而易见，仅在东盟地区就有超过 1.52 亿儿童和青少年因学校关闭遭受了严重的教育冲击。东盟成员国在实现《2030 年教育议程》目标以及联合国可持续发展目标 4（SDG4-优质教育）所取得的一些成果已经丧失。如何实现东盟教育的数字化转型，建立一个更具韧性的教育共同体，成为东盟各国关注的焦点。本文将在分析新冠疫情对东盟教育变革影响的基础上，呈现东盟在线教育目前存在的数字鸿沟问题，并探讨后疫情时代背景下东盟教育数字化转型的战略韧性、挑战和发展前景。

---

[*] 王翊臣，南京大学国际关系研究院硕士研究生，研究方向为区域治理与东南亚国际关系。
[①] The ASEAN Secretariat, "Declaration on the Digital Transformation of Education Systems in ASEAN," November 16, 2022, accessed May 31, 2023, https://asean.org/declaration-on-the-digital-transformation-of-education-systems-in-asean/.

一、新冠疫情放大东盟教育发展的"数字鸿沟"

新冠疫情造成的经济困难导致许多家庭推迟或中断子女的教育,甚至对部分人群产生永久性影响。据估计,东南亚某些地区的辍学率将会因此上升。例如,在因疫情导致数百万人失业的菲律宾,2020—2021学年的K-12入学人数较上一年下降260万(入学率下降10%)。① 在学校恢复开放之后,情况依旧没有得到改善。失学儿童是社会中最脆弱和边缘化的群体之一,数据表明,一旦学生离开学校,他们不太可能在随后的几年内返回。②

与此同时,新冠疫情带来了远程学习的新趋势,教育机构开始通过电子学习媒介为个人提供教育和培训。根据联合国儿童基金会发布的一份报告,超过90%的国家和政府基于在线平台提供远程教育,这将有助于促进电子学习行业的发展。预计2022年,全球在线学习平台的收入将达到7.6亿美元。③

相比于高收入地区和国家的儿童面临的教育变化,发展中地区的许多儿童所面临的情况要糟糕得多。区域间基础设施建设、经济社会发展水平差距所产生的数字鸿沟,深刻影响着东南亚国家的教育满意度,15岁以下儿童居民教育"满意"比例从2019年的85%下降到2020年的63%(见表1)。

---

① Merlina Hernando-Malipot, "DepEd Reports Almost 90% of Last Year's Enrollment," Manila Bulletin, October 14, 2020, accessed May 31, 2023, https://mb.com.ph/2020/10/13/deped-reports-almost-90-of-last-years-enrollment/.

② Jane Bautista, "Unicef: Many Children Drop Out as In-person Classes Reopen," INQUIRER.net, April 4, 2022, accessed May 31, 2023, https://newsinfo.inquirer.net/1577764/unicef-many-children-drop-out-as-in-person-classes-reopen.

③ Statista, "Online Learning Platforms–ASEAN," accessed May 31, 2023, https://www.statista.com/outlook/dmo/eservices/online-education/online-learning-platforms/asean.

表 1 世界各地区 15 岁以下儿童居民教育"满意"比例

地区/国家	2019 年满意度（%）	2020 年满意度（%）
东南亚	85	63
拉丁美洲	63	49
中东/北非	48	40
东亚	78	70
东欧	64	62
俄罗斯/高加索/中亚	66	64
撒哈拉以南非洲	57	56
南亚	78	77
西欧	70	70
澳大利亚/新西兰	77	79
北美	69	72

资料来源：Steve Cratree and Chayanu Saransomurtai, "Southeast Asia Sees Sharp Decline in Education Satisfaction," Gallup, October 4, 2021, accessed May 31, 2023, https://news.gallup.com/poll/355337/southeast-asia-sees-sharp-decline-education-satisfaction.aspx。

不仅如此，东盟各国以及国家内部的教育差距也进一步拉大（见表 2）。因性别差异、经济社会地位、少数民族地位或农村和偏远地区居住等因素造成的教育不平等现象，现在变得更加明显。教育变革需求和数字鸿沟现象进一步考验着各国政府的公共教育服务能力和制度化水平。当下数字化转型面临的困境主要有以下三点。

表 2 东盟国家 15 岁以下儿童居民教育"满意"比例

地区/国家	2019 年满意度（%）	2020 年满意度（%）
菲律宾	89	56
印度尼西亚	82	55

续表

地区/国家	2019年满意度（%）	2020年满意度（%）
泰国	90	75
马来西亚	88	76
越南	87	78
缅甸	80	73
柬埔寨	91	85
老挝	83	78

资料来源：Steve Cratree and Chayanu Saransomurtai, "Southeast Asia Sees Sharp Decline in Education Satisfaction," Gallup, October 4, 2021, accessed May 31, 2023, https://news.gallup.com/poll/355337/southeast-asia-sees-sharp-decline-education-satisfaction.aspx。

首先，东盟国家间的互联网资源存在较大差距（见图1），互联网普及率从老挝的26%到文莱的95%不等，这一定程度上反映在国家对学校关闭的反应。大多数国家在大流行期间尝试了在线远程教学，但这显然无法覆盖所有家庭。国家内部，较贫穷或处于偏远地区的家庭和社区的网络基础设施薄弱，受教育机会和质量大打折扣。例如，印度尼西亚首都雅加达有66%的人口可以上网，而巴布亚新几内亚只有20%；在越南，94%的城市家庭拥有电视，而农村地区只有49%。① 此外，一些东盟国家的固定宽带网络发展不足，部分原因是缺乏电力等基础设施。根据国际能源机构（IEA）的报告，尽管东南亚地区90%的人口已经用上了电，但仍有6 500万人存在用电困难。②

---

① UNICEF, "Situation Analysis on the Effects of and Responses to COVID-19 on the Education Sector in Southeast Asia," August 2021, accessed May 31, 2023, https://www.unicef.org/eap/reports/covid-19-education-situation-analysis-southeast-asia.

② IEA, *Southeast Asia Energy Outlook*, October, 2017, accessed May 31, 2023, https://www.iea.org/reports/southeast-asia-energy-outlook-2017.

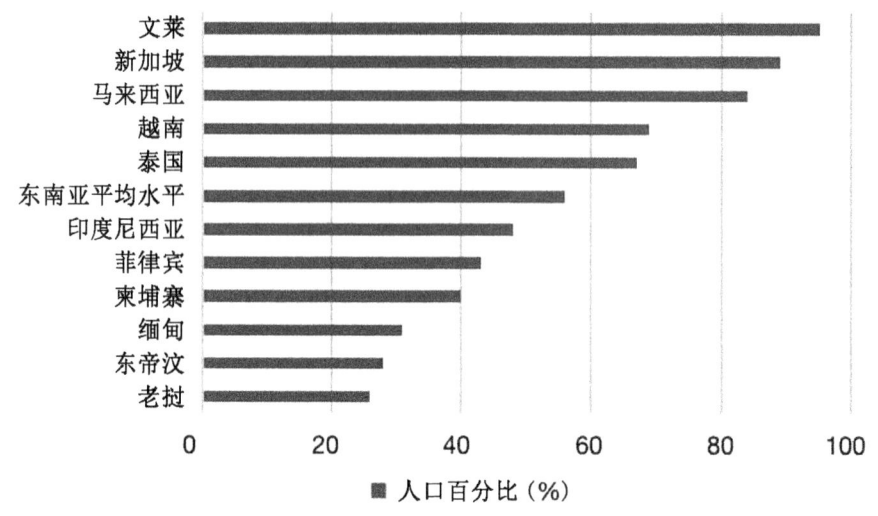

图 1 东南亚国家使用互联网的人口百分比

资料来源：UNICEF, "Situation Analysis on the Effects of and Responses to COVID-19 on the Education Sector in Southeast Asia," August 2021, accessed May 31, 2023, https://www.unicef.org/eap/reports/covid-19-education-situation-analysis-southeast-asia。

其次，数字化转型过程中远程学习资源的开发趋向于"一刀切"，在帮助最脆弱和最边缘化群体方面的挑战依然存在。短期内，基于网络等高科技手段创造出一个包容性的学习环境是不现实的，有特殊学习需要的儿童将不被优先考虑。东亚和太平洋地区59%的国家没有采取措施为残疾儿童提供教育，有残疾和潜在健康问题的儿童不仅面临着严重并发症风险的增加，而且可能在获得所需教育支持方面面临障碍（见图2）。政府监测教育干预措施的能力低、缺乏工具，许多国家缺乏适当的系统和能力来监测学生的学习情况并缺乏针对性信息和通信技术干预措施，特别是针对边缘化学生。东盟和东亚经济研究所（ERIA）发布的《东盟的全纳教育①：培养残疾学生的归属感》报告指出，东盟成员国都渴望为残疾学生建立全纳教育系统，但由于在定义残疾概念、熟悉包容规则、

---

① 全纳教育作为一种教育思潮，它容纳所有学生，反对歧视排斥，促进积极参与，注重集体合作，满足不同需求，是一种没有排斥、没有歧视、没有分类的教育。

转变为以学习者为中心的教育模式等方面的挑战，可能很难取得实际进展。① 在东帝汶，5岁及以上的非残疾人口中有64%识字，但在同一年龄段的残疾人中只能达到15%，这将使残疾儿童比非残疾儿童更难接受远程教育。②

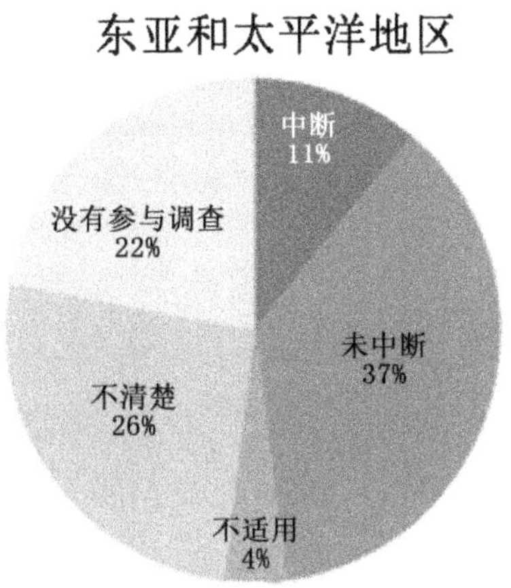

图2 政府采取措施为残疾儿童提供支持的国家百分比

资料来源：UNICEF, "Situation Analysis on the Effects of and Responses to COVID-19 on the Education Sector in Southeast Asia," August 2021, accessed May 31, 2023, https://www.unicef.org/eap/reports/covid-19-education-situation-analysis-southeast-asia。

再次，教育数字化转型的效果评估依赖于学生、教师、家庭的多方面支持。远程学习导致了更多的心理健康问题和学生中更多的孤立感，他们面临与网络安全、隐私和数据所有权问题相关的风险增加。教师的相关信息和通信技术和教学技能水平不足，数字能力不足一直是教师有效利用技术进行教学的最大障碍，特别是没有向教师提供足够的支持和

---

① Rubeena Singh, "Inclusive Education in ASEAN: Fostering Belonging for Students with Disabilities,"Economic Research Institute for ASEAN and East Asia (ERIA), June 14, 2022, accessed May 31, 2023, https://www.eria.org/uploads/media/Research-Project-Report/RPR-2022-03/Inclusive-Education-in-ASEAN-Fostering-Belonging-for-Students-with-Disabilities.pdf.

② UNICEF, "Situation Analysis on the Effects of and Responses to COVID-19 on the Education Sector in Southeast Asia," August 2021, accessed May 31, 2023, https://www.unicef.org/eap/reports/covid-19-education-situation-analysis-southeast-asia。

机会，以发展教师所需的信息和通信技术和教学能力。例如，在泰国和新加坡，几乎所有教师都拥有基本的数字技能，但在马来西亚和菲律宾等国家，只有不到5%的教师报告拥有相同的数字技能。① 除了由于技术设备差距造成的远程学习机会不平等，学习者从家庭中获得的支持水平同样影响着数字化教育的效果。其中常见的性别规范和期望，如要求女孩照顾兄弟姐妹或在家中工作，这限制了她们对学习的参与以及未来的学习水平。

二、东盟教育数字化转型的战略努力

疫情推动了东盟地区的数字计划向前发展，进一步深化了东盟各部门机构和共同体支柱的合作，并促使东盟以战略性、全面协调的方式实现包容性和加速数字化转型。新冠危机过后，东盟制定了《东盟第四次工业革命的综合战略（2021年）》，为全面促进东盟共同体数字化转型和最大限度地发挥数字化转型的效益提供了政策指导。东盟成员国为应对转型期的挑战采取了广泛的应对措施，通过系列议程、宣言和区域合作释放数字化转型的力量，优化数字技术教学，开发安全可靠的数字教育生态系统，以跨越"数字鸿沟"，加强其未来教育体系的韧性。

在东盟教育数字化转型的过程中，东盟需要在基础设施建设、技能培训、教育支持、数据收集、区域倡议、国际合作六个方面做出战略努力，为教育数字化未来做好准备。

第一，各国需要以数字转型为基础，增加国民受教育的机会。加强数字基础设施建设，优秀的电信基础设施是数字化转型的基石。《东盟数字总体规划2025》指出，政府应重点加大对农村及边远地区网络和通信

---

① Unesco, "Digital Transformation in Education in Asia Pacific," 2022, accessed May 31, 2023, https://knowledgehub.sdg4education2030.org/system/files/2022-06/Digital%20Transformation-min.pdf.

基础设施的投资，为弱势群体学生提供设备或资金补贴，更好地协调学校的技术支持，维持和扩大现有远程教学资源。政府需要混合使用政策和创新手段，以减轻教育的中断，并最大限度地降低辍学率。①

第二，国家应加强数字扫盲技能培训，以确保有效学习。强化专业发展并加强对教育专业人员的支持，为教师提供结构化的教学方法和指导，包括远程教学和发展学习、对学生的社会心理支持、强调监测和管理自身发展等。确保所有儿童和青年发展教师、培训师、儿童和青年的教育质量，使所有儿童和青年能够学习和掌握数字技能。

第三，政府和社会机构应优先解决低龄学生、弱势学生和职业人士的学习损失问题，为来自弱势群体的学生提供学习支持。东盟成员国政府应使远程学习选择多样化，以满足不同的环境和需求。开发高质量、免费、适合年龄的学习内容，采取必要的预防措施，通过建立保障措施，为学习者提供安全和有能力的在线环境，扩大利用技术的学习，以支持技术教育中安全有效的学习。还要为父母和监护人提供更多指导，以强化家庭及社区支持，提升学生远程学习能力。

数字公民教育随着互联网和技术的普及而得以扩大，必须在数字化转型中降低对学生和教师可能产生的负面影响，并通过安全、道德和有意义的技术教育，使用户能够在快速发展的数字世界中蓬勃发展。这包括使用和分析数字资源、媒体和信息，以及建立独立的学习技能，支持学习者在远程学习中的福祉，并促进全球公民教育。

第四，确保有效治理的监测和可靠数据。对于数字转型方案的有效治理来说，一致和透明的监测和评价制度是不可或缺的。教育系统应加强收集分类实时数据、进行数据分析的能力，并利用大数据和人工智能（如ChatGPT）等技术帮助改善教与学。这包括加强信息系统，为适当干预和培训提供信息，以及实现自动化、跟踪学习成果和改进应对措施。

---

① ASEAN, *ASEAN Digital Masterplan 2025*, January 21, 2021, accessed May 31, 2023, https://asean.org/book/asean-digital-masterplan-2025/.

这还需要多个利益攸关方合作制定框架和原则，以确保可靠的数据。

第五，区域倡议和政策指导必不可少。需要数字转型政策和监管的协调努力和高层承诺，才能将数字转型作为政府各部门的优先事项。2020年通过的《东盟关于为不断变化的劳动世界开发人力资源的宣言》及其路线图和《东盟全面复苏框架》规定了区域集体行动的优先领域。这些行动措施包括重新审视教师的能力框架，并为高质量的远程教学和学习开发工具包。东盟教育部长和高级官员于2021年9月29日至10月1日召开了"以东盟方式转变教育：在全球动荡时代建立伙伴关系"系列会议。会议的重点是交流每个成员国管理教育系统的经验，以应对新冠疫情的暴发。正如时任东盟秘书长林玉辉在致辞中所说："尽管发生了这场危机，但教育不能等待，教育是不能停止的。"①

教育数字化转型的战略努力必须是将人们联系起来，而不是加大现有的差距，疫情带来的压力为加速教育数字化转型提供了良好的机会，东盟需要在区域、国家和地方各级发展公益合作和其他类型伙伴关系，以促进知识、内容和资源的共享，以支持数字转型倡议。2020年10月22日，东盟各国教育部长在"东盟教育系统数字化转型会议"上分享了将技术融入教育的经验，并承诺提高东盟教育系统的复原力。② 2022年11月1日，东盟数字教育中心在柬埔寨金边的西索瓦高中正式启用，该中心将涵盖从幼儿教育到高等教育、技术教育、非正规教育和包容性教育的教育部门，是东盟推动教育生态系统转型的里程碑。③ 即将上任的东盟

---

① The ASEAN Secretariat, "ASEAN and Partners Discuss Efforts to Strengthen Education Sector in Post-pandemic World," October 7, 2021, accessed May 31, 2023, https://asean.org/asean-and-partners-discuss-efforts-to-strengthen-education-sector-in-post-pandemic-world/.

② The ASEAN Secretariat, "ASEAN Education Ministers Call for Digital Transformation in Education," October 22, 2020, accessed May 31, 2023, https://asean.org/asean-education-ministers-call-for-digital-transformation-in-education/.

③ AKP-Phal Sophanith, "ASEAN Centre for Digital Education to Be Launched Today," *Khmer Times*, November 1, 2022, accessed May 31, 2023, https://www.khmertimeskh.com/501177892/asean-centre-for-digital-education-to-be-launched-today/.

教育部门轮值主席国的泰国宣布了2024年担任主席国的主题"教育转型以适应数字时代"。①

第六，深化扩大伙伴合作，是东盟推动教育数字化转型的重要方式。"深化数字教育合作"已成为区域各国的普遍共识和重点目标。2022年3月16日，东盟教育部长会见英国政府官员和教育专家，讨论后疫情时代教育面临的挑战，以促进在中短期内改进远程学习选择，并使其更具包容性。② 2022年7月27日，在第15届东盟高等教育扶持计划政策对话会期间，东盟正式推出《2025年东盟高等教育空间路线图》。制定该路线图的背景是全球高等教育环境不断变化以及新冠疫情干扰学生流动。认识到这一新的现实，路线图提出了东盟高等教育协调战略和适应国际化发展的可持续方法。核心路径是通过数字化转型，增加国际化高等教育提供的机会和包容性。③ 2022年8月22—28日，中国—东盟教育交流周在贵州省贵阳市举行。系列活动聚焦全球数字化转型机遇，中国与东盟将加强数字战略对接，举办数字教育论坛，推动成立数字教育发展联盟，促进优质数字教育资源共享，推进在数字教育标准制定、网络数字空间治理等方面的合作。④ 同月，东盟与中日韩外长会议通过《东盟与中日韩（10+3）合作工作计划（2023—2027）》，针对教育领域明确支持和实施《10+3教育行动计划（2018—2025）》，并强调了优先事项和主要战略，如利用技术为师生开发数字学习策略以及扩大教育覆盖面的信息

---

① Ekkaphab Phanthavong, "Driving Inclusive and Sustainable Digital Transformation in ASEAN," *The ASEAN Magazine*, December 6, 2022, accessed May 31, 2023, https://theaseanmagazine.asean.org/article/driving-inclusive-and-sustainable-digital-transformation-in-asean/.

② ASEAN, "Recover Learning and Rebuild Education in the ASEAN Region Roundtable: Policy Brief," June 7, 2022, accessed May 31, 2023, https://reliefweb.int/report/cambodia/recover-learning-and-rebuild-education-asean-region-roundtable-policy-brief.

③ ASEAN, *Roadmap on the ASEAN Higher Education Space 2025*, July 27, 2022, accessed May 31, 2023, https://asean.org/wp-content/uploads/2022/07/ASEAN-Higher-Education-Space-2025_rev-1.pdf.

④ Ministry of Education of the People's Republic of China, "China-ASEAN Education Ministers Hold Online Conference," August 29, 2022, accessed May 31, 2023, http://en.moe.gov.cn/news/press_releases/202209/t20220901_657102.html.

通信技术应用。① 2022年10月,第十二届东盟教育部长会议和第六届东盟与中日韩教育部长会议相继召开。其中,确定了"促进全面数字化转型,为学习者提供网络安全环境"作为东盟教育发展的五个重点领域之一。② 同时,《第六届东盟与中日韩教育部长会议联合声明》强调了推动教育系统数字化转型的必要性,并呼吁区域内各国努力确保人们具备应对第四次工业革命所带来挑战的技能,以适应不断变化的世界。③

三、东盟教育数字化转型的挑战

虽然推动教育数字化转型发展已成为东盟区域内部的普遍共识,但囿于经济实力、产业基础、政治体制、社会文化、人才基础等多重因素共同构成的现实差异。东盟教育数字化转型面临诸多挑战,各成员国能否深度且有效地参与和实现教育数字化转型发展仍然是当前不容忽视的问题。

当前,东盟各成员国的数字化转型基础和发展水平仍具有明显差异。东盟地区是2022年世界上经济增长最快的地区之一,亚洲开发银行(ADB)预测,2022年东南亚的经济增长将相当于5.5%。④ 与此同时,区域内部国家间发展极不平衡,既存在以新加坡和文莱为代表的高收入国家,也有越南、菲律宾、老挝、柬埔寨、缅甸等属于世界银行划定标

---

① ASEAN, *ASEAN Plus Three Cooperation Work Plan 2023–2027*, August, 2022, accessed May 31, 2023, https://asean.org/wp-content/uploads/2022/08/APT-Cooperation-Work-Plan-2023-2027.pdf.
② ASEAN, "ASEAN, Partners Call on Joint Efforts to Re-envision Education Systems in the New Context," October 14, 2022, accessed May 31, 2023, https://asean.org/asean-partners-call-on-joint-efforts-to-re-envision-education-systems-in-the-new-context/.
③ ASEAN, *Joint Statement of the Sixth ASEAN Plus Three Education Ministers Meeting*, October 14, 2022, accessed May 31, 2023, https://asean.org/wp-content/uploads/2022/10/Updated-Draft-Joint-Statement-of-6th-APT-EMM_12-October.pdf.
④ James Fox, *ASEAN Economic Outlook 2023*, ASEAN Briefing, January 3, 2023, accessed May 31, 2023, https://www.aseanbriefing.com/news/asean-economic-outlook-2023/.

准下的中等偏下收入国家。国内生产总值（GDP）和国民总收入（GNI）较高的国家一般具有推动教育数字化转型发展的强烈意愿并高度响应区域宏观政策，国内公民对于享受数字教育服务的需求也更为强烈，而经济不发达地区则相反。国家层面衡量数字化转型基础的指标是东盟数字一体化指数，该指数着眼于数字一体化准备的六个维度，即：数字贸易和物流、数据保护和网络安全、数字支付和身份、数字技能和人才、创新和创业以及机构和基础设施。2021年，马来西亚和新加坡的得分高于地区平均水平，而柬埔寨、老挝和缅甸在所有六个维度上的得分均低于地区平均水平。与此同时，印度尼西亚、泰国、越南、菲律宾和文莱的得分参差不齐。[①]

各成员国公民的数字能力仍远未达到当今社会要求，尤索夫·伊萨东南亚研究所（ISEAS-Yus of Ishak Institute）和印度尼西亚调查研究所（Lembaga Survei Indonesia）的一项民意调查显示，这种能力差距在不同教育水平的人群中尤为明显。[②] 例如，对于受过小学教育或更少的人来说，分别有不到三分之一和不到10%的人通过移动宽带和固定宽带接入互联网。与此形成鲜明对比的是，具有大学及同等学力的人中，分别有92%和超过三分之一的人使用移动和固定宽带上网。

在规范建设方面，目前东盟内部没有共同的数字证书认可标准。只有当学分可以转移和证书得到认可时，数字流动性才会变得普遍。在亚洲，日本、印度尼西亚和新加坡已经开发了这样的系统。新加坡的OpenCerts系统被认为是使用区块链技术来确保证书安全的全球参考。欧洲有伊拉斯谟电子证书（Erasmus Without Paper）和欧洲数字学习证书框

[①] Maria Monica Wihardja, Ibrahim Kholilul Rohman, "Indonesia Shepherding an ASEAN Digital Community," Fulcrum, March 9, 2023, accessed May 31, 2023, https://fulcrum.sg/indonesia-shepherding-an-asean-digital-community/.

[②] Ibid.

架等系统。然而,根据 2021 年 6 月至 9 月 SHARE①委托进行的《东盟数字学分转移系统需求摸底与识别》研究,数字证书的认可在该地区仍不普遍。目前只有新加坡、菲律宾、印度尼西亚和越南在实施此类举措。②

在教育数字化转型初期,私营部门的能力虽然可以为教育共同体建设带来创新,但平衡数字学习中的商业利润导向和公共利益导向仍然是一种挑战。目前,东盟的数据保障监管框架仍然不均衡,缺乏互操作性和通用标准,可能对教育数字化转型产生多方面的影响。首先,由于东盟成员国在数据保护法律的采用和执行方面存在差异,个人数据的隐私保护水平可能会有所不同。这可能会导致在教育数字化转型中处理个人数据时出现不确定性和法律风险。一些国家可能会担心将其教育数据交给其他国家或与其他国家共享数据,从而限制跨国合作和数据流动。其次,某些东盟成员国可能会采取数据本地化要求,要求教育机构将数据存储在国内服务器上。这可能会对跨境教育技术供应商和在线教育平台的运营造成影响,增加了其在东盟各国开展业务的复杂性和成本。再次,由于监管差异,东盟成员国之间的教育数字化发展水平可能存在差异。一些国家可能在教育技术的应用和数字化教育资源的开发方面领先,而其他国家可能相对滞后。这可能会导致教育资源和机会的不平等,增加数字鸿沟,尤其是在教育合作和互联互通方面。最后,监管差异可能导致东盟成员国之间在教育数字化转型方面缺乏协同合作。缺乏一致的监管框架和标准可能使得跨国教育合作和共享最佳实践变得更加困难。

国内现实困境如基础设施、资金缺口、教师质量、计划材料和可访问性等均成为制约国家教育数字化转型的重要因素。无论是后疫情时代

---

① SHARE 是欧盟资助的项目,其总体目标是加强区域合作,提高东盟高等教育机构和学生的质量、竞争力和国际化程度,为东盟共同体做出贡献。其主要目的是加强欧盟和东盟之间的合作,创建一个东盟高等教育空间。

② Kalinga Seneviratne, "Digital Transformation of International HE Gathers Momentum," *University World News*, February 16, 2022, accessed May 31, 2023, https://www.universityworldnews.com/post.php?story=20220215170723502.

还是教育数字化发展，降低跨境人际交往成本的混合教育、虚拟交流和协作式在线学习都将成为未来趋势，但开发虚拟教育模块需要国内和海外大学的教师频繁规划，语言、时区、文化等差异都将成为沟通协调的挑战。① 马来西亚一个教育团体质疑政府在2023年修订预算中对该领域的拨款，称尽管为该部分的财政蓝图预留了大部分份额，但似乎没有为数字发展分配足够的资金，因为缺乏资源来帮助他们跟上最新的教学方法，并呼吁政府为教师的发展和适当的数字基础设施进行拨款。②

教育数字化转型的共识性决策本应由东盟所有成员国共同参与制定，但在实际进程中依旧存在成员之间彼此交流磋商不足、关键成员国占据主导、边缘成员国影响微弱等现实困境。此外，地缘政治紧张局势——尤其是中美竞争——已经开始进入数字空间，导致供应链受限、保护主义倾向，以及竞相形成数字贸易规则以维持排他性势力范围。这可能迫使东盟在本应更加注重基础设施发展的时候承担不必要的成本。因此，在覆盖所有成员国的发展诉求方面确实存在困难，而推动所有成员国真正融入教育数字化转型发展的美好愿望亦尚未成为现实。

四、东盟教育数字化转型需乘风破浪

新冠疫情是数字化转型和建立面向未来的强大教育体系背后的催化剂。疫情后的全球教育模式和教育系统将与技术互联，学习者和教育工作者将基于相同的在线系统一起学习和获取信息。此外，学习方式不仅

---

① Kalinga Seneviratne, "Digital Transformation of International HE Gathers Momentum," *University World News*, February 16, 2022, accessed May 31, 2023, https://www.universityworldnews.com/post.php?story=20220215170723502.

② Nur Hasliza Mohd Salleh, "Don't Forget Digital Development, Teachers Say on Budget," *Malaysia Now*, February 26, 2023, accessed May 31, 2023, https://www.malaysianow.com/news/2023/02/26/dont-forget-digital-development-teachers-say-on-budget.

仅局限于教育系统，基于免费在线学习平台的非正式学习对所有人也同样有效。

在《东盟数字总体规划2025》等区域层面宏观政策的"顶层"带动下，东盟成员国陆续出台和加紧落实教育数字化转型发展相关的具体政策。印度尼西亚政府正在数字技术的帮助下进行大规模的教育转型，通过加强与中国科技巨头华为的合作，以发展智能校园，为信息和通信技术行业培养能够满足数字化转型人力资源需求的人才，加快东南亚国家的教育数字化转型。① 2022年8月5日，卡西科恩银行执行副总裁胡锦通和胡志明银行大学副校长阮清义在越南胡志明市共同签署了一份关于人力资本发展和数字技术实施方面合作的谅解备忘录。该谅解备忘录致力于为越南教育部门的数字化转型提供支持，以提高胡志明市银行大学的运营效率，以及通过促进学术活动和实习计划，帮助学生探索潜在职业道路。② 2023年2月8日，菲律宾副总统兼教育部部长萨拉·杜特尔特（Sara Duterte）在第52届东南亚部长教育组织（SEAMEO）理事会会议开幕式上推出了菲律宾教育部的MATATAG议程（Matatag是菲律宾语，意思是复原力），由四个关键组成部分：加强课程与公民全方位培养的联系；加快提供基础教育设施和服务；通过增进学习者的福祉、包容性教育和积极的学习环境支持学习者；支持教师更好地教学。③

教育数字化转型作为东盟数字化转型的一部分，始终与东盟数字共同体建设步调一致。其中，在推进全球南方地区（包括东南亚地区）的

---

① Jakarta BureauFifi, "Indonesia Teams up with Huawei to Boost Digital Transformation in Education," The Star, March 18, 2023, accessed May 31, 2023, https://www.thestar.com.my/news/world/2023/03/18/indonesia-teams-up-with-huawei-to-boost-digital-transformation-in-education.

② "KBank Provides Support for Digital Transformation in Vietnam's Education Sector," The Nation, August 9, 2022, accessed May 31, 2023, https://www.nationthailand.com/pr-news/education/40018687.

③ Arra Perez, "Sara Duterte Urges ASEAN Leaders to 'Act Now' to Resolve Education Issues," ABS-CBN News, February 8, 2023, accessed May 31, 2023, https://news.abs-cbn.com/news/02/08/23/vp-duterte-urges-asean-to-act-now-on-education-issues.

数字转型方面发挥着重要作用的印度尼西亚在进程中发挥着关键性作用。早在2021年，作为二十国集团（G20）峰会的主席国，印度尼西亚便提出了数字转型的优先领域，同时鼓励其他亚洲国家，如缅甸、柬埔寨和老挝接收技术转让，实现数字转型系统的转移。后疫情时代，印度尼西亚积极推动《东盟全面复苏框架》（ACRF），通过数字技术加速包容性数字转型，促进经济，改善后新冠疫情时代的社会，并实现全方位长期的复原力。①

展望未来，印度尼西亚倡导下东盟教育数字化转型的小多边合作值得期待。小多边主义对东盟来说并非一个全新议题，其有着小规模合作的历史。根据《东盟宪章》第21条："在履行经济承诺时，如各方达成一致，可用'东盟+X'等灵活参与模式。"东盟内部的小多边合作不同于美日印澳"四边机制"（QUAD）与"澳英美三边安全伙伴关系"（AUKUS）等小多边组织，其本身不具备"排他性"，而是一项涉及在某些合作领域处于领先地位的初始成员集团的倡议，并将随着时间的推移吸纳其他有意向的成员国。② 印度尼西亚不能脱离"协商一致"原则独自行事，但可以成为鼓励和启动数字转型部门的具体成果的行动者，利用其公信力推动行动计划，如欧盟的数字教育行动计划，促进东南亚包容性数字化转型。通过合作，在东南亚创建一个包容性的数字生态系统的难度可以降低。

对于东盟来说，疫情带来的不仅是挑战，还有机遇。东盟的区域合作中心地位赋予其亚太地区合作"领导者""驱动者"和"设计师"等

---

① Darline Lanek, Salsabila Nada N, "From G20 to ASEAN: Indonesia Roles on Enhancing Digital Transformation in Southeast Asia," UGM ASEAN Society, August 28, 2022, accessed May 31, 2023, https://ugmasean.medium.com/from-g20-to-asean-indonesia-roles-on-enhancing-digital-transformation-in-southeast-asia-c7b67d73ef76.

② Joanne Lin, Laura Lee, "Minilateral Cooperation in ASEAN May Help It Overcome Challenges in Multilateralism," accessed May 31, 2023, https://www.iseas.edu.sg/articles-commentaries/iseas-perspective/2023-16-minilateral-cooperation-in-asean-may-help-it-overcome-challenges-in-multilateralism-by-joanne-lin-and-laura-lee/.

关键角色，而这样的中心地位也获得了合作网络中参与方越来越高的认可。① 以"东盟中心主义"引领的"东盟+"国际教育合作与教育数字化转型对于东盟增强教育韧性，更好地重建教育系统具有重要作用。

新冠疫情冲击推动了东盟教育模式的变革，同时也暴露了东盟内部国家之间的数字鸿沟问题。但随着"东盟方式"的作用不断增大，"东盟中心主义"概念成为国际社会普遍认可的共识，东盟区域合作框架下内部规范完善和"东盟+"国际教育合作为后疫情时代东盟推动教育数字化转型、塑造教育新生态提供了契机。通过与域外国家与国际组织开展包容性教育合作，东盟能够更好地着眼于自身发展，立足现状构建促进教育开放的合作机制。道阻且长，行则将至。在百年大变局的今日，东盟教育发展的路途艰难且漫长，但其所展示出的清晰的目标感、意义感和体系感，让东盟教育数字化转型在不确定的环境中拥有一个相对稳定可观的发展前景。

---

① Amitav Acharya, "The Myth of ASEAN Centrality?" *Contemporary Southeast Asia: A Journal of International and Strategic Affairs* 39, no. 29 (2017): 273–279.

线上教育改革汇潮

中日韩"亚洲校园"线上课堂：
为日本北海道余市"云定制"旅游政策的经历

李冠儒*

  2021年4月，受新冠疫情影响，东京大学（以下简称"东大"）公共政策大学院的课程，基本都改为线上课。其中，校方为来自北京大学、东京大学和国立首尔大学的同学们特别设置了一门别出心裁的"云定制政策"课，由东大校方、日本本地营利组织、日本地方政府三方共同作为教师，指导中日韩三国学生"云端联手"，为北海道一个叫余市（町）的地方合身定制一套新的旅游政策。这个过程中，学生需要进行大量线上访谈及资料整理工作，最终还要以小组为单位，为余市政府提交一份完整的政策建议报告。

  该课程致力于以现代科技弥补疫情下不能有效开展实地考察的漏洞，可谓公共政策数字教育的重大尝试。然而在开始调研时，笔者和他的组员面临线上资料大多与余市知名威士忌相关、受访官员刻意隐瞒实际情报、地方政府的宣传册含有大量不尽不实的资料等诸多问题。同时，笔者所在小组也曾天真地相信，通过改善余市旅游宣传网的翻译质量与网页设计，即可吸引大批游客前来。直到报告截止日期前两周，我们才发

---

* 李冠儒，现为北京大学国际关系学院博士生，北京大学国际关系学院—东京大学公共政策大学院（GraSPP）双学位硕士毕业生，研究方向为中日关系、港澳问题。

现这纯属一厢情愿，现状不容乐观。

由于余市存在严重的人口老化问题，存在科技掌握水平悬殊等不公正现象。老年人会因此妨碍年轻人引进更好的数字工具。追根究底，他们不希望旅客被年轻人的宣传手段吸引，从而只惠顾年轻人的店。此外，正因为余市本地资源十分有限，相对于年轻人，老年人更不愿与外人分享它，一直暗中抵制旅游改革。最终，余市旅游业发展因其内部矛盾，已陷入困境，而我们意识到自己是被邀请过来支招的。"云调研"的过程，可谓困难重重、一波三折，深刻反映出公共政策制定过程的不易。

一、作为公共政策的数字教育缘何不可承受

夜阑人静，东大公共政策大学院四位来自中日韩三国的留学生愁眉苦脸，开着一场气氛低迷的线上会议。受新冠疫情影响，我们无法亲自前往北海道余市，也就无从执行原定的线下实地调研计划。所幸校方贴心地准备了公共政策的数字教育实践课程，尽可能完善我们的网课体验。可开会的时候，截止日期将至。不到一个月后，我们小组四人就要为当地政府"云定制"一套旅游政策。可是，我们在这个节点才发现自己通过网络采访、调研所获得的第一手资料，基本上与实际情况相去甚远。为此，我们不得不反复修改先前的政策建议书。一想到余市的情况远比我们想象中复杂，大家都顿感心灰意冷、郁郁寡欢。彼时，一位韩国同学率先打破沉默，哭诉道："是余市政府官员提供的宣传册误导我们，接受我们的采访时也多次说出错误的资讯，这才让我们得出偏离现实的结论。这门课简直在浪费我们的时间，不如敷衍了事，以示抗议！"

以数字教育的方式推进公共政策实践课，至少在疫情前，是笔者从来不能想象的奇闻逸事。追根究底，政策的制定切忌天马行空，涉及可能塑造现实世界的政策建议必须被严肃对待。在这个专业领域内推广线

上实践和数字教育，难免会给人脱离现实的微妙感觉。这门课，虽说确实会让学生取得颇大收获，但与此同时也是一场涉及数字教育和社会科学的实验。同学们宛如小白鼠，是被观察的对象；大家的收获与困惑，都是将来用以改善公共政策数字教育的养分。我们若就此放弃，相当于宣告相关官、产、研三位一体的数字教育平平无奇，未能为学生带来更多收获。然而，尽管数字教育体验与余市官方资料的质量有欠客观，但我们都深谙计划赶不上变化的困境，对各国政策制定者而言无异于家常便饭。退一步来说，任何一位上过网课的学生都能够明白，当下的数字教育不能完全还原线下实践课的内容。唯有亲自前往当地考察、与当地人交流，方能设身处地感受他们的心情和理解他们的需求，减少错误判断，而这是制定公共政策的基础。

笔者茫然地对着无声的Zoom会议室，心里默默念叨："除非能够远程操控一个机器人进行面对面的记录、访谈工作，否则，数字教育几乎不可能满足公共政策制定者的要求……"想到这里，笔者明白了现阶段的挫折，是必须依赖官方材料与网络资讯的我们在所难免的。作为公共政策学生，应有一定的心理准备和觉悟。想到这里，我豁然开朗。不知道是否是公共政策学生之间一种无声的共鸣，包括发泄完情绪的韩国学生在内，大家在短暂收拾心情后都坚定了迎难而上的决心，专注于深入分析余市目前的发展瓶颈及其现有的旅游优势。

二、小小的余市之于大大的北海道

北海道位于日本最北部，占全日本陆地面积的20%以上，特点是土地辽阔、风景优美、物产丰富，濒临日本海、鄂霍次克海和太平洋。北海道冬季冰天雪地，是享誉国际的冬季旅游和滑雪的胜地，游客们可参加冰雪节的滑冰等活动；夏季则原野鲜花盛开，气候凉爽，是日本首屈一指的避暑胜地。

而在北海道，其实还有一个占北海道总面积不到 0.1% 的小地方，名为余市，是北海道北部的一个城镇。最初，大多市民以果树栽种维生。但近十年内，因其威士忌"出圈"走红，更多市民开始经营或转营涉及威士忌的业务。余市也因此闻名于世，慕名而来的旅客也就越来越多。

乘坐日本铁路（也就是我们常说的 JR）从札幌到余市约需 1 小时，从小樽则约需 25 分钟。余市可谓麻雀虽小，五脏俱全，有一甲威士忌（Nikka Whiskey）北海道工厂余市蒸馏所（也有人直接音译成尼卡威士忌余市蒸馏所）、葡萄酒之城、观光果树园之城、新鲜海鲜之城等，它们是颇受游客欢迎的旅游景点。首位日本宇航员毛利卫先生和跳台滑雪世界冠军笠谷幸生亦在余市出生，所以余市内也有一些值得"打卡"的名人故居。由于当地四季分明，非常宜居。在夏天，旅客可在这里享受海水浴；在冬天，余市也有一些温泉。一年四季，这里都为旅客提供世界顶级的威士忌与葡萄酒，以及大量的本地海产、水果。余市无疑是一个新兴的、颇具特色与潜力的小众景点。

余市政府认为，除了已经"出圈"的威士忌，余市还有其他旅游特色，希望进一步将这些特色推向世界，推动余市旅游业的发展。在这个背景下，余市方面与东京大学公共政策大学院达成了合作协议，期待院内的中日韩学生能在锻炼个人能力的同时，为余市政府出谋献策。

三、线上公共政策实践课新尝试？

"同学们好！尽管我们正面临新冠疫情的考验，可本学院还是特意为大家邀请到了北海道余市政府的官员，以及 Policy Garage（新兴日本公共政策类非营利组织）的专家和我（一位东大经济教师）一同给大家上一门公共政策实践课！在这里，你们有机会不断跟当地政府官员互动，深入了解他们的工作情况及余市特色。在期末考试时,你们还将设计一整套增加余市吸引力的旅游政策,并在众多日本公务员面前展示自己的研究成果。换言之,你们的努力,能够直接影响到当地居民的生活,开拓余市的未来!"

听罢授课教师的上述开场白,课上的同学们欣喜若狂。考虑到2021年4月,课上所有中韩同学依然未获发前往日本的签证,长期都只能默默上网课。作为"亚洲校园"(Campus Asia,全称为"亚洲大学生集体行动交流计划")项目的一分子,笔者深谙项目方得到中日韩三国政府支持,有充分人力、物力与决心提供东亚最高质的数字教育,自然非常期待接下来的安排。在场的学生,又是北大、东大、首尔大三校名列前茅的佼佼者,有充分条件推动多形式交流,可配合余市政府和东大校方,进行一场很有价值的公共政策数字教育实验。早在此前,东大校方就多次鼓励我们参加日立(Hitachi)等日本名企的线上研讨会与展览,让我们理解前沿技术对政策的世纪影响;又邀请大量来自公私营机构的知名实践者,前来给我们举办线上交流会等。校方不遗余力,让我们在线上依然可以走公共政策决策者的必由之路,包括学习公共政策理论、进行资料调研、通过采访和实地调研梳理出各利益相关者的立场与诉求等,让笔者深受感动。如今,同学们得到了梦寐以求的机遇,不但可与一线官员交流,还能亲自参与制定公共政策的过程,应当感到振奋。然而,笔者还是有一丝违和感,不禁扪心自问:"在未曾前往余市的情况下,我们真的能给出任何有价值的建议吗?数字教育,到底要怎样才能满足公共政策课的具体实践需求?"

四、定制旅游政策课是纸上谈兵还是云端实践?

因为日本的旅游业十分发达,余市政府一直都希望本地旅游业也能分得一杯羹。在疫情暴发前的2019年，赴日外国游客达到3 188万人次，连续7年增长，并创下历史最高纪录。其中，来自中国（含港澳台）的游客就达到1 677万人次，占比已高达52.6%。光算中国大陆的旅客，亦已首破800万人次，同为历史新高。其中，北海道别有风味，乃日本热门旅游目的地之一。根据日本国家旅游局（JNTO）的统计，2019年旅游业贡献了日本GDP的7.3%。其中，外国游客消费贡献的旅游收入，更高达到4.8万亿日元，超过了当时的日本电子元器件出口收入（4万亿日元）和钢铁出口收入（3.1万亿日元）。① 旅游政策自然也是余市等地区政府所关注的对象。但余市毕竟只是硕大北海道中的一块弹丸之地，加之北海道已有许多久经开发的知名景点，想从中分一杯羹并不容易。因此，余市的官员普遍希望进行更大胆的改革尝试，这门"云定制旅游政策"课可以说是尝试之一。

这种尝试在日本其实已经足够大胆。表面上，日本是以高科技、技术转让闻名的发达国家，在数字教育层面，确实不该有太多技术上的屏障。但是，日本在传统、观念上却存在非常多禁锢。例如笔者身边的许多日本同学及日本留学生，都曾向笔者抱怨，指出日本高校普遍拒绝在疫情初期改用线上授课，后来又因疫情严峻禁止线下教学。这种矛盾，导致不少日本学生在新冠疫情暴发初期居然不能上课。幸好东大的公共政策大学院较灵活的方针，及时调整了授课的方式。勇于创新的学校，与急于创新的政府，也就自然而然地一拍即合。

在这门"云定制"课上，创新的数字教育元素随处可见。Policy Garage的教师在第一节课上就特意通过Miro（一款当时较为先进的数字教学软件，详情见图1），以供同学们同时分享各类资讯和进行互动，例如，允许同学一边浏览余市的旅游官网，一边展示余市威士忌相关的外文网页。可由于它的功能繁多且复杂，对首次使用的学生而言无疑是一

---

① 参考JNTO, "Japan Tourism Statistics," accessed April 10, 2022, https://statistics.jnto.go.jp/en/。

种挑战。这就导致第一节3小时的课上，有近半小时被用于处理技术问题，让人不禁吐槽其华而不实的艺术功能和效果，姑且将其看作数字教学的一种乐趣、特色吧！

图1　Miro的展示图

说明：Miro在外国较有知名度，被认为是颜值爆表的在线协作沟通工具，但截至2023年9月7日依然没有中文版。上图中的Noelle、Mia和Chris都是英文人名，能实时看见其他人的编辑状态。功能上，Voting是投票功能，Comments是评语功能，Video chat是视频功能，Presentation mode是汇报模式，Sticky notes是便利贴，Timer是计时器。总的来说，Miro是集多种线上教育功能的程序，其历史可以追溯至2011年的Real Time Board，只不过在2019年初疫情暴发后，经改版、升级后，Miro的整体风格更为优化。

资料来源：Miro的官网，https://miro.com/。

在笔者看来，数字教育确实不甚影响理论和方法论上的教学。例如来自非营利组织（NPO）的心理学专家们，当时就通过Zoom向我们讲授"助推理论"（nudge theory）等经济心理学知识。他们指出，一些看似无关痛痒的政策，其实在无形间改变了消费者（或市民）的行为，并取得立竿见影的效果。理论上，"助推理论"也能被用以塑造旅客的行动和观念。专家们还在课上播放了一些"助推"成功的真实案例，例如，有政策规定，日本特定地区的消费者们在索要塑料袋前，必须出示笨重的卡片。考虑到它面积过大、携带不便，居民普遍不愿意把它们带出门。于是，有受访者就坦言"还不如带自己的购物袋"。这场社会实验的结果证明，这些卡片之所以成功，是在没有引起太多不满的情况下，诱导当地市民养成自携购物袋的环保习惯。可见，"助推"成效确实显著。

数字教育亦不妨碍多角度思维能力的培训。在分析"助推理论"的案例后，课上的东大经济政策教师质疑："决策者自身，其实也未必有能力正确判断该'助推'哪种价值观或行为吧？"随后，他更尖锐地质问同学："世上有多种价值观、行为，孰是孰非，真能一锤定音吗？将来，大家若真的成为公共政策制定者，你们有信心推出绝对正确的政策吗？所谓'正确'的时效性，又有多久呢？"各位教师、专家间，有大量值得琢磨的观点碰撞。这门理论课为我们提供多种思考角度的同时，又不会过于脱离实际制定政策的层面。数字教育，基本上还原了多角度思维练习的原汁原味。对许多同学来说，在网课上，总会情不自禁地关掉视频、刷起手机。但在这门课上，由于讨论的环节涉及大量辩论，大家基本上都自发打开摄像头，听得也颇为入神。

线上理论课结束后，教师便以四人一组为单位，陆续将同学分成同时包含中日韩三国的学生小组。笔者所在的小组里有两位日本同学（擅长美工的中里同学，以及擅长交涉的山田同学），以及一位韩国金同学。当时，除笔者打算继续升读北大博士之外，两位日本同学均有意在外务省等日本政府部门工作，而金同学则有志于在中日韩三国合作秘书处发光发热。毫不意外，他们比我更期待在正式工作前，就能获得塑造公共政策的第一手经验。所以在小组讨论阶段，另外三位同学兴致勃勃、议论纷纷，以至于笔者除进行自我介绍之外，基本没有太多插话空间，只能保持微笑，不断点头。

随着讨论环节的结束，我们从余市政府官员那里获得大量官方材料。其中，有许多当地宣传小册子的电子版，它们涵盖余市特色产品、当前公共政策、生态旅游（ecotourism）及当地文史等方方面面。多位教师遂要求各组选择（或设计）一个对访问余市感兴趣的"人设"（persona，要解释这个人为何会感兴趣），叮嘱我们通过采访、问卷调查等方式润色自己设计的"人设"及"心路历程图"（journey map，意思是要预估"人设"如何规划自己在余市的旅游活动，借此总结出余市的比较优势，并分析旅游政策的改善空间）。成员们也按照教师的指示，一步步撰写提供给余市政府的政策建议报告。最初的一切，似乎都非常顺利。

但在上课的过程中，同学们或多或少都会遇到搜集资料方面的困难，也就难免会反思数字教育的成功条件。进行数字教育的"必要条件"或许确实是技术。但决定数字教育"深度"的"充分条件"，往往取决于信息资讯透明性、对称性，包括但不限于线上渠道能否确保资料真实无误、在被录屏的情况下教师能否放得开、受访者们又是否愿意与采访团队坦诚相待等。我们小组四人也在这个过程中，发现了许多简单事物背后的复杂性、矛盾性，例如耀眼优势背后，隐含的很可能是一种劣势。

五、耀眼的余市威士忌和破旧的旅游官网？

在阅读余市政府提供的宣传资料后，各小组很快就意识到它们在单方面突出余市的正面形象。毕竟官方宣传材料的主要作用，是要通过突出好的一面吸引游客前来。通过它们观察余市，无异于管中窥豹；若仅以此为基础定制旅游政策，亦难免会以偏概全。一方面，我们无法进行实地考察。组内一半同学不在日本，大家只能依赖线上材料。即便组内有两位日本同学，她们在疫情期间以考察名义前往东京以外的地区亦不免要承担风险。东大教师也表示过，担心校方在疫情下允许学生进行实地考察要负连带责任，于是线下考察的方案无奈告吹。另一方面，网上余市相关资料有限。根据雅虎（Yahoo）和照片墙（Instagram）等搜索引擎或社交网络的算法，绝大部分余市相关搜索结果都跟其享誉国际的威士忌挂钩，这些网页都有精美的威士忌照片，以及各国专业人士对其独特口感的评价，非常诱人。但是从研究者的角度来看，太多威士忌相关的材料确实会妨碍我们找到其他有用的资讯。山田就曾感慨："（日本威士忌）这过于耀眼的优势，反而掩盖余市的其他特色和魅力，同时也严重妨碍仅能通过网络搜集资料的我们进行高效率调研。"图2展示了余市颇负盛名的一甲（Nikka，也有直接人音译成尼卡）威士忌。

图2 一甲威士忌——余市蒸馏所生产的余市品牌威士忌

说明：其口感极为独特。2008年在《威士忌杂志》举办的"世界威士忌大赏"（WWA）中荣获"世界最佳单一麦芽威士忌大奖"，震惊世界。该蒸馏方式坚持使用煤炭直火蒸馏，使用进口的苏格兰大麦，细心地将蒸馏出的威士忌原酒装入昂贵的新橡木桶中，并在冷凉的储藏库里封存10年以上，产量有限，时常断货。

资料来源："Nikka Yoichi 20 Year Old Single Malt Whisky," *Whiskey Daddy*, accessed June 23, 2023. https://www.whiskydaddy.com/en-au/products/yoichi-20-years。

在条件有限的情况下，我们小组也只能把握机会通过Zoom采访取得更多第一手资料。在这个过程中，我和金同学不断与当地政府官员和居民进行交流，也积极向教师提出许多不能通过网络调研的方式得到答案的问题，如余市居民一般会参与什么文娱活动等。中里和山田两人则负责浏览余市的旅游网页，并研究其内容及设计方式，探讨改善空间。

余市旅游官网在一众威士忌网页中，实在显得黯然失色。"都21世纪20年代了，余市政府若真想吸引旅客，怎么官网还显得如此简陋？而且，怎么有那么多内容还没有被正确翻译？"中里在旁听我和金同学采访余市官员期间，很直接地抛出了一条简单粗暴的问题。可以看出，官员们听罢后脸色铁青。根据我们小组的观察，表面上余市大部分涉及旅游和宣传的挑战，都可简单地通过更新、翻译本地旅游网页的方式——克服。基于此，山田建议余市政府尽快请专人跟进网页翻新的工作。余市官员则表示，多年以来他们都没有拿到相关预算，而实际上他们曾经试图为网页翻新单独立项。"可惜立项程序过于烦琐，我们多次尝试未果。"

图3 余市最受旅客欢迎的活动是亲自蒸馏、制造威士忌的体验活动，参加者在数年后还能回余市品尝自己做的威士忌

说明：在2022年的时候还是只有日文的介绍，所以外国人比较难参与其中。

资料来源：@111hotpot, "The Distillery That Turned Apple Juice Into Japanese Whisky—Yoichi Distillery," 88 Bamboo Blog, May 12, 2021, accessed June 1, 2022, https://88bamboo.co/blogs/whisky-rum-gin-vodka-distillery-spotlight/the-distillery-that-turned-apple-juice-into-japanese-whisky-yoichi-distillery。

热心的中里同学听罢，自告奋勇地表示自己精通 PS 技术与网页设计，愿意无偿为余市政府提供协助。于是，翻新旅游官网就暂时成了我们小组的一项核心旅游政策建议。

另一建议则是以钓鱼旅游为主题，吸引特定外国游客。笔者所在的研究小组通过多次与余市政府官员沟通，判断余市为适合钓鱼的旅游胜地。又因余市有威士忌、红酒及温泉等优势，理应能吸引很多中年游客。金同学提出："我之前有在韩国本地咨询公司实习，非常了解韩国中年人的消费习惯。我敢保证，若余市政府宣传得当，余市这个地方对大多喜欢喝酒、钓鱼和泡温泉的富有韩国中年人而言，绝对是不二之选！"由于组内的大家都曾在韩国国立首尔大学交换，对韩国的民风也有一定程度的了解，深知金同学所言非虚，也就同意以韩国中年为旅游政策建议的"人设"。

在后续增补旅游政策建议书的过程中，我们顺理成章地提出在网页里重点突出喝酒、钓鱼和泡温泉的精美照片，以及与韩国的一些搜索引擎（例如 NAVER）加强合作关系、提高当地以及官网上的韩文翻译质量等多项分项建议，希望借此吸引更多高收入韩国中年旅客。但这一切，似乎都过于顺利、流于表面，笔者暗自揣摩："如此简单的解决方案，当地官员又怎么可能想不出来？"包括自己在内的小组成员，虽然来自中日韩的一流高校，但在实战层面，毕竟涉世未深，自然远逊于当地官员。此外，笔者已注意到余市的公务员表面上虽唯唯答应，对我们的建言表示赞同；但不时面有难色，只管不断催促我们赶紧动手写政策报告，自然有不祥的预感。只是考虑到时日无多，且箭在弦上不得不发，也只得埋首推进工作。

次日，组内的日本同学负责挑选威士忌、红酒、温泉、钓鱼船等照片，经中里精妙的修图技巧处理后，它们对游客的吸引力不可同日而语。同期，笔者和金同学一同采访了大量韩国中年人，他们在阅读我们汇总的余市资料后，也纷纷表示这正是自己的理想旅游目的地，非常愿意前来。一周后，大家兴致勃勃地将研究成果发给余市官员，以供余市政府在短时间内更新网页用。很可惜，我们很快就不得不直面自己的研究看似有用、实际上却一文不值的残酷现实。

图 4　介绍余市景点的"悠悠北海道"官网上
展示日本观光厅（相当于中国的文化和旅游部）为其背书

说明：截至 2023 年 9 月 7 日，登录悠悠北海道原来介绍余市网页的链接（https://www.uu-nippon.cn/hokkaido/corporate/yoichi.shtml）会自动跳转到新网站 https://uu-nippon.cn/hokkaido/，余市政府官员告知笔者网页尚在更新（例如新增了余市红叶相关内容，可参考 https://www.uu-nippon.cn/hokkaido/autumn/yoichi.shtml），正在努力推进相关工作。

资料来源：《北海道葡萄酒厂特集》，悠悠北海道，http://www.uu-beihaidao.cn/wine/yoichiwine.html，访问时间：2023 年 9 月 7 日。

六、公共政策制定者不免在雾里开车？

在我们小组提交阶段性成果后，笔者终究未能按捺心中的疑虑，再三追问："为什么之前那么长的一段时间内，余市政府或市民都没有提出更新网页的方案？我们小组是否忽视了一些重要的资料？"或许是不胜烦扰，也或许是希望大胆打破僵局，当地官员最终一脸严肃地告知我们实情,"余市政府,其实曾经提出旅游改革方案,然而当地居民都不愿积极配合更新、翻译网页工作"。我们这才惊觉,自己一直在信息不对称的情况下推进自己的研究计划,宛如雾里开车。很可惜,现实里非但没有"您已偏航,正在为您重新规划路线"的温馨提示,让人感到心灰意冷的意外倒是接踵而至。

慢慢地,我们发现自己前进的方向是错乱的。随着调研越来越深入,我们都开始意识到余市在钓鱼旅游方面,根本不存在宣传册所强调的比较优势。例如,余市附近的积丹半岛早就被开发为北海道的钓鱼胜地。换言之,它具备条件更诱人的钓鱼点,以及更丰富的管理经验。同时,当地政府还积极为游客提供大量英文与韩文资讯,去过的旅客更是有口皆碑。反观余市,至今仅能提供日文说明,真正前往余市钓鱼的外国人屈指可数。因此,小组无奈得出"在现阶段,韩国中年人根本不会刻意来余市钓鱼"的悲观结论。

在向当地官员反馈小组的原计划受挫后,我们期待他们能够为我们提供真确的情报。一位余市官员向我们建议道:"其实外国游客也可在余市租借钓鱼的船只,而在余市的船上看着当地的风景一边钓鱼、一边品酒,自然别有一番风味。"这种说辞看似有一定道理,可很快就被实际数据所否定。已多次"打假"的我们意识到,余市渔船租借官网上依然只有日文说明,不利于吸引外国游客。尤重要者,其预约界面的数据更充分显示,可供租借的船只数量本就十分有限,而当地居民对这些船只的需求很大,已经常供不应求。可想而知,一般的余市居民根本不会希望外国游客来跟他们"争船"钓鱼。我们再次感受到,即便是来自当地官员的意见与说法,亦不可尽信。金同学当时就表示道:"地方公务员并不是旅游专家,也未必做过实际调研,之前我们可能误信他们是权威了。"

这时,我们才想起了东大公共政策大学院的知名教师西泽利郎(Toshiro Nishizawa)在课上生动地形容制定公共政策全过程的意象。他说:"公共政策制定者的视野受国内外环境及自身见识所限,能掌握的资讯其实不多，而且这些资讯也不是静态的，而是千变万化、真假难分的。（所以）公共政策制定者，其实无时无刻不在雾里开车，难免跌跌撞撞，也因此，很多政策初衷极好的公共政策，实际效果却相去甚远。"在亲身经历雾里开车后，即便是那群我所敬重的、乐于为余市乃至中日韩未来奉献的、本有满腔热血的日韩组员们，也不得不开始陷入自我怀疑："在未曾前往余市的情况下，我们小组真的能给出任何有价值的建议吗？"也就在当晚，我们感觉到有一股将自己诱导到错误方向推进研究工作的外部力量，黯然召开文初提到的线上会议。

图 5　余市的 sealunch 租船钓鱼服务

说明：图片中的日文，例如キャスティング、マイカー等都是日文船名。要注意 9 月末、10 月中旬均为日本的旅游淡季（国际旅客少且学生已经开始上课），偶尔还有空船，而 10 月初中国有国庆假期，基本上就把租船给约满。同理，暑假等旺季基本上都处于爆满的状态，所以本地人不会希望增加外国游客的数量，以免自己无船可用。

资料来源：Sea lunch「予約状況」、https://www.sealunch.net/yoyaku，访问时间：2023 年 9 月 7 日。

七、难忍数字转型和外人侵扰的"老年人"?

萎靡不振了一晚,我们小组终究还是重新振作了。正所谓"念念不忘,必有回响",我们在整理资料时就发现余市有札幌附近最高的山峰——余市岳(Yoichi-dake)。基于此,我们在更换思路后进行了讨论:"余市虽不适合被开发为钓鱼胜地,可余市在登山观光层面具有一定的优势,完全可以用在余市举办北海道地区登山比赛的噱头上吸引国内外游客来访,并让参赛者在回城前品尝余市的海产、水果、威士忌、红酒等。"我们一致认为,这种想法比开发本地的钓鱼观光业务要明智、合理许多,而且具有一定可操作性。

与此同时,通过我们锲而不舍的追问,以及针对余市政府方面所提供的片面资料与论述的合理申诉,原本未承认我们的能力与热情的官员们,或许真的被我们较真的精神所打动。他们在最后的一个月里,渐渐愿意跟我们谈及自己在工作上遇到的实际困难。例如,其中一位官员提及自己"向余市居民收取某些申请表时,需要亲自前往他们的住宅……原因是很多老年人根本不会使用电子邮件又或是传真机",因此抱怨自己的工作非常辛苦。以小见大,我们慢慢意识到,余市官方之所以不积极更新其网页,并不是因为官员笨拙。余市的困境与当地以老年人为主的人口构成及其背后科技力悬殊的现象之间,存在非常明确的关系。

参考北海道政府的官方数据,余市正面临严重的人口老化问题,而年龄的差距往往伴随着使用高科技产品的能力不足。从常识来看,人越是年轻,吸收新科技知识的能力就越强,相对愿意学习新技术。在全球化时代,科技发展进程可谓一日千里。若说阿尔法狗(AlphaGo)给柯洁等围棋选手当头棒喝,近来新兴的 ChatGPT 和 Midjourney 等 AI 工具在为用户带来极其便利的体验之余,更让大量画师、分析师、研究员不得不怀疑自己的存在价值。其中,"科技保守派"开始呼吁禁止将自己的作品"投喂"给AI,"科技自由派"则选择利用这些AI让自己的作品更上一层楼。在这样的背景下,年轻人一般比老年人擅长用上述先进的电脑程序。也因此,年轻人有较充分的条件适应数字转型,他们可以通过各种科技手段在官网有效宣传余市的优势。但在资本主义体系及市场经济的逻辑下,老年人难免质疑青年人会优先宣传与自己有利益关系的店铺的优势。最终,年轻人与老年人之间必然存在自我宣传能力悬殊的不平等现象。由于余市老年人口越来越多,而且日本素来强调年资、尊重长者,老年人在判断数字转型无法获益、反而有可能受害的情况,很自然地会阻挠余市的数字转型。具体来说,他们就曾公开质疑余市年轻人可通过各种美照或宣传片,吸引大量国内外游客惠顾部分余市的店铺;指出在没有得到他人帮助的前提下,老年人们普遍没这个能力,感到不公。他们明确表示自己担心在改革后,老年人的店面因未能有效宣传而门可罗雀,眼睁睁看着游客往年轻人的店里跑。老年人向余市政府强调自己不愿意陷入这种竞争劣势,其实是人之常情。

老年人与年轻人对外国旅客的态度也迥异。此外,当代日本年轻人大多生于全球化年代,普遍接受一定英语教育且与外国人没太多距离感,能够也愿意通过英语与其进行基本的交流。反观本地老年人,大多生于二战前后,自小被教育提防外来者,进入退休年龄后,偏向安于现状以便好好享受生活。这些老年人特别担心余市吸引大量外国游客后,自己会深受听不懂外语的困扰。此外,更担心将来需要和外国人争夺本地有限的资源与服务,如本文提及的钓鱼船以及数量有限的本地海胆等。如今,居然有一群以市长为首的年轻改革者,提倡要修改余市的旅游政策并实现科技转型,甚至还邀请了中日韩三国的年轻人参与其中,余市老年人们也就认为自己的生活被外界干预。这,正是一种合理的猜想与担忧。

从2023财年起,日本政府以提供租金减免等方式鼓励城市居民尤其是年轻人返乡，借此调整城乡人口比例与发展乡镇，因此有不少日本网民将其形容为"新乡村振兴计划"。但近期日本媒体反映，不少回到乡下的日本人往往发现自己会被当地老年人排挤，有一名专门直播自己从城市移居北海道乡村的知名油管主播林（りん）也反映老村干部用在她家门口倒垃圾的方法排斥她，到最后还袭击自己。① 可见，"村八分"② 的现象依然普遍。相关报道反映，村里的老年人他们不喜欢外人占领他们的资源，除非他们绝对服从"村里老管理层"的指示。可见，即便是外来日本人也会被排挤，更何况是外国人？

于是，现实的无力感把我们这些年轻人压倒在地。在无法确保年轻人会平等地利用自己的技术能力提高余市整体宣传质量的情况下，贸然启动宣传网页改革势必会引起长者们的公愤；在无法提高产量的情况下，政府若鲁莽引进大批外国游客，也只会进一步激化本地人与外地人的矛盾。所以，旅游政策改革寸步难行。这一结论，实际上也得到了余市政府官员的肯定："早在与你们交流之前，我们就推进过网页的改革，受到老年人们阻拦。而且，市长也常常因旅游改革与老年人争吵。"

综上，余市网页乃至余市旅游业自身的停滞，实因本地老年人与年轻人、本地人与外人之间的二重矛盾所致。而这一深层次的二重矛盾，都宛若被威士忌的光芒所覆盖的余市本体般，被官员以"家丑不外扬"的心态有意掩盖。无可讳言，对外人而言，这种矛盾过于深刻，难以干涉；对内部人员而言，旅游政策改革实乃烫手山芋，有心人如市长等明知不可为而为之。当地相对中立的官员，早已有所察觉双方矛盾，只恨

---

① 「数人の男性に襲われる」情報提供告発の田舎暮らしYouTuber・りん、引退に言及（被数个男性袭击提供相关情报的日本乡村生活系的YouTuber林提及隐退）、日本雅虎新闻、5月7日、https://news.yahoo.co.jp/articles/fb124eedd16181fb010d8b0541dc054ce307f07a。

② "村八分"是日本传统中对于村落中破坏成规和秩序者进行消极制裁行为的俗称。根据语言学者楳垣实表示，村八分的内容是将人们共同生活的10件重要事情中，除了协助埋葬（尸体放置的话会有尸臭甚至引发传染病），以及灭火（置之不理的话会延烧）这两件事情如果置之不理会造成他人困扰，剩下的8件事（成人礼、结婚、生产、照顾病人、房屋改建、水灾时的照顾、每年的祭拜法事、旅行）完全不进行交流及协助。

无从入手化解。所谓社会科学，就是要解释一条条合理的逻辑链所引发的荒诞现象。

"也许是因为如此，他们觉得向中日韩的高才生索取意见不失为一种低成本的尝试，成就了这门多方合作的数字教育课程吧！"想到这里，笔者不禁汗流至踵，暗自惊呼："若自己是初来乍到的公共政策制定者，还固执己见，坚持更新网页、引进游客，不难想象日后会有老年人驱赶游客、发起示威的风险！"

作为国际关系与公共政策双学位学生，笔者深谙社会科学的大规模实验之所以不"常见"，是因为它其实就隐藏在我们日常生活中。而落实一项具改革性的新政策，往往就是在做一场社会实验。这种社会实验，能让人们反目成仇，也能让人们合作共赢；能让国家饿殍遍野，也能让国家繁荣昌盛。因此，负责任的政策制定者必须时时刻刻战战兢兢，如履薄冰。光是试图实现余市老幼合作共赢的愿景，说服老年人拒绝零和博弈的思想，已让当地官员心力交瘁。

八、一波三折又焉知非福？

在明白余市政府不可能在短期内改变其人口结构的大前提下，也在知悉年轻人亦不愿意无偿为老年人提供技术服务、政府亦无足够经费长期拨款支持年轻人为老年人提供技术服务的情况下，我们小组理解到余市的旅游政策必须吻合四个基础条件：（1）不需耗费大量经费；（2）无须执行者拥有科技知识；（3）不会吸引过多游客；（4）可降低本地人跟外来游客的冲突的实践。最终，我们定下了一套以爬山比赛、游山为主的旅游推广方案，并在一众官员面前进行了展示，以及完成课程的最终作业。

在课堂展示结束后，几乎所有小组都获得官员们的赞赏，同学们因此都无从判断孰优孰劣。然而，我们小组有私下额外获得官员们的高度评价，赞赏我们的报告"最贴合现实、最符合余市社情"。

若当初我们过于自信，教师和官员们亦选择"走过场"，这门"云定制旅游政策"课，想必依然能留下颇为好看的"实验数据"，供后人参考。但这种流于表面的公共政策教育，其实根本不能为学生带来实际进步。更可悲的是，很可能直到最后一刻，我和我的组员们都不会发现自己的成果都将因脱离现实而石沉大海的事实，反倒自以为是地"完善"了余市的旅游政策。当然，就如同各位读者你们现在所感受般，我们小组所谓的旅游政策建议微不足道，不过是一份涉及爬山活动的旅游企划书。我们亦有自知之明，在内部检讨会上纷纷感慨，"只进行一些小修小补"。可是，正因为大家都切身理解到余市社情的复杂性，所以才会达成只能从小修小补起步的共识。我们也正是在达成这个共识后，才在真正意义上体会到政策制定者在构思政策时首先要尽可能与当地条件和民情相匹配，中间要耐心地经历反复修正政策，最终才能谈得上在创新和务实之间取得一种微妙的平衡，纷纷感叹"真的是难比登天！"。

可堪玩味的是，尽管我们四人都知道中日韩的政府和媒体都经常讨论人口老化是三国需要共同应对的社会问题，但这是我们首次深刻地亲眼见证人口老化的影响。我们在这节"云定制旅游政策"课上所感知到的，不再是教科书上的"劳动力下降""福利系统超负荷"等冷冰冰的文字描述，而是在直面人性中利己的一面的情况下，发现老年人因科技力悬殊而感到不公正，继而刻意妨碍旅游政策改革和数字转型的现象。而它，是我们以前讨论"人口老化"时从未想象过的。因科技力悬殊而暴发的矛盾，自然很可能在未来，甚至是已在我国某县、某村出现，余市的经验值得我们借鉴。

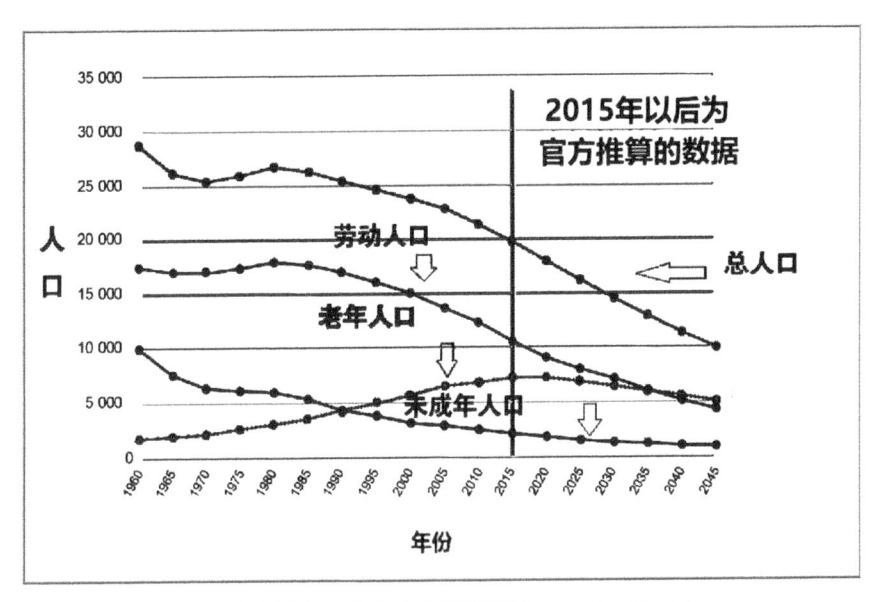

图6 余市的人口变化及人口预测图（1960—2045年）

资料来源：余市政府在2020年为笔者提供的第一手数据。

事后看来，对高度依赖数字教育、受疫情等客观条件限制无法到实地考察的我们而言，被分发具一定误导性的官方材料一事，反倒是这门课的点睛之笔。弗里德里希·尼采曾说："那不能杀死我的，使我更坚强。"这次"云定制旅游政策"课经历，对个体来说是一场试炼。与真正的公共政策决策过程一样，要求参加者们不断纠偏、反复试错。但对数字教育而言，这门课系统性反映现存短板及可改善空间，督促教育学家及其他利益相关方思考一个重大问题："要如何才能让公共政策层面的数字教育进一步还原、突出与利益相关方交流？"我们大可以大胆假设，小心求证。总结上述的经验，如果还有下一次调研的机会，可否要求余市政府先行为我们安排一位导游及一位摄影师，他们负责直播游览余市特定地点的全过程，同时允许学生通过摄影师自由选择一些居民作为采访对象。这理论上能让我们小组更容易理解年轻人与老年人的想法，以及余市背后所隐藏的冲突。但追根究底，上述设想还是笔者自己跨越了一些难关后的体会，正常情况下必然涉及纠错，这也侧面反映了总结经验的重要性。笔者特别希望在不久的将来，可以看到类似的数字实践课实验。

  在这次一波三折的数字教育经历中，笔者非常深刻地意识到，若我们这些学生在全盘接受课程设计者所提供的材料、采访对象的基础上，还单方面依赖网络上的其他资料和数据，不免片面记录余市威士忌等表面现象，最终陷入通过美化余市旅游网页解决问题的错误知觉中。除去硬件和软件等基础条件的影响，数字实践课是"纸上谈兵"还是"云端实践"，不单受学生自身的积极性影响，也由数字教育供给方的教学安排与开放程度所决定。只有在尽力确保数字教育不脱离现实的情况下，以及在尽可能贴近线下教育的前提下，学生们才会通过数字教育获得实际收获，而不会单纯地"人云亦云"。

步履维艰的科摩罗教育：从教室走向网络

孔元　周心培[*]

科摩罗联盟（Union of the Comoros，以下称"科摩罗"）是一个位于印度洋西岸的非洲国家，由大科摩罗岛、昂儒昂岛、莫埃利岛和马约特岛组成，其中马约特岛目前为法国海外省。总人口 80 余万的科摩罗，有超过 95% 的居民信仰伊斯兰教，主要为逊尼派，超 10 万国民旅居或定居在法国及印度洋邻国。虽然科摩罗自然风光优美，历史文化独特，但国内经济发展迟缓，基础建设落后，教育质量不高。在先后经历热带飓风和全球疫情的挑战之后，科摩罗在教育方面得到了包括联合国、法国、中国、沙特等多方援助，也进行了对线上教育新模式的尝试和探索。本文结合笔者之一在科摩罗两年余的学习，对科摩罗教育的历史、现状和线上教育的尝试进行梳理和观察。

一、年轻国度，历程艰难

位于非洲印度洋西岸的科摩罗地狭人稠，资源短缺，自 1975 年之

---

[*] 孔元，北京外国语大学科摩罗语储备师资，科摩罗大学科摩罗历史与文明专业硕士研究生；周心培，复旦大学国际关系与公共事务学院政治学专业 2022 级硕士研究生。

后，其人口数量一直逐年稳步增长。2022年预计已超过83万人（不包括马约特岛）。尽管有超过10万名科摩罗人生活在法国、马达加斯加等国家，但国内人口压力仍然巨大。科摩罗实行一夫多妻制，生育率高，2022年超过40%的人口为15岁以下，年龄中位数为20.9岁，① 拥有非常年轻的人口结构。但国内教育水平远不能满足青少年的受教育需求。无怪比尔·盖茨反复呼吁，要振兴非洲，就要投资非洲青年（To Boost Africa, Invest In Its Youth）。② 2018年9月，中非合作论坛期间，他在《人民日报》撰文称，"如果非洲的年青一代能像中国青少年一样健康地成长并接受良好的教育，他们将成为推动非洲经济快速增长、改变非洲大陆现状的生力军。"③

科摩罗的教育发展历程经历了三个阶段：殖民统治之前、法国殖民时期和独立之后。19世纪中叶以前，科摩罗的教育围绕宗教和常识教育展开，古兰经学校和清真寺是主要的教育机构。儿童在古兰经学校中进行宗教启蒙和常识教育；青少年学习经文和阿拉伯语的读写；少数贵族和宗教人士子弟前往邻近的桑给巴尔岛继续求学，学习宗教、阿拉伯语和斯瓦希里语。

法国殖民者到来之后，逐渐在群岛上引入了法式教育体系。但是法国殖民当局并没有致力于发展科摩罗教育，仅仅是为当局培养会法语的雇员而开办少量学校。然而殖民学校所提供的学位完全不能满足科摩罗本地学龄儿童的入学需求。1912年，全科摩罗四岛仅有121个小学学位，

---

① "Comoros Population 2022," *World Population Review*, accessed October 20, 2022, accessed September 30, 2022, https://worldpopulationreview.com/countries/comoros-population.
② Daniela Sirtori-Cortina, "Bill Gates: To Boost Africa, Invest In Its Youth," *Forbes*, July 18, 2016, accessed July 25, 2022, https://www.forbes.com/sites/danielasirtori/2016/07/18/bill-gates-to-fix-africa-invest-in-its-youth/?sh=38cbc7353574.
③ 《比尔·盖茨人民日报撰文：中国经验为何值得非洲借鉴》，人民号，2018年9月3日，https://rmh.pdnews.cn/Pc/ArtInfoApi/article?id=2211925，访问日期：2022年7月25日。

其中大科摩罗岛有45个学位。① 直到自治阶段前，科摩罗四岛的小学总数仍不足10所。由于学校数量有限，学位紧张，学年考试的筛选性强，科摩罗儿童入学率持续走低。1963年在法国殖民当局的支持下，科摩罗本地第一所高中萨义德·穆罕默德·谢赫高中（Lycée Said Mohamed Cheikh）开学。这不仅标志着科摩罗学生从此告别了不得不向外求学的困难阶段，而且随之建成的"6—4—3"教育体系也一直沿用至今。②

1975年7月6日，科摩罗通过和平政变宣布独立。法国当局在震惊之余迅速撤走了在科的医疗、基建、教育等领域的法国人才，并对有意愿随其离开的科摩罗本地的医生、教师开出优厚条件。独立之初，科摩罗政变频繁，全国仅有一名本地执业医生，国内仅剩一所高中能维持正常教学，一度仅有不到10位高中教师在职。时任总统阿里·斯瓦利赫（Ali Soilihi）本着"去殖民影响，谋民族发展"的原则，制订了科摩罗五年发展计划，主张部分去伊斯兰化，大力发展经济，推动教育革新。尽管他的计划中部分关于教育的政策过于理想化，但在他的积极推动之下，乡村中小学和成人学校迅速建起。儿童从家庭走进了学校，成人也从清真寺走进了课堂，这为推动科摩罗教育民主化奠定了基础。但阿里·斯瓦利赫总统的社会主义革命政权仅仅维持了两年半，他被暗杀后，亲法国、亲阿拉伯世界的艾哈迈德·阿布达拉·阿布达莱曼（Ahmed Abdallah Abderemane）总统废除了大部分的政策，推行伊斯兰化政策，重新接受法国和阿拉伯国家的资助，并更改国名为科摩罗伊斯兰联邦共和国。2003年9月，在整合国内原有的五所专科学校的基础上成立了科摩罗大学，这也是科摩罗现今唯一的高等院校。

科摩罗的中小学阶段，学校分为公立和私立两类。公立学校由政府

---

① Toibibou Ali Mohamed, *Culture intellectuelle et colonisation aux Comores (1895–1974): Ahmad Qamar al-Din et sa génération* (Paris: L'Harmattan, 2016), p. 17.

② Ali Madi Djoumoi, *La jeunesse étudiante et l'indépendance des Comores* (Paris: L'Harmattan, 2014), pp. 17–18.

出资支持，学生每年只需缴纳不超过100欧元的注册费，无须缴纳学费。私立学校数量众多，大岛、昂儒昂岛、莫岛三岛共超过380所的私立学校覆盖中小学所有学段，学费较贵。私立学校整体教学质量、硬件水平和教师的出勤率比近乎免费的公立教育稍有保障，但私立学校间的差距也不可忽视。科摩罗大学也为公立学校，每年的注册费仅需90欧元，但专业设置、教学质量和校舍条件均十分有限（见图1）。

图1　科摩罗大学人文学院语言学系大三学生在课堂上，2022年10月21日
资料来源：孔元提供。

二、屋漏逢雨，现状堪忧

建国初就开始部署的全民教育并没有在此后获得良好的发展，健康的人口结构也并没有给科摩罗的教育发展带来理想中的红利。相反，几

十年的制度缺陷为教育改革增添困难，高出生率和高人口密度成为科摩罗脆弱的学校教育体系的负担。在此后的发展中，先前过于追求速度而不注重质量、其后逐渐依赖外援的发展道路的弊病逐渐暴露。疫情之下，科摩罗的国民教育现状更加不容乐观。但即便是在新冠疫情之前，科摩罗的教育状况也十分令人担忧。

从宏观来看，2019 年，非洲约 1.05 亿适龄儿童失学，占全球总数的 41%。2019 年的新冠疫情则雪上加霜。2020 年，撒哈拉以南非洲地区约有 2.5 亿学生受到学校关闭的影响。虽然自 2018 年起，科摩罗的小学入学率已达到 100%，但居高不下的留级率和辍学率极大地影响科摩罗人才培养。科摩罗政府将入学率的成功作为政府工作报告中的亮点，但入学率仅是"表面上的成功"，它掩盖了背后科摩罗教育低质、低效的现实。尤其是疫情来袭之后，有罢工传统的科摩罗教育系统，又多了一个停课的理由。频繁、长期的停课使教育质量大打折扣。

首先，科摩罗的教师素质和教师结构令人担忧。极为年轻的人口结构使得新增入学的学生数量逐年增多，面对迅速增长的教育需求，各学校急需任课教师，在此情形下，不合格、未经过培训的教师也被招聘入校。以教师的语言技能为例，科摩罗有三种官方语言：科摩罗语是通用语和唯一民族语言，主要应用于家庭领域和日常生活；阿拉伯语是宗教语言，在学前教育阶段，科摩罗儿童均需前往古兰经学校进行伊斯兰教宗教启蒙，教学语言是科摩罗语和阿拉伯语；而法语是正式领域的主要语言，是世俗学校的教学和考试用语。根据《法语国家地区组织 2020 年报告》，在岗的科摩罗教师的法语水平，达到 B1 等级的教师占比仅为 36%。[1]

根据 2020 年 12 月 29 日颁布的《第 94 号教育指导法》，科摩罗教师不得同时任教于公立与私立学校。但这项规定仅在政策层面有效，教师

---

[1] *La langue française dans le monde 2015–2018*, OIF, 2020, accessed July 21, 2021, https://www.francophonie.org/sites/default/files/2020-02/.

任职于多个学校已经是实践层面公开的秘密。在每个学年伊始，教育部都会重申此项法律，并明令禁止教师在多个教育机构同时任职。但教育部代理秘书长穆萨·姆夫古力耶（Moussa Mfougouliye）先生在接受《祖国报》记者采访时表示，由于监管力度不足，合同制和实习教师占绝对比例，学校间工作条件差异大，公立学校频繁拖欠教师工资和教师罢工活动等因素，教育部的警告并未产生预期的效果。①

出于对教学安排和薪资待遇等的不满，科摩罗教师群体常以自己的方式表达抗议，但不论集体罢课，还是个人无故缺席，都对科摩罗的教育质量产生了不良影响。科摩罗大学昂儒昂岛帕齐（Patsy）校区的 87 位教师中，有 18 位拥有博士学位的合同制教师。这些教师有的已经任教 10 年，却仍不能成为有编制的公务员教师。为此，2022 年 5 月，昂儒昂岛校区的大学教师们组织了为期两周的罢工。② 2022 年 12 月，科摩罗大学理工学院的教师因不满教育部和大学的招生政策，集体罢工三天。③ 频繁的罢工并非科摩罗高等教育的个例。在 2022 年 9 月 29 日举行的科摩罗教育评估会上，"合同制教师和无薪实习教师的未来"成为讨论主题之一。教师待遇矛盾最尖锐的昂儒昂岛数据显示，基础教育阶段仅有 20% 的编制教师，其余教职皆由合同制教师和无薪的实习教师承担。这一教师结构的弊端有很多，教师流动性大，授课质量不佳，小、中、高考的成绩不理想等。④ 而科摩罗教育部人事程序复杂而漫长，尽管教育部在会上承

---

① 《开学季：教师不得同时任职于公、私立学校》，科摩罗《祖国报》2022 年 11 月 10 日，https://alwatwan.net/education/rentrée-scolaire-i-les-enseignants-contraints-à-faire-un-choix-entre-le-privé-et-le-public.html，访问日期：2022 年 11 月 24 日。
② 《科摩罗大学帕齐校区的博士教师们组织罢工》，科摩罗《祖国报》2022 年 5 月 16 日，https://alwatwan.net/flash-info/université-des-comores-i-la-menace-de-grève-des-docteurs-contractuels-plane-toujours-à-patsy-.html，访问日期：2022 年 10 月 23 日。
③ 《科摩罗大学理工学院教师组织罢课》，科摩罗《祖国报》2022 年 12 月 23 日，https://alwatwan.net/education/arrêt-des-cours-à-l'iut-i-une-décision-respectée-par-les-enseignants.html，访问日期：2022 年 12 月 31 日。
④ 《开学季：教师督促教育部遵守最新谅解备忘录》，科摩罗《祖国报》2022 年 10 月 3 日，https://alwatwan.net/education/rentrée-scolaire-i-des-enseignants-alertent-sur-le-respect-du-dernier-protocole-d'accord.html，访问日期：2022 年 10 月 22 日。

诺将在下一谅解备忘录中简化程序,但这些对于未来的承诺并不能解决当前尖锐的矛盾。

其次,科摩罗对教育的监察不力。造成监管不力等原因之一是部门官员调动频繁。以教育部长为例,2021—2022年两年中科摩罗先后更换三位教育部长。科摩罗的政策从出台到落地的周期本就很长,即使政策得以成功出台,更换领导后项目也很容易被搁浅。政策的推行难以为继,监管也就难以到位。

2022年10月,已有30余年历史的昂儒昂岛著名私立高中"启蒙中学"(Lyceé privé de lumière)因一名前学校领导挪用巨额学校资金、拖欠税款而被关停,教职工已全部离职。该校学生回忆道,他们在两个学期内先后失去了历史、法语教师,最后一个学期没有阿拉伯语和物理化学教师,但从未见过政府的教育监察官。而在2022年早些时候,大科摩罗岛的某私立学校因为三个不同年级的教学班同时共用一个教室而被叫停所有教学工作。2020年联合国儿童基金会的调查显示,科摩罗近四分之三的小学没有厕所和饮用水供应。科摩罗本地媒体十分活跃,尽管每次媒体报道之后,教育部及相关部门都会出面解释,并作出承诺,但关于青少年教育的亡羊补牢,总是令人心痛。

另外,科摩罗的私立学校数量庞大,但就程序上来说,私立学校需要经过教育部对教学质量、行政和后勤等方面的资格审查才能获得资质,并依照标准分为A、B、C三个等级。2022学年,全国380余所私立学校在新学年开始时,仅有107所学校获得了资质。① 国民对这一名单并不吃惊,姆岱村(Mde)的一位家长在接受笔者的提问时讲到,科摩罗人已经习惯未经许可的私立学校在程序之外开展教学,这样意味着更低的价格,和或许更有保障的教学质量。科摩罗家长放弃村庄内距离近、近乎免费的公立学校,转而选择学费更为昂贵、距离更远的私立学校的原因

---

① 科摩罗教育部:《2022年843号备忘录》。

是希望孩子获得更优质的教育。但是一位来自昂儒昂岛的学生对《祖国报》的记者表示，所就读的私立学校没有出现在获准名单中，他不知道下一学期自己将转学去哪一所学校，这种不确定性让他十分担忧。①

最后，制约科摩罗教育发展的根源之一是科摩罗脆弱的经济。一方面，经济发展水平限制了科摩罗政府对教育部门的投入；另一方面，有极重经济负担的科摩罗人优先解决的是经济问题而忽视了教育问题。

根据联合国儿童基金会统计，2020年科摩罗教育预算不足国家预算的15%，属于非洲国家的最低百分比集团。②科摩罗经济的支柱产业是农业与旅游业。大量居住在法国和其他国家的侨民是科摩罗主要的外汇来源。城乡贫富差距大，世界银行2019年的数据显示，科摩罗属于中低收入国家，40%的人口生活在国际贫困线以下，20%的人口处于极端贫困。③

作为地狭人稠的印度洋岛国，资源短缺，远离大陆，地理上的隔离造成了科摩罗在面对灾害时的脆弱性。2019年3月，超强热带飓风"肯尼斯"登陆，全国60%以上的房屋受损，超34万国民受灾，道路、农业、校舍遭到严重破坏。还未从肯尼斯飓风的余波中恢复，生活生产物资极大依赖进口的科摩罗又遭受了全球疫情的重创。2018年科摩罗经济平均增长指数为3.6%，2021年仅为0.9%。2022年科摩罗燃油价格大幅上涨，柴油每升由450科摩罗法郎上涨到650科摩罗法郎，由此引起公共交通费用相应上涨30%以上，工业制成品和进口产品价格上涨。但民众

---

① 《私立教育：107所私立学校暂时获得招生资质》，科摩罗《祖国报》2022年10月4日，https://alwatwan.net/education/enseignement-privé-i-107-écoles-privées-provisoirement-autorisées-à-exercer.html，访问日期：2022年10月23日。

② 《非洲教育转型：基于循证的概况简述及对长期改进的建议》，联合国儿童基金会和非洲联盟委员会，2020，第7页。

③ "Towards A More United and Prosperous Union of Comoros: Systematic Country Diagnostic," World Bank, 2019, accessed May 14, 2023, https://documents1.worldbank.org/curated/en/354101559590231457/pdf/Comoros-Towards-a-More-United-and-Prosperous-Union-of-Comoros-Systematic-Country-Diagnostic.pdf.

的普遍工资水平并未得到提高。

作为世界上最贫困的国家之一，在失业人口众多的情况下，科摩罗《劳动法》规定科摩罗最低人均月收入仅为110欧元，此次生活成本的大幅上涨无疑是对民众的极大打击。面对生存压力和经济负担，家长将有限的精力更多地分给工作，而忽视了家中孩子的教育。2023年5月4日下午一点半前后，作者在莫罗尼市库勒区（Coulée）第二公立小学调查时发现，上课时应到的25名学生，仅有12名出勤。该班主任在接受访谈时表示，这个区域超过70%的家庭是来自昂儒昂岛的外来务工家庭。学生父母大多都是市场摊主或流动商贩，他们对学生的学校教育和家庭教育关注程度普遍不足。学生缺勤但联系不到家长，学生光着脚来上学等情况每天都会发生。但是他也表示，家长的重视缺位并不影响学生们优异的学业表现，在这样的环境下，仍有许多位优秀的学生高分通过小升初考试。

科摩罗三学期制的私立学校的学费每年高达200—4 000欧元不等。而科摩罗家庭普遍拥有三个以上的孩子，不考虑科摩罗普遍的失业问题，以理想模型单职工家庭的薪资，仅私立学校学费一项就占据家庭年收入的三分之一。所以，面对2022年10月大量学生"反常地"从私立学校转至公立学校就读这一现象，科摩罗教育部主管中学教育的纳赛尔丁·纳兹瓦里（Nasserdine Nadhoiri）主任务实地表示，这并非因为公立学校的教育质量在短短一年内获得了提升，获得了家长的信任。在开学一周以后，公立小学仍面临着教师短缺的严峻挑战。学生转学的具体原因尚不可确知，但全球性的通货膨胀和经济压力应该是部分无法支付私立学校昂贵学费父母作出此决定的主要原因。① 科摩罗公立学校的校舍情况可见图2、图3。

---

① 《小学和中学教育：大科摩罗岛仍缺195名小学教师》，科摩罗《祖国报》2022年10月10日，https://alwatwan.net/education/enseignement-primaire-et-secondaire-i-un-déficit-de-«195-enseignants»-au-primaire-à-ngazidja.html，访问日期：2022年10月23日。

图 2　莫埃利岛伊察米亚村公立小学六年级课堂,2021 年 9 月 3 日。

资料来源:孔元提供。

图 3　大科摩罗岛伊文贝尼(Ivembeni)公立中学的初中教室,2022 年 11 月 26 日。

资料来源:孔元提供。

三、数字鸿沟，教育公平

联合国儿童基金会驻华代表芮心月（Cynthia McCaffrey）说道："在某种程度上，2019新冠疫情也提供了一个重构非洲教育的机会，建设安全、健康而富有包容性的学校，增强数字技术应用，并充分培训教师，以将这些技术应用到现实中，帮助儿童学习。"[1] 我们在此不谈论科摩罗线上教育的有效性，仅探究线上教育能否在科摩罗正常落地和开展。

毫无疑问，线上教育在疫情和动乱等公共危机之下，分担了国内教育压力，展示了教育更多的可能性，为学生提供了新的选择。科摩罗也意识到了发展线上教育的必要性，要随着全球大潮一起行动起来。[2] 作为长期接受各方援助的国家，科摩罗在疫情之前和疫情期间均收到了多国、多个国际组织的教学物资、技能培训等援助。联合国儿童基金会、世界卫生组织、红十字会在所有学校都安装了流水洗手装置，法国大使馆和沙特阿拉伯使馆为科摩罗大学人文学院捐助了投影仪、笔记本电脑和打印机等电子教学设备，大连大学孔子学院和华为公司分别为科摩罗大学研究生院和理工学院捐赠了多媒体教室和微机室。

这些疫情期间的援助部分改善了科摩罗的教学硬件设施，加之科摩罗的电信网络服务近年来不断优化，部分学校在政府"保持社交距离，控制出行频率"的号召之下，开始尝试线上教学。科摩罗目前有两家电信运营商，分别为科摩罗电信公司（Comores Télécom）和泰勒马公司（Telma）。2022年10月，两家公司分别有42万和33万电信用户。电信

---

[1] 《民间社会组织能否帮助确保非洲每个儿童的受教育权》，联合国儿童基金会驻华办公室，2021，https://www.unicef.cn/stories/can-civil-society-organizations-help-ensure-every-childs-right-education-africa，访问日期：2022年7月25日。

[2] 以下举例和数据均为笔者孔元在科摩罗的实地调研所得。

基站共 256 个，网络信号实现所有城市全覆盖，绝大部分乡村覆盖。移动网络价格相对昂贵，每兆 500 科摩罗法郎（约合人民币 8 元）。官方公布的上传网络速度为 3Mbps，下载速度为 10Mbps，实际使用速度约为其三分之一，勉强满足线上授课的网络要求。

2020 年 3—7 月，2021 年 1—2 月，科摩罗所有学校因疫情两次关闭，其间，部分学校进行了线上教学的初步尝试。独立于科摩罗教育体系之外的法国学校亨利·马蒂斯学校（École Henri Matisse）是科摩罗收费最昂贵的私立学校。在两次停课期间，学校分别采用了邮件布置作业、沃茨阿普（WhatsApp）群视频答疑、部分科目使用 Zoom 平台等方式进行上课。笔者分别对该校三位小学、初中、高中的学生进行访谈，他们表示，停课期间的学习压力明显减小。各年级的线上授课的科目不尽相同，授课教师对教学方式有较大自主性。笔者认为，法国学校线上教育得以正常开展的前提是学生富裕家庭的背景，能负担起每年 2 000 欧元以上的学费的父母在科摩罗是极少数的富裕群体。他们的收入能力足够支持未成年的学生拥有独立的智能手机或电脑，也能负担每月的网络费用。但"富人学校"中的成功经验，并不具有在科摩罗全国推广的可能性。

第二次停课时，笔者正在科摩罗大学历史系一年级学习，亲历了科摩罗"平民教育"中线上教育的不可操作性。2021 年 1 月，科摩罗新冠病例激增，全国仅有 70 万余常住人口的情况下，连续两周，每天确诊人数超 300 人。中小学率先停课，科摩罗大学在姆乌尼（Mvuni）校区的教职工和学生相继确诊的情形之下，科摩罗大学也宣布停课。但学生们纷纷表示担忧。

2019—2020 学年下学期，由于疫情长期停课，且大学未提供远程学习平台，期末考试中历史系大三年级的两个专业的一次未通过率（科摩罗大学为学生提供二次补考机会，一次通过率指未经补考就通过期末考试的比例）均高于 70%，其他专业的情况也同样惨淡。停课之前，校长伊布卢瓦·阿里·塔碧布（Ibouroi Ali Tabibou）在课堂上提出，大学已经与某信息公司合作，停课期间学生将使用线上学习平台，教师将课件和课程要点录制成视频上传到平台，学生免费注册后即可使用。

校长的承诺不能解决学生们的担忧。很多学生当即表示，"这只不过又是一次无用的尝试，没有必要认真对待"。学生们的态度不无道理，以科摩罗大学历史学院2020级为例，智能手机持有率为67%，电脑持有率为19%。相较于科摩罗人均收入水平，当地的网络服务费昂贵，即使是拥有智能手机的学生，也不会按时购买网络套餐，且遇到风雨天气或长时间停电的情况时，网络无法正常工作。科摩罗电力供应不稳定，大部分地区实施限时供电法，城区全天供电，但每天停电频繁。这些现实因素均不利于开展线上学习。

现实情况印证了同学们早先的猜想。因疫情停课的21天内，远程授课平台计划仍仅停留在计划层面，各专业的学生们均未收到进一步的通知。停课即等于放假。在复课开学一个周以后，科摩罗大学开始了第一次期末考试。可能出于种种考量，所有教师均降低了考试难度，监考过程也并不严格，这次考试历史系各年级的一次未通过率仅有40%左右。

此后，随着全民疫苗计划的推广，科摩罗政府放松了对防疫的限制，即使有几次疫情的反弹，科摩罗大学的教学活动仍照常进行。疫情停课期间的线上教学倡议则成为学生们记忆或揶揄学校时的一个笑柄。除此之外，坐落于山间的人文学院因为难以解决的电力供应等问题，学生的多媒体室从未被启用过。

在科摩罗进行远程线上授课最成功的例子应属科摩罗大学孔子学院（以下简称"科大孔院"）的中文专业。科大孔院的中文专业成立于2017年，采用小班制教学，每个年级一个班，每班15人左右。与科摩罗大学其他专业相同，由于学年考试的低通过率、早婚传统和移民留学等因素，科大孔院的高年级人数极少。

从2020年4月开始，疫情之下的科大孔院即开始探索线上授课模式，综合科摩罗国情和大学专业的授课特点，教师们没有使用新的软件，而是使用科摩罗人最常用的社交软件沃茨阿普（WhatsApp）中的群聊功能来开展教学。对于没有智能手机的学生，将其与邻近的有智能手机的同学编为小组，上课时共同学习。对于个别住得偏远且没有手机的学生，科大孔院教师将自己的备用手机暂时借给学生，以便他们完成课程。但很多同学仍在为线上授课所带来的网络费用所困，这成为他们缺勤的主要理由之一。为此，科大孔院经过商讨，后期开始为每位同学或小组每月报销5 000科摩罗法郎（人民币约80元）的网络费用。

较少的学生数量、科大孔院的拨款支持，以及认真负责的教师是科摩罗大学孔子学院远程教育能够得以顺利开展的重要保证。但即使如此，很多学生也不能保证按时出勤。对此，笔者对科大孔院30位同学进行了问卷调查和单独访谈。笔者发现影响教学效果的原因有很多：有些同学需要在家料理家务，有的同学受电力、网络和电子设备的限制，有些同学无法适应线上授课方式，有些低年级同学因为理解困难而失去兴趣，另有些同学寄希望于群聊中的聊天记录而不愿意参与课堂。

随着现代科技的不断发展，教育技术手段不断更新，线上教育创造了更多的可能性，已经是全球教育发展的一种新趋势。虽然线上教育较少受时间和空间限制，但对硬件和地区基础网络设施的要求较高。世界上仍有很多像科摩罗一样的国家并未乘上科技发展的列车。对有教育需求的群体而言，购买网络设备和网络资费仍是一大负担。对于科摩罗的教学机构而言，建立和维护线上教学体系也是一件相当艰巨的任务。在这种现实条件下，对线上教育的提倡就像是在幻想不切实际的三级跳远。线上教育并不是解决科摩罗眼下教育困境的金钥匙。相反，盲目发展，只捐助、不培训，只启动、不运营的短期教育援助并不会对当地的发展起到积极影响。

四、结语

疫情对科摩罗的教育既是挑战,也是机遇,正如丹比萨·莫约所言,种一棵树的最佳时间是10年前,其次是现在。① 2022学年,科摩罗泰勒马电信公司综合应届高中毕业生的高考成绩和家庭状况,为20位同学提供了电信资费资助。越来越多的企业为学生提供针对远程学习资助和产品倾斜。而在政府层面,我们也可以看到,教育部门正在经历体制和政策层面的缓慢转型。我们可以看到,在科摩罗总统阿扎利提出的科摩罗"2030新兴国家"发展战略中,推动科技引进和推动教育发展是重要目标之一。

科摩罗的教育发展一直步履维艰。根据笔者两年来在科摩罗大学历史学院的求学经历,以及在莫埃利岛的小学和科摩罗大学语言学系的教学经历来看,科摩罗的家长们,甚至教师群体都对本国教育发展现状和质量感到失望,迫切地希望国内教育环境能够得到改善。对于学生而言,能够就读于优质稳定的学校,高考之后出国留学,是目前他们公认的最理想的求学路径。在与家长、教师和教育部官员的多次访谈中,笔者也明确地感受到,即使在疫情之前,科摩罗社会对本国的教育期待也很低,对教育不公平的抱怨已久,而缺乏内生性革新与优化动力的教育系统是让所有家长失望的最重要因素。

我们认为,线上教育仅仅是优化教育质量、促进教育公平的新手段之一。纵使其在很多领域有显著的优越性,但对于科摩罗这样基础条件并不成熟的国家,各机构不应舍本逐末,盲目追逐线上教育的名号。相反,若能在现有条件下,增加政府教育投入、提高教师素质、加强教育监管才是能行之有望、行之有效的路径。

---

① Dambisa Moyo, *Dead Aid: Why Aid Is Not Working and How There Is a Better Way for Africa* (New York: Farrar, Straus & Giroux Inc, 2009).

澳大利亚高校数字教育的探索与未来

徐 博[*]

国际教育是澳大利亚重要的支柱产业之一。澳大利亚的目标是到2025年将国际学生人数增加到100万左右。然而，全球疫情大流行以来，澳大利亚作为老牌热门留学目的地受到了严重的冲击。不过，数字教育成为澳大利亚高等教育应对疫情冲击的一种重要方式。本文根据对澳大利亚墨尔本大学的实地调研，来探讨数字教育在墨尔本大学的实际适用效果，希望"窥一斑而知全豹"，进而探索数字教育在整个澳大利亚高校的优势和挑战。墨尔本大学长期采用先进的通信和信息技术，拥有技术基础和实践经验。该校面对新冠疫情立即采取了应对措施，快速转为线上教学以解决授课难题。这或许能为世界其他高校的数字教育提供参考。疫情过后，以墨尔本大学为首的澳大利亚各高校已经恢复校园授课。虽然数字教育仍旧无法替代线下校园教育的多种功能，但是澳大利亚的数字教育在未来或许作为辅助功能继续发挥作用。

一、澳大利亚高校数字教育的优势变化

数字教育为澳大利亚高校教育体系带来了一系列新的变化。数字技

---

[*] 徐博，墨尔本大学硕士研究生，研究方向为澳大利亚数字教育。

术的应用展现了"增强学生能力、教育公平、课堂多样化以及改善教学方式"等多方面的独特优势。

（一）数字教育扩展学生能力、促进教育公平

首先，数字工具既扩展了学生的能力结构，也提高了学生的学习能力。数字工具在墨尔本大学的学生群体中，尤其是国际学生群体中极受欢迎。例如，在线学习时，学生可以通过在线课程实时将语音转录成文字，并以此作为笔记记录的提示和补充，辅助自己学习。国际学生可以使用数字工具来减轻他们的语言问题。非英语母语的国际学生可以通过实时转录文字工具减少多语学习的认知负荷和障碍，提高学习效率和水平。在线词典和数字翻译还可以辅助国际学生理解纯英语的学术内容，并产生英语学术文本。他们可以利用数字翻译来扩展和提高自己的词汇和句法知识，以避免写作问题。[①] 此外，在线学生对自己的学习和学习材料可以有更多的控制，例如管理使用便携式文档格式的学习指南和电子资料。墨尔本大学还提供了各种免费或优惠的学习软件和应用程序，这其中也包括了低价购买 Adobe 全家桶和 WPS 办公软件。

在此基础上，数字工具的合理使用可以有效地为一些群体提供公平的教育机会。数字教育创造了更具包容性的高等教育空间，为提高在线高等教育环境的学术成果和公平性提供更多机会。

一方面，数字教育对传统大学纯英语教学环境中教育机会的公平性产生了影响。数字跨语言实践为多语言学习者提供了公平的教育机会，帮助提高非英语母语学生与英语母语学生共同学习的教育成果。这使得该群体在学习和写作过程中不局限于纯英语，而是将其作为一种"符号"

---

① Shanton Chang and Catherine Gomes, *Digital Experiences of International Students: Challenging Assumptions and Rethinking Engagement* (University of Melbourne: Melbourne Graduate School of Education, 2022), https://doi.org/10.4324/9780429276088.

来辅助自己完成学业。① 他们因此可以更好地调动数字资源以促进在线学习。

另一方面，数字工具和在线授课可以改善一部分弱势群体的教育公平状况。在高等教育中，老年人和有健康问题的人进入校园学习往往有一定的不便和障碍。不过，通过线上课程，有身体缺陷和健康问题的学生可以与其他同学一同学习。例如，墨尔本大学的"国际关系理论课程"中，一位有生理障碍的同学参加了这门课程的线上授课，虽然他有一定的表达障碍，但是可以通过线上工具积极地与其他同学进行学术交流，表达自己的观点。由于生活不便，线上学习让他也可以享有在家中被家人照顾的便利。此外，一些少数群体和有色人种可能在高校中存在被歧视的情况。线上授课可以有效减少接触和避免这种情况。

线上教育还降低了学习的经济成本，这进一步促进了教育公平。全球疫情大流行使得财富不平等现象进一步加剧。一些学生经历了疫情造成的经济负担或负债。他们可能还要兼顾就业和照顾家庭的责任，这增加了不能接受高等教育的风险。在线教育可以让经济资源有限的学生在网络上学习，因为没有旅行和搬迁成本。国际学生也由此节省了大量的留学费用。例如，疫情期间墨尔本大学各个学院提供了不同的在线学位课程。一名中国留学生介绍，线上课程每年帮助他节省了包括机票、生活费、食宿费、生活用品和电子设备采购费等在内的数十万元人民币的留学费用。斯通（2017 年）也提到在线教育似乎增加了年长、家庭优先、来自偏远地区、来自低社会经济地位背景、土著和托雷斯海峡岛民学生的高等教育机会。②

---

① Shanton Chang and Catherine Gomes, *Digital Experiences of International Students: Challenging Assumptions and Rethinking Engagement* (University of Melbourne: Melbourne Graduate School of Education, 2022), https://doi.org/10.4324/9780429276088.

② Cathy Stone, *Opportunity through Online Learning: Improving Student Access, Participation and Success in Higher Education* (Perth, Western Australia: National Centre for Student Equity in Higher Education, Curtin University, 2017), p. 2, accessed June 14, 2023, https://www.ncsehe.edu.au/publications/opportunity-online-learning-improving-student-access-participation-success-higher-education/.

(二)数字教育为高校注入多样性、灵活性、参与性和创造性

首先,数字教育促进了澳大利亚教育业的多样性。这不仅丰富了学生群体的多样性,还促进了教学模式的多样性。经济成本的降低使得线上课程极具吸引力,越来越多的国际学生投身到线上学习中。高等教育机构发现,数字环境就像物理空间一样,具有文化多样性。[①] 国际学生在网上有着不同的期望和行为。来自不同国家的国际学生的接触和体验数字环境的方式是多样的。不同国家的学生对不同的线上教学模式反应不同,他们在网络环境中需求也因此不同。国际学生的数字知识和技能是多样化的,他们的在线行为模式、学习方式、经验、背景和态度也各不相同。因此,仅一种数字教育方式并不适合所有人,"一刀切"的方法也不足以满足多样化的学生群体。由此,墨尔本大学设计了不同的线上授课模式以满足不同国际学生的多样化需求。当前墨尔本大学根据课程的不同,主要分为四种线上授课模式——预录制模式、现场转录模式、线上线下混合授课模式、在线模拟面对面课程并进行线上录制模式。在线授课由于学院、学科、教师的不同,其线上授课的风格也千差万别。这为来自不同国家的学生建立了一个更加包容、更有吸引力和国际化的数字环境。

其次,在线教育具有很强的灵活性和适用性。学生可以使用他们的移动设备随时随地地访问和参与在线环境。在线教育也可以模拟面对面的课程。学生可以使用任何联网设备参加同步虚拟的线上课程。线上课程也可以与学习管理系统(LMS)中提供的数字工具以及软件进行非常

---

① Tharanga Sujani Kalehe Pandi Koralage, "Digital Translanguaging Practices: A Study of Multilingual Learners in an Online Higher Education Environment" (PhD diss, University of Melbourne, 2022).

好的交互。学生和教师可以在实时同步会话期间在线互动。演示幻灯片可以上传，学生和教师可以口头交流和实时互动。不同的线上课程设计使得学生能够决定如何以及何时进行互动和参与。他们既可以选择独立学习，也可以选择与同学和教师线上互动。这种便利性和灵活性使得在线学习对学生极具吸引力。

不同的线上课程设计也体现了各自的灵活性。例如，除了上述提到的"在线模拟面对面课程"。墨尔本大学还设计了"预录制模式""现场转播模式"以及"线上录制模式"等授课方式。首先，"预录制模式"是指教师会提前将录像发布到教学网供学生自学。这种模式非常灵活，教师可以选择任何时间、任何地点——无论是在家中、办公室还是图书馆私人学习室——进行录制。随后仅需要每周课题的前一周上传到学习管理系统即可。这种模式学生并不按照课表时间上课，而是可以自由选择观看视频的时间。对于教师来说，录制的讲座视频不仅可以在历年的线上课程中反复使用，也可以作为学校的数字资源保存供人查询。这在一定程度上似乎也减轻了教师的教学压力，课程内容也更加标准化。其次，"现场转播模式"是一种线上线下的混合教学模式。这种模式线上观感与线下授课的体验区别不大。系统会转录课程并上传到对应科目的教学网上，学生可以课后随时温习课上内容。这项技术还提供将上课视频转为文字版，并提供音频版和文字版的下载。这对笔记整理和核对更加事半功倍。最后，"线上录制模式"是指在进行在线模拟面对面课程的同时，教师可以开启录制功能，并将录制好的讲座内容课后上传到教学网上，同学同样可以在课后反复观看。有些课程的出席也不是强制性的，如果学生不能参加线上课程，他们可以在方便的时候观看，这进一步增加了在线教育的灵活性。此外，在观看课堂录音中，学生有更多的控制权。因为学生可以暂停和倒带录音，从而增加了处理信息的时间，减少了认知负荷。①

通过数字工具也可以对教学起到很强的辅助作用。例如，教师可以将自己或者其他著名学者历年的公开讲座和辩论视频上传到学习管理系统上，作为辅助学习的数字材料。墨尔本大学采用了线上讨论论坛的方式避免了无法像线下一样扩展讨论的弊端，选课学生可以随时在学习管理系统上的课程论坛上加入讨论，这也保证了讨论的私密性。学生的个人展示环节也体现了线上授课的灵活性。一些课程要求每名学生都要进行个人展示。不过由于课上时间有限，学生可自主选择线上直播演讲，或者是提前录制好演讲视频上传到教学网的讨论区。这很好地利用了在线教学的优势，既能控制课上时间，也让学生对每个话题都进行了充分的展示。对于线上上传的演讲视频，学生之间可以选择灵活的时间上传和观看。并且可以在感兴趣的主题演讲下面提出问题或展开讨论。除此之外，学校还提供同步聊天室以及其他学习资源供学习管理系统的学生使用。

再次，数字教育也为提高课程参与度创造了新的可能。当开展涉及国际学生体验的国际化教育时，国际学生的参与度往往被认为很低。一方面，课堂发言的参与形式被认为与学习有关。大学教师往往鼓励学生在课堂上发言。因为安静的学生有时会被认为投入程度较低。然而，安静的学生也会投入到学习中，尽管在课堂上不说话，他们可能会记笔记、倾听和消化知识。② 在网络环境中，由于学生有更多的时间来处理信息和回复，因此参与度可以提高。与传统的面对面课程相比，害羞的学生在网络环境中表达自己的想法或提出问题似乎更舒服。墨尔本大学的某些线上课程的教师就以此来提高线上课程的互动性。教师会抛出一个问题

---

① Johanna Elizabeth Nieuwoudt, "Investigating Synchronous and Asynchronous Class Attendance as Predictors of Academic Success in Online Education," *Australasian Journal of Educational Technology* 36, no. 3 (May 2020): 15–25, https://doi.org/10.14742/ajet.5137.

② Ibid.

或话题，每个学生在聊天框中输入自己的想法或观点，根据某些观点进行延展讨论。这一模式的优点在于可以充分了解其他人的想法和观点，来补充自己忽视的角度。由于评论是同一时间段发送的，这能让学生能够迅速理解大部分人的观点和想法，也更适合话题的展开，这使得讨论更有效率。一些不喜欢发言或不擅长口语的同学也可借助聊天框将想法分享出来。

此外，在线下课程中，学生可能以非语言的形式表现他们的投入，如点头、眼神交流等反应性面部表情或肢体语言。有时大学会采用监测学生的非语言行为了解学生的参与情况。[1] 这在线上教育中同样可以通过数字工具等其他方式获得学生的反馈。例如，在聊天框中打字、使用表情符号、在共享文档上写下观点等。此外，数字教育给学生出勤也带来了一些变化。一方面，线上平台对学生的出勤率统计更加方便和有效率。许多大学提倡出勤率，认为学习成绩与出勤率有关。墨尔本大学通过技术手段可以很轻松地统计学生的出勤情况。另一方面，自主学习能力强的学生在某些数字课程中也不会被出勤率所束缚。研究表明，学生参加"线上模拟面对面课程"和观看"线上录制课程"都可以取得显著成绩。[2] 学生通过观看"线上录制课程"，可以观察其他学生的线上学习的互动作为替代，达到间接学习的目的。因此，墨尔本大学的某些线上课程对学生是否出勤并没有强制要求。

最后，数字教育有助于收集数据，改善教学方式。学校可以使用同步视频会议技术和屏幕共享技术等在线研究方法收集数据。屏幕共享技术能够追踪学生在写作过程中的实时在线搜索实践和导航路径，以确定学生使用的数字资源，并提供学生选择特定数字资源的决定和他们实践

---

[1] Johanna Elizabeth Nieuwoudt, "Investigating Synchronous and Asynchronous Class Attendance as Predictors of Academic Success in Online Education," *Australasian Journal of Educational Technology* 36, no. 3 (May 2020): 15–25, https://doi.org/10.14742/ajet.5137.

[2] Ibid.

的理由,为未来涉及在线学生的研究提供信息。数字技术还可以通过检查写作过程、在线参考资源,关键字查询,信息提取等数据来进行分析。① 通过调查大量的学生点击流数据和其他重要数据收集,将有助于确定模式并研究学习者的行为,为来自世界不同地区的在线学生的未来研究提供信息。

二、数字教育对澳大利亚高校发展的挑战

然而,数字教育在澳大利亚高校实践中也面临一些亟待解决的问题,这些问题暴露出数字教育的弊端,甚至一些结构性的问题和矛盾只能通过放弃线上教学才能解决。

(一)数字教育衍生额外的适应成本

数字教育给学生带来了额外的适应成本和学习成本。2020年3月,由于疫情大流行,墨尔本大学停课一周并开始转为网络授课。无论是教师还是学生几乎都没有时间为这种线上实践做好准备。一些习惯线下上课的学生不得不去借用笔记本电脑或使用计算机实验室,② 抑或是采购新的电子设备和办理更加流畅的网络线路。国际学生的数字体验经验也与澳大利亚国内的学生不同。国际学生的信息生态特别脆弱,他们需要融入一个新的信息环境。对于中国留学生来说,他们虽然可以在网上学习,

---

① Tharanga Sujani Kalehe Pandi Koralage, "Digital Translanguaging Practices: A Study of Multilingual Learners in an Online Higher Education Environment" (PhD diss., University of Melbourne, 2022).

② Patricia Fronek, Lynne Briggs, Renie Rondon-Jackson, Kathryn Hay, Jane Maidment and Kai Medina-Martinez, "Responding to COVID-19 in Social Work Field Education in Australia, New Zealand and the United States." *International Social Work* 66, no. 1 (January 2023): 130–143, https://doi.org/10.1177/00208728211048934.

但他们以前没有接触过大规模的在线学习模式。

数字教育还需要学生掌握新的数字技能和能力。尽管在线学习为教育领域提供了许多机会，但这种转变也给教师和学生带来了许多挑战，因为在线学习模式涉及一套全新且不同的读写能力实践，包括整合电脑、笔记本电脑和平板电脑。① 对于学校来说，需要设计课程的整体结构，以及迎接与使用即时通信应用程序相关的挑战。一些挑战涉及操作计算机硬件和操作软件所需的数字素养，以便用同步视频会议工具和软件进行互动，并通过线上讨论论坛和共享文本工具参与协作任务。通过对来自5个国家的361名学生的数字能力的调查，结果表明，学生有信心参与特定学科学习所需的数字技术，并且大多数人都合理地意识到数字隐私和安全。但是，只有11%的学生报告说他们能够获得大学足够的支持来发展他们的数字技能和能力。②

对于初入大学生活的学生，尤其是跨国进行线上学习的国际学生来说，他们往往会在初次进入高校数字环境中感到导航的不便。很少有机构在向国际学生介绍新的数字环境方面能够提供充分的服务。不过，墨尔本大学的一些设计和实践或许提供了一些参考。墨尔本大学为新生和国际学生设计了多方位的线上指导模式。例如，针对一个中国留学生，墨尔本大学相关机构会提前发送一封邮件，邀请学生加入墨尔本大学中国学习中心的官方微信群。由中国员工提供线上辅导和答疑支持。随后，举行在线学习的线上指导说明会，专业人员将通过幻灯片对学生进行数字技术指导。学校也在官网上上传了数字技术使用的各种短视频，学生可以模仿视频内的操作步骤解决大多数技术难题。

---

① Tharanga Sujani Kalehe Pandi Koralage, "Digital Translanguaging Practices: A Study of Multilingual Learners in an Online Higher Education Environment" (PhD diss., University of Melbourne, 2022).

② Mary-Louise Edwards, Lisa Kruesi, Tania Celeste and Trent Hennessey, "Digital Preferences and Perceptions of Students in Health Professional Courses at a Leading Australian University: A Baseline for Improving Digital Skills and Competencies in Health Graduates," *Australasian Journal of Educational Technology* 38, no. 1 (January 2022): 69–86, https://eric.ed.gov/?id=EJ1336922.

墨尔本大学官网上也设计了一系列针对澳大利亚本土学生和国际学生不同的新生操作步骤清单。跨国学习的国际学生可以通过线上操作完成一系列注册。例如设置身份验证、定制学生卡、确认课程时间表、完成线上学术诚信测试、设置学生账户等线上注册。墨尔本大学还为境外学生提供免费、保密和专业的线上咨询服务，学生服务部门为国际学生提供专家帮助、建议和信息。官网还为新生提供一系列点播课程，旨在帮助其做好进入线上学习的准备。此外，学校还会在国外和各种移动设备上进行测试，以保证线上教学的顺利展开。在顺利进入线上学习后，墨尔本大学还提供了与教学专家合作开发的数字技能研讨会，这种学习干预对学生对自身数字能力的理解产生了积极影响，并提高了他们对数字技能重要性的认识。教学人员可以利用这些发现来改善学生的数字学习，提高学生的数字技能和能力，支持学生的数字信心、经验、态度和对数字实践以及数字技能和能力的理解。

（二）数字教育带来的交流、文化和心理挑战

一些现实问题仍旧无法通过数字教育解决。由于新技术及其与课程的结合所提出的要求和期望，国际学生面临着一系列的交流、文化和心理挑战。首先，数字技术支持不足以弥补传统的交际能力。由于线上课程本身的限制，不同国家学生之间的联系往往非常困难。这既有技术层面的原因，如某些社交软件和社交网站在中国无法使用，也有线上课程本身的弊端。例如，"预录制模式"下，线上学生间完全没有彼此联系的机会。由于技术原因"现场转录模式"并未提供给线上学生输入文字交换联系方式的机会。同时，教学管理系统中的线上课程也没有在学生列表中提供每位学生的邮箱地址。与其他线上同学的联系和社交只能依靠"线上模拟面对面课程"通过私聊获取彼此的联系方式。线上课程结束后教师会立刻关闭线上会议室，线上学生往往会失去课后交换联系方式的

机会。

其次,不同国家国际学生的社交平台不同,这也加大了交流难度。一些国际学生线上课程的学习是在自己国家完成的。因此在数字交流中,国际学生很可能会与他们目标国家的在线群组很少或根本没有联系。因为线上学习的学生只能通过信息和通信技术工具以及平台进行交流。不同国家学生的社交平台受众也是不同的。他们需要平衡不同的数字媒体平台。中国留学生必须了解澳大利亚的数字环境,同时还必须平衡中澳之间的数字环境。中国留学生必须使用不同语言的不同类型的数字技术,才能有效地同时与中国和澳大利亚建立联系。例如,澳大利亚学生更喜欢使用电报(Telegram)和沃茨阿普(WhatsApp)[①] 作为社交手段,而中国留学生更习惯使用微信。当涉及不同国家学生之间的情况可能会更加复杂。例如,一名墨尔本大学的韩国留学生可能会使用卡考说说(KakaoTalk)与本国人联系,使用脸书(Facebook)与澳大利亚人联系,使用微信和他们的中国留学生朋友保持联系。[②] 对于语言背景与东道国不同的国际学生来说,教师使用社交媒体进行教学或与学生交流同样很困难。

数字教育还削弱了国际学生对于校园和校园文化的归属感。数字空间不是无国界的,而是具有文化特殊性的。数字空间对国际学生的社交以及他们的软技能和身份发展尤其重要。然而,国外大学的网络社区是否欢迎国际学生以及是否存在文化偏见还有待考证。对于刚入学的国际学生来说,在一个新的数字环境中导航,可能就像用另一种语言看一张不同的示意图。[③] 在这种情况下,学生可能更容易依靠他们过去的经验行

[①] 沃茨阿普是一款用于智能手机之间通信的应用程序,支持 iPhone 手机和 Android 手机。2014 年 10 月,沃茨阿普正式被脸书公司收购。用户可以用手机号注册,该软件具有免登录和免添加好友的特点。

[②] Shanton Chang and Catherine Gomes, *Digital Experiences of International Students: Challenging Assumptions and Rethinking Engagement* (University of Melbourne: Melbourne Graduate School of Education, 2020), https://doi.org/10.4324/9780429276088.

[③] Ibid.

事。另外，假如国际学生完全通过线上课程完成学业和学位，这很难让他们对自己留学的高校文化产生认同感和归属感。因此，增加国际学生与学校的联系和互动应该成为国际化校园的一部分，以此来培养学生的归属感。

最后，线上学习给一些学生带来了心理问题。数字教育可能引发一系列的焦虑。例如，正如之前提到的那样，当国际学生开始使用陌生的数字工具并缺少引导时，会对学业的顺利完成失去信心。学生与导师之间也只能通过数字工具建立联系。当学生出现课程问题或技术问题时，往往需要等待每周固定的线上答疑时间或与导师预约线上会议。问题不能及时解决和连续等待将加剧学生的担心和忧虑。此外，由于线上教育存在全球时差，不同地区的国际学生上课时间也不同。例如，在夏令时期间，澳大利亚早上九点的线上课程，与澳大利亚仅有3个时差的中国学生需要在早上6点前就开始准备上课。而中东地区留学生与澳大利亚的时差需要他们在凌晨参与线上课程。这对他们的睡眠、决策和情绪状态都造成了影响。这也导致他们无法专注和课堂效率低下。

（三）数字教育导致教育质量下降

最需要关注的是数字教育对教育质量的影响。虽然在线教育确实增加了接受高等教育的机会，但与在校学生相比，在线学生的流失率更高。[①] 因此，高质量线上学习的体验是全球学生和导师面临的共同挑战。首先，在线学习者的参与可能会受到技术障碍的影响。一方面，技术障碍与地理位置有关。一些偏远地区或托雷斯海峡岛民与数字环境联系的

---

① Johanna Elizabeth Nieuwoudt, "Investigating Synchronous and Asynchronous Class Attendance as Predictors of Academic Success in Online Education," *Australasian Journal of Educational Technology* 36, no. 3 (May 2020): 15–25, https://doi.org/10.14742/ajet.5137.

能力受到了严重限制。① 这也往往需要学生具备完善的电子及音频设备。许多学生使用不同的移动设备进行学习，这也要求技术上实现不同移动设备兼容的交互式界面，保持界面访问的流畅和安全。学生也需要可以随时访问交互式在线学习指南，包括阅读内容和进行与移动设备兼容的互动活动。

另一方面，在线上学习时，学生经常会面临一系列技术问题。例如，"现场转播模式"下，通过教学平台的 Lecture Capture 工具实时转录给线上学生。然而，大讲堂的收音效果不好，屏幕显示的课件模糊不清，导师经常会在课程结束后才会上传课件。当现场同学提问或与教师进行深入讨论时，由于线下学生远离收音设备或者没有使用教室麦克风，线上学生几乎听不到现场学生的任何发言和提问。"线上+线下混合授课模式"也存在这种问题。这种模式下，教师会要求线下同学参与这门课的时候带上自己的笔记本电脑。教师在进行线下授课的同时会安排助教打开电脑开启线上会议室，将整个教室的画面投放到线上讨论室上，同时将线上会议的画面展示在投影仪上。除了上述问题，当进行小组讨论环节时，线上会议室会充斥着现场的回音、杂音甚至是噪声。为此，助教会帮教师将现场的音频设备静音。但是当小组讨论结束后，经常会出现忽视线上小组的情况，而忘记关掉静音。这种情况下，线上学生往往会有一段时间无法听到现场的总结，这也影响了研讨会整体的流畅度和效率。在进行学生演讲时，无论是线上学生表达观点，还是线下发言转录到线上会议室，彼此都存在听不清对方音频的问题。"线上模拟面对面课程"模式同样存在各种技术问题。例如，当教师提问或是小组讨论时，一些学生由于没有配备麦克风而无法回复，而打字发表观点有一定的滞后性。他们也往往受到不同国家网络卡顿和音频不同步的困扰。

---

① Fran Martin and Faza lRizvi, "Making Melbourne: Digital Connectivity and International Students' Experience of Locality." *Media, Culture and Society* 36, no. 7（October 2014）: 1016-1031, https://doi.org/10.1177/0163443714541223.

学生在线上听课也存在互动不足的情况。互动水平可以通过计算学生积极参与内容、与教师或同学的互动次数来定量确定，也可以通过确定学生在学习管理系统上花费的时间来量化。然而，线上互动的质量存在各种问题。以墨尔本大学为例，不同模式下的线上授课模式存在不同的互动问题。首先，无论是"预录制模式"还是"线上录制模式"，学生都无法在录制的课堂上与教师互动，学生之间也很难互动。其次，"现场转播模式"下，转录只显示线上参与的学生名称，未提供在线评论服务。线上学生无法提问并参与讨论，只能单方面地输入知识，无法输出观点。讲座中线下同学讨论和提问在线学生也无法听清。再次，"线上线下混合授课模式"下，一些课程的分组讨论是线上线下分开的。每次参与讨论的人员几乎固定，人员配比过于僵化，缺乏讨论的广度。线上同学的提问也需要助教转达给教师，这往往需要一段时间才会得到反馈。最后，"在线模拟面对面课程模式"也存在一些互动弊端。无论是学校官方还是授课教师对于摄像头的开启都是建议性，而非强制性的。由于缺乏有效的监督机制，不开摄像头和麦克风的学生也缺乏交流和参与。当学生需要回答问题时，一些人会宣称没有配备麦克风或是选择沉默来逃避提问。此外，在这种模式下可能会让学生不知所措。多任务处理可能会增加认知负荷，多任务处理包括听教师讲课、观看演示幻灯片、处理新信息、在聊天框中输入回复、阅读聊天框中的评论。认知负荷的增加可能会阻碍学习。①

课程之外数字环境的互动性也存在严重的问题。一方面，一些与课堂内容相关的活动会在论坛上发布。学生们也被鼓励在论坛上提出与评估相关的问题。但这不是强制性的，也没有评分。通过研究发现，学生的最终成绩与在讨论板上发帖之间，以及学生的最终成绩与访问讨论板

---

① Johanna Elizabeth Nieuwoudt, "Investigating Synchronous and Asynchronous Class Attendance as Predictors of Academic Success in Online Education," *Australasian Journal of Educational Technology* 36, no. 3 (May 2020): 15-25, https://doi.org/10.14742/ajet.5137.

之间存在显著的关系。① 然而，互动的质量与参与并不能得到保证。有些学生可能不会积极参与讨论论坛，少数学生通常经常参与讨论板，而大多数学生不发布任何消息，尽管他们确实多次浏览讨论板。只有当参与论坛讨论的质量与成绩挂钩时，才能有深入的讨论，无论是数量还是质量都能得到一定保证。但是并非所有线上课程都将其作为成绩的一部分进行考核。

另一方面，数字环境下，同学之间的线上合作也存在一定的问题。例如，"线上线下混合授课模式"需要学生之间合作完成小组任务，混合组成的学习小组在准备阶段非常不便。纯粹的"在线模拟面对面课程"在课后合作也极为不便。多元化的学生群体需要以不同的方式融入数字环境。然而，墨尔本大学和教师并没有提供或指定官方的即时通信应用程序或社交软件作为学生之间的主要沟通手段。学生之间的任务合作充满限制。线上的持续合作远不如线下便捷，准备阶段也缺乏良好的对接。就像之前提到的，他们只能通过线上课程的聊天框私下联系并交换各自的联系方式，这样的话，不同国家学生之间需要平衡、选择和取舍各个社交媒体。一般情况下学生会选择通过发送邮件的方式敲定大纲和约定线上讨论会议。然而，这种方式交流和合作效率低下。由于学生大部分的消息来自电子邮箱，而电子邮件很难保持交流的流畅性和持久性。当然，由于缺少线下面对面讨论的约束以及无法随时联系，一些缺少责任感的学生存在合作拖延和搭便车的现象，有时会推卸任务甚至失去联系。这导致小组其他成员不得不完成那个人的任务。

数字环境在学生需要完成个人任务时也存在一些限制。例如，当进行写作任务时，一些文献的获取充满了阻碍。墨尔本大学的某些线上课程教师会提供详细的必读文章和推荐文章列表。有些教师的写作任务要

---

① Johanna Elizabeth Nieuwoudt, "Investigating Synchronous and Asynchronous Class Attendance as Predictors of Academic Success in Online Education," *Australasian Journal of Educational Technology* 36, no. 3 (May 2020): 15-25, https://doi.org/10.14742/ajet.5137.

求尽量使用他们提供的列表中的文章，尽管这不是强制性的。由于数字环境和地理条件的限制，线上学习的同学无法来到现实的学校图书馆。然而，列表中的一些必要文章并没有提供电子版本。学生无论是在线上图书馆还是整个网络上检索都无法获得相关文献。对于国际学生来说，纸质版的专业学术文献往往需要跨国购买，巨大的等待成本可能会导致论文任务的耽误，因此他们不得不放弃一些文献资料。许多国际学生因此只好依赖本国的在线资源。然而，一些跨语言的文献加大了教师评估和审核的难度，有时候这些材料的权威性很难获得教师的认可。此外，数字教育使得学生们从大学机构和服务提供商那里收到的电子邮件的数量一直高于正常水平，这些信息还通过学习管理系统和社交媒体网站等多个数字平台提供。这不可避免地导致一些重要信息被遗漏或忽略。

数字环境也给高校教师带来了一系列挑战。首先，数字教育让一些教师疲于应对。由于缺乏有效的沟通渠道，教师和助教每天要面对和回复大量不同课程的电子邮件。其次，在课程设计方面，教师需要批判性地思考多样性和学习成果问题，设计不同的活动和评估标准，以便为国际学生建立有吸引力和有效的数字体验。再次，某些课程需要分别给线上和线下的同学授课。对此，教师还需要设计不同的课程流程和授课模式，这更加加大了教师的工作量。最后，由于是分别授课，教师的授课时间增加了整整一倍。这也带来了一些问题，某门课程会被安排在同一天的不同时间段。这就导致了教师的疲于奔命。中间时间段的研讨会与前后时间段的研讨会往往会出现时间的重叠。教师需要频繁且连续进入不同时间段的研讨会，每个研讨会的谈论主题也都被迫戛然而止。而最后时间段的研讨会，经过很多学生反馈能看到导师明显的疲惫和缺乏动力，通过对比也发现了教师授课质量下降。一些课程中教师不得不使用数年前的录制教案视频来缓解教学压力，缺乏实时更新也使得教学质量有所下降。此外，很多教师都公开表示面对关闭线上会议摄像头的同学或空无一人的演讲厅时缺乏动力。

由于数字教育导致的工作量增加，2023年4月，澳大利亚一些全国高等教育联盟（NTEU）成员参加了有限的罢工运动，有些教师为了个人权利，希望与大学重新谈判用工合同。通过对他们的采访，他们提到没有太多的时间学习、准备讲座和演讲。他们每周工作的时间是要求工作时间的1.5倍左右。他们除了在学校的工作和教学时间，还有上述提到的未计算的工作时间，例如进行备课和研究的时间。基于此，一些课程中作业截止日期基本上被取消，对学生成绩的评估也经常拖延，而得不到反馈的学生有时也会变得更加焦虑。

出于简化教育、降低成本和缓解教师压力的目的，澳大利亚大学将一些线上课程外包。在国际教育服务中的数字技术提供商包括公立和私立机构、为国际学生提供服务的政府机构、学生服务组织等相关机构。一项调查显示，澳大利亚大学的数百门课程正被外包给营利性的在线项目管理公司（OPM）。① 第三方在线项目管理公司正变得越来越普遍。这些在线课程通常比校园课程时间更短，这对年龄较大的学生特别有吸引力。然而，这也带来了一系列问题。首先，这些课程可能收取过高的费用。根据课程和机构的不同，每门学科的费用通常高达数千美元。其次，有些外包的线上课程会误导学生。例如，在线项目管理公司打着高等教育机构的旗号进行营销，而且在网上做广告时通常会省略自己的身份信息。再次，大学在公布在线项目管理公司信息方面缺乏透明度。例如，悉尼大学提供的在线项目管理公司硕士课程的网页上没有任何地方透露第三方将参与其中，或者它将承担哪些角色。最后，一些在线课程的教育质量也值得担忧。这些授课教师不需要有正式的教学经验来为课程提供评分和反馈，也不需要满足澳大利亚的资质要求，即硕士学位才能教

---

① Caitlin Cassidy, "Australian University Outsourcing: How Can I Tell if My Online Course Is Being Run by a Third Party? Higher Education Institutions Are Using Online Program Management Companies for Hundreds of Courses," *The Guardian* (London, England), March 7, 2023, accessed June 14, 2023, https://www.theguardian.com/australia-news/2023/mar/07/australian-university-outsourcing-how-can-i-tell-if-my-online-course-is-being-run-by-a-third-party.

授本科课程和博士身份才能教授研究生课程。①

三、数字教育只是澳大利亚高校应对疫情的"缓兵之计"

线上教育或许对澳大利亚高校来说只是应对疫情危机的权宜之计。澳高等教育质量与标准署（TEQSA）要求在 2023 年 6 月 30 日后，每个国际学生都必须在澳大利亚接受至少三分之二的面对面教学，② 这一规定得到了澳大利亚各大学的积极响应。墨尔本大学决定将在 2023 年第一学期停止在线教授本科课程。研究生课程也进行大幅度调整，绝大多数课程转为校园授课。悉尼大学也将从 2023 年第二学期开始停止提供网课模式。这既表明了"在线授课"对于澳大利亚高校来说是一个权宜之计，同时也表明了"线上教学"存在种种弊端。

澳大利亚大学也采取各种措施来激励国际学生返澳学习。以墨尔本大学为例，对于在一定期限内返澳的国际学生会提供 4 000 澳元的返澳补贴和免费接机服务。墨尔本大学还多次发送邮件邀请海外学生返澳进行校园学习。以中国留学生为例，通过邮件邀请墨大中国留学生进入官方微信群，并有专门的学习中心的负责人进行联系并提供返澳协助。同时，该中心还邀请未返澳的中国留学生参加线上墨尔本行前说明会，对计划飞往墨尔本的同学进行全方面的来澳行前指导和帮助。之后也会实时关

---

① Caitlin Cassidy, "Australian University Outsourcing: How Can I Tell if my Online Course Is Being Run by a Third Party? Higher Education Institutions Are Using Online Program Management Companies for Hundreds of Courses," *The Guardian* (London, England), March 7, 2023, accessed June 14, 2023, https://www.theguardian.com/australia-news/2023/mar/07/australian-university-outsourcing-how-can-i-tell-if-my-online-course-is-being-run-by-a-third-party.

② "Education Services for Overseas Students: ESOS National Code—Return to Compliance," Australian Government Tertiary Education Quality and Standards Agency, October 19, 2022, accessed 14 Jun, 2023, https://www.teqsa.gov.au/about-us/news-and-events/latest-news/education-services-overseas-students-esos-national-code-return-compliance.

注计划返澳的学生，通过国际长途电话确定具体到达时间。

  总之，疫情的肆虐使得教育方式发生颠覆性的改变，数字教育在澳大利亚高校应对疫情所带来的教育危机时确实发挥了极大的作用。其便捷性和适用性展现出极高的活力。澳大利亚各大高校也一直在探索数字教育的不同模式和可行性。然而，经验表明数字教育还存在着不少弊端，仍需要不断探索和完善。疫情过后，以墨尔本大学为首的澳大利亚各高校已经恢复校园授课。虽然数字教育仍旧无法替代线下校园教育的多种功能，但是澳大利亚的数字教育在未来或许作为辅助功能继续发挥作用。

坦桑尼亚的"限"上教育

张超峰*

在后新冠疫情时代,中国许多人眼中普通得不能再普通的网课,在非洲大陆东端的坦桑尼亚,仍是只属于小部分"贵族"参与的教育方式。因为经常性的停电和智能手机普及率不高,以及流量资费偏贵等限制,在世界上的发达地区早已显得习以为常的线上教育,在坦桑尼亚则正逐渐演变为一种"限"上教育。此种参与受限的教育不仅有碍提升教育的公平性,也从中折射出坦桑尼亚当前发展所面临的种种限制与挑战。全球化下,欠发达地区因科技进步而萌生的发展失衡问题,并不是坦桑尼亚一国所独有。

一、坦桑尼亚的线上教育之"限"

位于东非地区的坦桑尼亚,全称为坦桑尼亚联合共和国。联合国的调查统计显示:坦桑尼亚是非洲完全位于赤道以南地区人口最多的国家。同时,2022年坦桑尼亚国家统计局的最新人口统计数据显示,目前全国

---

* 张超峰,浙江师范大学非洲研究院硕士研究生,研究方向为坦桑尼亚和东非。

人口超过6 174万，预计到2044年人口数量将会翻一番。① 自1964年独立以来，坦桑尼亚经济经过多年不断的发展，已由最不发达国家跻身为中等收入国家行列。2020年席卷全球的新冠疫情，让大部分人被迫居家办公和线上学习，使得人与网络的联系更加紧密。

在全球流通受阻最为严重的时期，一些与互联网联系紧密的行业，从原来的不温不火状态迅速崛起。线上教育更是在这波浪潮中迅速崛起。因为各国居家政策的实施，使得线上教育第一次较为彻底地走进大众生活。不过，区别于传统的线下教育，线上教育对参与者的软件和硬件设备，都提出了更高的要求。在世界上不发达的一些地区，尤其是曾经深受殖民统治危害的非洲大陆，线上教育的推广映射出许多社会问题。

比起传统的线下教育，线上教育是随着网络的发展而出现的一种新教育形式。相比线下教育，因为开展线上教育时教师不在学生身边，而是通过视频方式进行知识的传授，所以对学生的自觉性要求，自然也会更高。除此之外，线上教育还有线下教育难以企及的一个优势，那就是线上教育较少受时间和地点的限制，只要有稳定的网络，以及相应的软件和硬件设备就可以进行，有着更大的便捷性。同时线上教育一般都可以回放，具备反复听讲的优点。这些优势的累积，让线上教育的成本，相对线下教育而言也会相对低。但如果我们忽略了通信技术及网络基础设施在世界各地发展不均衡的问题，上述线上教育的种种优势非但不成立，而且还有可能加剧社会不公正现象。

近年来，随着互联网和智能手机在全球的推广和普及，坦桑尼亚的许多城市居民也得以通过智能手机接触到互联网。但这种接触，从一开始就是有限度有层次的，并不是每个地区的每位居民都可以接触到互联网。因此，这也意味着在坦桑尼亚开展线上教育，将不会是一帆风顺的。

据笔者观察，在坦桑尼亚开展线上教育，至少面临着来自三个方面

---

① Tanzania National Bureau of Statistics, "2022 Population and Housing Census," accessed November 21, 2022, https://www.nbs.go.tz/index.php/en/.

的挑战：分别是电力供应不足、智能手机普及率不高和网络资费偏贵。第一，来自这三个方面的挑战，意味着能够参与线上教育的人往往要具备一定的经济条件，至少是能够买得起智能手机和用得起"棒豆"① 的人。第二，他们还必须待在有网络覆盖的城区或郊区，因为坦桑尼亚还有不少农村和偏远地区是没有通电通网的，这也意味着生活在这些地区的人们是与线上教育绝缘的。第三，即使是有幸生活在有电有网络覆盖的地区，也会面临没上网设备的窘境。因此，线上教育在坦桑尼亚更像是一种"限"上教育。

首先，坦桑尼亚长期处于电力短缺状态，电力供应不足对许多行业来讲都是一种打击。根据坦桑尼亚的政府计划，2020年全国通电人口达到60%。② 一方面，即使实际上全国通电人口达到政府设定的60%的目标，但全国仍有五分之二的人口面临没电可用的困境；另一方面，即使是在已经通电的地区，也无法保证电力的持续供应。

以坦桑尼亚最大城市达累斯萨拉姆市为例，在旱季用能高峰期，城市的不同地区会分时、分段供电，有时候连续几天白天停电，也是很正常的事情。不排除一些富人小区和酒店会用柴油发电机保障电力的持续供应，但这毕竟只是个别情况，覆盖的人口和地区也极其有限。在缺电的大环境情况下，许多用电设备会面临无电可用的尴尬，这也是私人电瓶车在坦桑尼亚屈指可数的重要原因之一。虽然电力的供应不足，对通电地区的日常生活来说并不是致命性的，但仍会对线上教育的开展，造成一些负面的影响，从而降低线上教育的参与体验（见图1）。

---

① 英文为"bundle"，流量套餐的泛称，本文音译为"棒豆"。
② 参见对外投资合作国别（地区）指南编制办公室编《坦桑尼亚：对外投资合作国别（地区）指南》，2021，第28页。

图 1　达累斯萨拉姆市富人小区必备的柴油发电机
资料来源：笔者拍摄。

其次，智能手机在坦桑尼亚的普及率并不高。即使是在笔者生活的达累斯萨拉姆市这样的大城市，目前也不是每个成年公民都会拥有智能手机，不少城市居民使用的仍是传统的通话手机。笔者在当地走访的过程中，通过和一些手机专卖店的营业员攀谈得知，普通智能手机的价格一般在35万坦桑先令（折合人民币约1 053.85元，坦桑先令以下简称"坦先令"），相当于大部分普通人一个月的收入。此外，当地手机市场提供的智能手机质量也参差不齐，价格优良，往往暗示着手机性能差强人意。据笔者日常的观察，不少人的智能手机外观上看上去都略有点儿破旧，有些款式明显是中国已经淘汰掉的旧款，而且有些智能手机上有明显的翻新标签。笔者有几次外出打车，竟遇到出租车司机智能手机直接卡死重启的情况，导致后面结账受阻。虽然这种智能手机卡死的情况在日常生活中并不常遇见，但也侧面反映出，即使是对能使用上智能手机的人来讲，由于设备的处处掣肘，即便有机会参与线上教育，体验想必也会打不少折扣。

最后，则是网络资费过于昂贵，而大部分人收入偏低，导致不少人用不起互联网。根据《伦敦经济季评》的报告：2021—2022财年，坦桑尼亚人均GDP只有273万坦先令，平均到月份上每个月则只有22.76万坦先令（折合人民币约686.56元）。① 当然，GDP并不能表示个人的收入情况，只能大致衡量一个国家的经济发展状况。实际上，从我随机和一些普通人的交谈得知，坦桑尼亚的许多民众的收入是不高的。以下是我在达累斯萨拉姆市随机访谈到的一些职业的月收入情况：家庭保洁员的月收入在20万—40万坦先令（折合人民币约600.8—1 201.6元，笔者撰文时的实时汇率，下同），具体工资的多寡，与服务的小区档次有关。普通家庭司机的月收入约在40万坦先令（折合人民币约1 207.2元）。建筑工地上的泥瓦工，一天收入大概是3万坦先令，一个月30天不停地工作，可以赚到90万坦先令，而实际上一个泥瓦工每个月大概能工作20天，收入约为60万坦先令（折合人民币约1 810.8元），在当地普通人收入中已算是高的。普通保安的月收入在20万—35万坦先令（折合人民币约600.8—1 051.4元）。收入的多少决定了人所能消费的商品的层次，而实际上由于坦桑尼亚通信基础设施的落后，② 导致上网资费居高不下，和人们的低收入形成了一个不可调和的矛盾。

通过对比来看，坦桑尼亚国内七大电信运营商③的月棒豆价格通常不会低于1万坦先令，就笔者使用的Halotel公司的棒豆来讲，价格1万坦先令的月棒豆通常只有3—5GB的流量（棒豆内容每个月都会根据市场行

---

① 中华人民共和国外交部：《坦桑尼亚国家概况》，https://www.fmprc.gov.cn/web/gjhdq_676201/gj_676203/fz_677316/1206_678574/1206x0_678576/，访问日期：2023年6月2日。
② 根据全球移动通信协会统计数据，2019年，坦桑尼亚3G网络覆盖率为85%，4G网络覆盖率为13%。参见对外投资合作国别（地区）指南编制办公室编《坦桑尼亚：对外投资合作国别（地区）指南》，2021，第31页。
③ 截至2021年3月，坦桑尼亚共有电信业务运营商7家，分别为Vodacom、Airtel、Tigo、Halotel、Zantel、TTCL和Smile，其市场份额分别为31%、27%、25%、13%、2%、2%和0.024%，总用户数5 129万户，其中Vodacom为坦桑尼亚第一大电信运营商。参见对外投资合作国别（地区）指南编制办公室编《坦桑尼亚：对外投资合作国别（地区）指南》，2021，第30页。

情有轻微变动），对于流量需求比较大的智能手机用户而言，如果不省着用的话，基本上是不够用的。虽然也可以选择买日棒豆或者周棒豆，但单价上相对月棒豆也会更贵一些。高价格的棒豆使许多低收入的人望而却步，即使有些人拥有智能手机，也不总是有流量可以随时使用。坦桑尼亚第一大电信公司 Vodacom 包含 Internet 的月棒豆情况参见图2。

```
发送指令

1. Tsh 10000 = 750min+50SMS
2. Tsh 20000 = 2100min+100SMS
3. Tsh 30000 = 1200min+500SMS+10GB
4. Tsh 50000 = 1400min+500SMS+23GB
00 back
99 Main

3
```

注：Tsh 表示坦桑尼亚先令；min 表示分钟；SMS 表示短信。

图2　坦桑尼亚电信公司 Vodacom 包含 Internet 的月棒豆是3万坦先令起

资料来源：笔者截图，由笔者向 Vodacom 公司客服咨询套餐所得。

除此之外，就算一个人生活在有电力供应的地区，拥有智能手机，也买得起棒豆，但是由于坦桑尼亚4G网络覆盖率有限，能不能愉快地冲浪上网，还得看运营商的网络信号覆盖情况。根据全球移动通信协会的统计数据，截至2019年，坦桑尼亚的4G网络覆盖率仅为13%，虽然近几年4G网络覆盖了更多地区，但仍有绝大部分人无法使用更加快捷的4G网络。笔者2022年12月在坦桑尼亚的桑给巴尔岛的乔扎尼楚瓦卡湾国家公园（Jozani Forest）游览时，手机全程没有网络，似乎走进了原始森林，信号只能勉强接打电话。而桑给巴尔是坦桑尼亚著名的旅游胜地之一，并不算落后地区，但岛内的一些地区网络覆盖也尚且如此！

回到本部分最初提出的中心观点，如果我们忽视了网络软硬件在世界各地发展不均衡的问题，忽略了线上教育在一些国家和地区开展时所面临的诸多限制，教育的种种优势非但不能成立，还会加剧社会的不公正。坦桑尼亚的线上教育之"限"，看起来只是线上教育的参与受阻，但放在全球化的视角下来看，其实更深地反映了全球发展不均衡的问题，而这种不均衡凸显了由于经济差带来了科技差，再导致了教育机遇差。

二、坦桑尼亚的线上教育——是便利还是负担？

随着网络和科技的发展，线上教育，作为一种新的教育形式，尤其是在疫情时期，各国的学校普遍将线上教育视作传统线下教育的一种重要补充。毋庸置疑，它们对疫情期间教育的正常开展，发挥了至关重要的作用。在全球如火如荼地开展线上教育时，远在非洲大陆东端的坦桑尼亚也被迫加入了这场线上教育的狂欢。疫情结束后，世界各地的学校纷纷恢复线下教学，但线上教育并没有因此销声匿迹，作为一种十分重要的教育形式，线上教育仍在发挥着重要作用。而基础设施（如电力基础设施、通信基础设施等）不甚完善的坦桑尼亚参与线上教育对其自身教育的发展是利还是弊？在当前，这仍是一个值得探讨的问题。

笔者在坦桑尼亚的达累斯萨拉姆大学[①]留学时，曾就线上教育这个话题和该校的一些同学交谈看法，得到的反馈大部分是偏负面的。原因正如上文所述，认为坦桑尼亚国内经常性的停电、流量很贵、网络卡顿导致经常不能及时向教师提问等。有的同学对疫情期间的线上课，表现得

---

① 达累斯萨拉姆大学（University of Dar es Salaam）是坦桑尼亚历史最为悠久、规模最大的公立大学，在坦桑尼亚国内及整个东非地区具有较大影响力。其前身是东非大学，后者在1970年分裂为三所独立的大学，包括达累斯萨拉姆大学以及乌干达的麦克雷雷大学和肯尼亚的内罗毕大学。下文简称"达大"。

十分抵触，甚至有的同学认为"他们是在为了上课而上课"。究其原因，一是经常性的停电让线上教育的体验很不好；二是用来上网课的 Zoom 会议软件比较消耗流量，网课造成的流量消耗，对家庭并不宽裕的同学来讲，实则是一个不小的负担；三是网课交互性不如线下课。我所接触到的本地同学对于网课的效果都非常不满意。他们认为，在付出了比线下课相对要高的成本之后，却没有得到相应的回报。当然，相关负面评价在不同国家和地区的网络社群中都有存在，这大概是线上教育在许多同学眼中不那么受欢迎的核心原因之一。

线上教育因为这些槽点，在坦桑尼亚的教育市场就完全遇冷了吗？事实上，并没有。线上教育因其难以比拟的便利性，正在成为一些群体追求接受教育的新形式。达累斯萨拉姆大学早在 2013 年就顺应潮流，通过 Moodle 平台提供教育硕士文凭（PGDE）和工程管理硕士学位（MEM）等在线学位攻读课程。此外，坦桑尼亚开放大学和姆祖贝大学等大学，也通过 Moodle 平台提供了门类丰富的在线攻读学位的课程。[①] 当前坦桑尼亚众多高等教育机构开设的网络高等教育，十分受人追捧，成为许多因无法摆脱工作，而又想接受高等教育的人的不二之选。在坦桑尼亚，相比线下接受高等教育，线上接受高等教育要耗时更长。线下完成坦桑尼亚的本科教育一般需要三年，线上接受本科教育，少则四年起，一般六年左右才能毕业取得文凭。但是对一些群体而言，即使表面上总耗时更长，但线上接受高等教育仍比线下接受教育更有性价比。从这方面来讲，线上教育对促进坦桑尼亚高等教育的普及，不得不说作出了重要贡献，对其教育发展也无疑是有利的。

但是对于已经实行免费教育的小学和中学而言，线上教育带来的经济负担又凸显无疑。对于公立学校的小学生和中学生来讲，线下接受教育是完全免费的。而如若接受线上教育，对于位于城市里的私立学校的

[①] Joel S. Mtebe and Christina Raphael, "A Critical Review of eLearning Research Trends in Tanzania," *Journal of Learning for Development* 5, no. 2 (2018): 164.

学生而言，满足线上教育的硬件要求并不是一件难事。但是对许多公立学校的学生而言，即使课程本身不收费，为了满足接受线上教育而需要准备的软硬件条件，也是一笔不小的负担。由此观之，线上教育不但成为一部分中小学生接受教育的负担，也一定程度上成为破坏教育公平，加剧社会分化的"帮凶"。

同时，在基础设施比较完善的发达国家或者发达地区，无论是对于穷人还是富人而言，民众接受线上教育的起点是一致的，线上教育作为一种新的教育形式，并不会对参与教育的公平性造成特别的影响。而在坦桑尼亚，线上教育自走进大众视野以来，就始终面临着教育参与的公平性问题，可以说是由于经济差，带来了科技差，再导致了教育机遇差。因为在基础设施发展比较落后的坦桑尼亚，每个人参与线上教育的机会并不是均等的。尤其是对于处在广大农村地区的人们而言，线上教育基本上是与他们绝缘的；即便对于处在城市里的人们而言，能否接受线上教育，也要视经济情况而定。当然，坦桑尼亚只是发展中国家的一个案例，想必在其他发展中国家，线上教育或多或少都会激化类似的不公正现象。

整体上来讲，在全球化时代下，线上教育正在不可逆转地参与坦桑尼亚的教育发展。作为坦桑尼亚当前教育的形式之一，或许目前对相当一部分人来讲，参与其中是一个不小的负担，但是在可以预见的将来，线上教育注定会成为坦桑尼亚教育参与的一种重要形式。此外，也应警惕，在当前坦桑尼亚整体基础设施建设比较落后的情况下，线上教育导致的教育分化，对坦桑尼亚社会公平的影响。

三、坦桑尼亚线上教育折射的社会问题

通过教育的发展状况以及公平性，我们可以管窥社会发展的诸多问

题。本部分从坦桑尼亚的线上教育参与受限的角度，逐层分析当前坦桑尼亚社会发展面临的问题，以小见大，以求认知坦桑尼亚社会的全貌。

比如说流量资费偏贵的情况，受影响的群体并不限于草根阶层。毕竟对许多用得起流量的人来讲，也不是一件完全没有负担的事情。笔者通过沃茨阿普（WhatsApp）给本地朋友发消息时，经常会遇到半天得不到回应的问题，只能通过打电话联系（这也是为什么棒豆里面通常会包含更多免费通话分钟数）。后来经过细心观察，我才发现许多用得起流量的人为了节省流量，经常是在使用流量的时候，才会打开流量开关，用完之后，又赶紧把流量关上。似乎一不留神，手机就会背着主人把流量偷走似的。

然而，我们也不能就此判断，坦桑尼亚人接触不到线上教育。事实上，能无所顾虑地享受线上教育的人只是坦桑尼亚国民中的小部分人，处在中间的一部分人，则是在有限度地接触线上教育。对于那一小部分人而言，线上教育让其有了更多的教育形式可以选择，也给了他们更多受教育的机会。对于处在中间的一部分人来讲，可以有限制地接触线上教育，但是因为这种接触，一方面，因为没有收获到想要的学习效果；另一方面，又因为线上教育会造成一定的经济负担，实际上线上教育对他们来讲，更偏向是一种"负担"。这也是线上教育在中间这部分人中不那么受欢迎的重要原因。至于和线上教育完全绝缘的那部分人而言，线上教育的引入，无疑加剧了教育的不公平程度，从而间接导致"富者愈富，穷者愈穷"。

在中国普普通通的线上教育，到了坦桑尼亚则在某种程度上成了能接触到线上教育的人某种身份的象征，这似乎是一件令人诧异的事情。不过，我们可以试着以线上教育实施的条件为抓手，跳出固有思维去理解以及洞察坦桑尼亚社会的一些现象。比如，初到坦桑尼亚的国人或许会很诧异,为什么坦桑尼亚有 4G 网络,却无法形成像中国那样的互联网经济①呢?在中国很便捷的外卖和网购 App,为什么到了这边就销声匿迹了呢?笔者在坦桑尼亚长期生活以后,发现这些 App 在坦桑尼亚并没有销声匿迹,比如用来点餐的外卖软件有 Piki(Food & Drinks Delivery)、Bolt Food、Uber Eats 等(见图 3),和中国的美团外卖、饿了么等点餐应用没什么本质的区别,但是在受众面上,上述软件基本上可以算是中产及以上阶级的专属软件。究其原因,主要是外卖的价格并不是普通的人所能随随便便负担得起的,互联网也没有普及到普通人可以随便接触的程度。中国依托互联网形成的规模经济,在坦桑尼亚目前依旧还是处于萌芽状态。所以,上述现象,会给初到坦桑尼亚的国人一种感觉,那就是坦桑尼亚好像没有互联网经济。

图 3　Piki(Food & Drinks Delivery)、Bolt Food、Uber Eats 应用的图标
资料来源:Google play。

但是,事实上,在坦桑尼亚的大城市,有相当一部分摩的司机、三

---

① 互联网经济又称数字经济,是以互联网技术为平台,以网络为媒介,以应用技术创新为核心的经济活动的总称,是基于互联网所产生的经济活动的总和。据世界经济论坛(WEF)预测,未来 10 年(从 2020 年起),全球经济的 70% 将由数字技术构成,而新冠大流行则加速了这一趋势。

轮车司机和出租车司机是互联网经济的参与者。在中国大部分年轻人打车会首选滴滴或者高德等方便快捷的打车方式。在坦桑尼亚，也可以网上在线约车，比如 Bolt、Uber、inDrive 等都是不错的网上叫车软件。笔者在坦桑尼亚留学期间，由于调研的需求，经常会在线叫车，也因此会常与摩的司机或者出租车司机产生交集。久而久之，笔者发现了一个有趣的问题，那就是在网上叫车这么方便快捷的情况下，达市的大街小巷里依然能够看到许多聚集在一起准备等待乘客招呼的摩的（见图4）。后来网上叫到车后，我会有意无意地和司机交流这个问题，得到最多的回答是，"因为他们①没有上网的智能手机，无法通过这个渠道接顾客，所以只能通过传统的方式在路边接顾客或者是等顾客"，这个很现实的回答，让我开始认识到原来这是两个截然不同的群体。

  在一次偶然的机会中，我对路边待客的摩的司机的生存状况有了更多认识。有次去同学住处拜访，回来的时候打车，同学非常想让我乘坐他朋友的 Boda，② 但是对方既不会英语，也没有智能手机可以导航。我虽然很想帮他，但是如果在城里没有智能手机的导航，会很容易迷路。我权衡再三，只得告诉同学我的难处，后面还是网上叫了摩的。再后来，跨年夜的时候，我约此同学一块儿去周边商场闲逛，还是他的那个朋友骑摩托载我们去的商场。我就好奇地问了一下他朋友的情况，原来对方已是五个孩子的父亲，平时主要靠一辆载客的 Boda 谋生，客人主要是城中村的熟人和朋友，再加上他不会讲英语，基本上接不到外国人的生意，听后不禁又让我想起了线上教育和一些社会问题的关系。

---

  ① "他们"指那些没有能力通过互联网接顾客，而不得不聚在路边等顾客的摩的司机或者三轮车司机。——作者注
  ② Boda 为摩托车在当地的一种英语叫法，在斯瓦希里语中，摩托车通常被称作 Pikipiki。

图 4　聚在街头巷尾准备载客的摩的司机

资料来源：笔者拍摄。

线上教育对坦桑尼亚不同人群的参与限制，除了限制了人们接受教育的机会，也限制了他们此后谋生的经济能力。一方面，受教育程度与个人未来的收入会有很大关联；另一方面，互联网经济在坦桑尼亚的一些大城市已经生根发芽，以 Bolt 打车为例，其所需的基本条件和线上教育相差无几，但那些没有条件接触线上教育的人们，实则也被排除在了互联网经济活动之外。线上教育的这个窗口，一方面，让我们看到了其在坦桑尼亚当前教育中造成的微妙影响；另一方面，这个以互联网为依托的新型教育形式，更让我们看到了在已经开始的互联网经济中，在社会上处于弱势的人群所面临的生存挑战，以及谋生机会的有限。

四、结语

坦桑尼亚的线上教育，实则更像是一种"限"上教育，因为它并不是对所有人都是公平开放的。作为一种新兴的教育形式，因为其便捷的特性，有着让人无法抗拒的优势。坦桑尼亚在这场线上教育的浪潮中，自然也无法独善其身，只能顺应时代大潮，选择引进线上教育。但是，任何新兴事物的兴起和发展都会有利有弊，线上教育作为一种以互联网为媒介的新兴教育形式，自然也不例外。只是在坦桑尼亚当前的社会发展状况下，它带给更多人的可能是新的挑战，而不是新的机遇。

在全球视野下，究其本质，线上教育只是随着互联网发展而诞生的一种衍生教育形式。我们在关注坦桑尼亚线上教育参与受限这个问题的时候，更应该看到，在互联网这张大网下，社会发展所面临的问题。坦桑尼亚普通人参与线上教育受限，只是其和互联网关系中的一种，也就是依托互联网受教育的机会受到了限制，但是互联网提供的机会不只涉及教育，也涉及住房、医疗和工作等方面，简言之，就是互联网在未来会与人的发展产生很大关联。一些已经显现的迹象表明，互联网的发展既有强大的破坏力，也有很强的创造力。比如，在网约车模式下，一方面，许多依靠传统方式拉客的司机，正在慢慢被无情地夺去谋生的机会；另一方面，依靠互联网拉客的"新时代司机"，将会在传统司机衰败的过程中抓住机遇。

所以，坦桑尼亚的"限"上教育到底限制了什么？限制了更多接受教育的机会？限制了未来的谋生能力？还是限制了人与人之间的公平竞争？事实上，无论限制了什么，在全球化浪潮下，坦桑尼亚都不可能回避线上教育，回避以互联网为依托的经济发展。在这场互联网营造的发展浪潮中，创造与破坏并存，只是处于发展弱势的坦桑尼亚，或许破坏的成本在发展的阵痛中，会远大于创造所带来的收益。回望全球，此种现象并不只是坦桑尼亚所独有的。在世界上发展程度类似的其他地区，相似的现象每天仍在上演。在全球化持续推进的进程中，我们该如何正视由经济"限制"带来的教育受限问题，这仍然值得继续深入探讨。

国别线上教育新潮

网络技术为何能赋权沙特女性教育

刘庆龙*

2022年5月,沙特阿拉伯的学生代表参加了在美国亚特兰大举行的再生元国际科学与工程大奖赛(Regeneron International Science and Engineering Fair,ISEF),在能源、材料、人工智能等领域获得六项特别奖,取得了优异成绩。[①] 人们不仅注意到沙特学生的突出表现,还关注到此次获奖的五名沙特学生中有三名是女生。长期以来,沙特女性并不能与男性一样享受平等的教育资源,但近年来沙特女性教育在网络技术的支持下取得了显著成绩,背后的原因值得分析和讨论。

一、新冠疫情与沙特线上教育

2020年初,新冠疫情席卷全球,对各国经济社会生活造成了重大影响。学校被迫关闭后,利用网络技术,改为线上教学。沙特也积极投身这一方案并取得不俗成绩,受到国际组织的广泛好评。

根据经济合作与发展组织(OECD,以下简称"经合组织")和世

---

* 刘庆龙,北京大学国际关系学院博士研究生,研究方向为中东研究、沙特研究。
① 《沙特青年在"ISEF 2022"荣获六项特别奖》,《利雅得报》2022年5月13日,https://www.alriyadh.com/1950569,访问日期:2023年6月17日。

界银行（WB，以下简称"世行"）有关疫情期间线上教育的调查报告，沙特政府最初对学校关闭、远程教育的预计时间为97天，是经合组织成员国平均值的两倍多。① 封校期间，沙特教育部通过卫星电视和网络频道录制课程，并开发网络设施，为沙特从幼儿园到高中基础教育阶段的600多万名学生提供服务，最多可满足500万学生同时进行线上学习的需求。② 沙特疫情期间的线上教育整体表现不俗，获得经合组织和世行的高度认可。世行人类发展总管三轮惠子（Keiko Miwa）赞赏道："新冠疫情对世界各国的教育系统都是一个重大挑战，沙特对学校教师们在设备、培训和指导上给予强有力的支持，使他们能够有出色的表现。"③

依托网络技术，线上教育展现出了可以超越时空限制的先天优势，具有巨大的灵活性，可以节省前往教室课堂的成本，同时，网络技术的录播功能使学生可以反复回看授课内容，针对课程难点进行复习。沙特学生、教师和教育管理者都对线上教育做出了积极反馈。在对尤乃莎医学院（Unaizah College of Medicine and Medical Sciences）60名学生的调研访问中，有三分之二的学生认为线上教育有利于他们在某些学科取得更好的成绩。④ 在世行的调查采访中，有超过六成的校长和教师认为接受线

---

① Anthony Mann, Markus Schwabe, Pablo Fraser, Gabor Fülöp and Grace Adoley Ansah, "How the COVID-19 Pandemic Is Changing Education: A Perspective from Saudi Arabia," OECD, 2020, pp. 7–8, accessed June 17, 2023, https://www.oecd.org/education/How-coronavirus-covid-19-pandemic-changing-education-Saudi-Arabia.pdf.

② Anna Boni and Laura Gregory, "Saudi Arabia's Digital and Distance Education: Experiences from the COVID-19 Pandemic and Opportunities for Educational Improvement," World Bank, pp. 58–59, accessed June 17, 2023, https://www.worldbank.org/en/country/saudiarabia/publication/saudi-arabia-s-digital-and-distance-education-experiences-from-the-covid-19-pandemic-and-opportunities-for-educational-i.

③ "COVID-19 Pandemic Leads to Innovations in Education in Saudi Arabia," World Bank, February 8, 2022, accessed June 17, 2023, https://www.worldbank.org/en/news/press-release/2022/02/08/covid-19-pandemic-leads-to-innovations-in-education-in-saudi-arabia.

④ Rehana Khalil, Ali E. Mansour1, Walaa A. Fadda, Khaled Almisnid, Mohammed Aldamegh, Abdullah Al-Nafeesah, Azzam Alkhalifah and Osama Al-Wutayd, "The Sudden Transition to Synchronized Online Learning During the COVID-19 Pandemic in Saudi Arabia: A Qualitative Study Exploring Medical Students' Perspectives," BMC Medical Education 20 (2020): 285, accessed June 17, 2023, https://bmcmededuc.biomedcentral.com/track/pdf/10.1186/s12909-020-02208-z.pdf.

上教育的学生拥有更高的学术水平，46%的受访校长认为学生们的学习成绩有所提高。①

虽然沙特教育部提供了强有力的技术支持，很大程度上降低了网络和软件等问题对线上教育造成的影响，但无法解决线上教育缺乏实时面对面交流，限制师生之间互动合作的问题。此外，线上教育对学生自律性提出更高要求，在没有教师线下督导的情况下，线上教育需要学生进行自我管理，保证课堂上的专注度，并自己安排学习时间和学习计划。绝大多数国家的教育工作者认为，线上教育只是疫情下的备选方案，相较于正常教育教学，还存在一些需要克服的负面影响，受访的沙特校长们也表达了类似的观点。

值得注意的是，在有关线上教育对沙特学生影响的调查反馈中出现了明显的男女差异。在学术成绩评估上，64%的女校校长认为学生们比以往取得了更好的表现，高出男校7%；女校和男校教学主管的这项数据分别为59%和33%，相差近一倍。② 这两组数字的巨大差别将网络技术为何能赋权沙特女性教育的问题拆分为两部分：第一，在沙特教育系统中存在明显的男女差异，原因何在？第二，相较于以往技术进步，为何网络技术在赋权沙特女性教育中取得如此明显的成绩？

二、沙特教育中男女有别

沙特教育系统在建设初期将女性排除在外，造成沙特女性在接受教育资源过程中长期处于不利地位。20世纪60年代，伴随国家现代化建

---

① Anna Boni and Laura Gregory, "Saudi Arabia's Digital and Distance Education: Experiences from the COVID-19 Pandemic and Opportunities for Educational Improvement," World Bank, pp. 32 – 33, accessed June 17, 2023, https://www.worldbank.org/en/country/saudiarabia/publication/saudi-arabia-s-digital-and-distance-education-experiences-from-the-covid-19-pandemic-and-opportunities-for-educational-i.

② Ibid., p. 33.

设，沙特女性教育不断发展，成果引人注目。冷战结束后，沙特女性自主独立意识增强，推动政府对教育系统进行改革，弥补男女有别的鸿沟。

（一）早期的沙特教育：男尊女卑

20世纪初，阿拉伯半岛上的社会形态以氏族部落为主，其中男女地位不平等，表现为男尊女卑，这种情况延续到了早期的沙特教育系统之中。

20世纪20年代，阿拉伯半岛没有公办教育，当时沙特只有4所私立小学。沙特开国国王阿卜杜勒-阿齐兹（Abdulaziz bin Abdullahman Al-Saud，以"伊本·沙特"闻名于世）看重教育在沙特家族征战半岛和民族国家初创中的重要作用，于1926年征服希贾兹地区后，成立了知识局（Directorate of Knowledge），旨在构建一个教育系统，负责该地区教育事务，这成为沙特教育总局（Directorate of Education）的前身。[1]

1932年沙特阿拉伯王国成立，之后，沙特教育体系正式起步发展。沙特政府以埃及的教育体系为蓝本模仿建设，提出遵守伊斯兰教义、传播知识和建设学校三大目标。1933年，该国创建第一所宗教学校；1934年，颁布私立学校规则；1935年，创办第一所中学；1938年，教育总局负责除军队以外沙特全国的教育事务。[2] 1949年，伊本·沙特颁布王室法令，宣布成立伊斯兰教法学院（College of Shariah），这是沙特第一所高等教育机构。三年后，沙特专门成立了师范学院（College of Teachers），负责为沙特培养教师人才。此后，这两所学院都被整合进入沙特的乌姆·

---

[1] "The Emergence of General Education Education," Ministry of Education, accessed June 17, 2023, https://moe.gov.sa/en/aboutus/aboutministry/pages/about.aspx.

[2] "Saudi Arabia: Educational System—Overview," State University, accessed June 17, 2023, https://education.stateuniversity.com/pages/1302/Saudi-Arabia-EDUCATIONAL-SYSTEM-OVERVIEW.html.

古拉大学。① 20 世纪 50 年代初，沙特教育总局共管理 226 所学校和 29 000 多名学生，但仅沙特男性可以进入这些学校接受教育。②

早在 1946 年，费萨尔（Faisal bin Abdulaziz Al-Saud，后来的费萨尔国王）和他的妻子依法特（Effat Al-Thunayan）在塔伊夫建立了一所培养飞行员的男女混合学校，但因遭到一些人的坚决抵制而被迫关闭。1953 年，沙特成立教育部取代教育总局，法赫德（Fahd bin Abdulaziz Al-Saud，即后来的法赫德国王）担任首届教育大臣，政府在全国范围加大教育投资和建设。在此情况下，依法特总结经验，于 1955 年在吉达开创沙特第一家私立女子小学达尔·哈南学校（Dar Al-Hanan School），③ 在男性可以接受学校教育的 20 多年后，沙特女性终于可以走入校园学习。

1959 年 10 月 22 日，沙特国王颁布王室法令，宣布开办女子学校。④ 根据该法令，沙特政府于 1960 年成立了独立于教育部之外的女子教育总局（General Presidency of Girl's Education），负责管理全国范围内除综合性大学外为女性提供教育的各级机构。首位女子教育总局局长由最具宗教威望的大穆夫提穆罕默德·本·易卜拉欣（Muhammad bin Ibrahim Al-Sheikh）担任，由此证明女子学校符合伊斯兰教法，减少宗教人士的抵制和沙特父母的疑虑。20 世纪 60 年代沙特女性教育的大事件接踵而至，1960 年，沙特第一所高等女子学院成立，女子学校教育取得重要突破；次年，沙特国王大学招收第一批 4 名女学生；1965 年，沙特有了首批本

---

① "Overview," Umm Al-Quar University, February 19, 2023, accessed June 17, 2023, https://uqu.edu.sa/en/main/AboutUs.

② Najah Al-Otaibi, *Vision 2030: Religious Education Reform in the Kingdom of Saudi Arabia*, King Faisal Centre for Research and Islamic Studies, September 2020, p. 9, accessed June 17, 2023, https://www.kfcris.com/en/view/post/305.

③ 《达尔·哈南的教育发展历程》，达尔·哈南官方网站，https://dhs.edu.sa/pages.aspx?pageid=3，访问时间：2023 年 6 月 17 日。

④ 《吾王之声》，《乌姆·古拉报》1959 年 10 月 23 日，https://www.ncar.gov.sa/api/APIOmElqora/OpenDocument?id=nOhhQ0gnfWPW01Bj21GyJoS0i2STU9bpkZoBU%2Bhh2qV6NK0DdcQ2h1zVaJPJs7esNqwmvXXoM4BFC%2F2lxuHMVxgnITPs6npKVOXrouc9O4w%3D，访问日期：2023 年 6 月 17 日。

国女教师；1969年，沙特第一所公立女子大学成立。

（二）现代化中的沙特教育：后发的女性教育

自20世纪60年代沙特开启现代化进程后，沙特教育不断发展，特别是后发的女性教育在历次社会变革中不断突破，取得了丰硕的成果。

1962年，主政的费萨尔颁布了以十项改革内容为核心的"大改革"，其中提出沙特政府要向民众提供"免费教育"。① 免费教育不仅针对沙特男性，也包括沙特女性。沙特女性教育在卡西姆地区遭遇了强烈抵制，一所学校被迫关闭，有宗教人士公开号召人们："穆斯林们，当心危险。联合起来去向政府和学者们请愿，要求他们关闭这些教授现代内容的学校。这些学校表面看上去似乎很好，但内部腐败混乱。如果现在不采取行动为时已晚，你们终将后悔。"对此，主政的费萨尔并没有退缩，他坚决推行国家现代化建设，发展女性教育。一方面，费萨尔公开安抚道，"让沙特女性接受教育的目的是以合适的伊斯兰方式培育她们，以便在生活中履行她们的职责，将其培养成一个优秀的妻子和母亲，并可以做合适的工作，如教师、护士、医生等"。② 为获得民众的理解和支持，他将沙特女性教育完全置于宗教人士的掌控之下。另一方面，他加大教育领域的财政投入。从1962年起，沙特货币局将政府财政开支分为发展项目预算、主要发展部门、军队和国防、王室国库、其他政府费用及补贴五部分，发展项目旨在配合现代化发展，针对重大项目进行投资。

沙特政府在对教育部的拨款外，通过发展项目加大教育领域投入，截至1969年，教育投资合计达5.5亿沙特里亚尔，投入平均占比超过

---

① 北京大学亚非研究所西亚研究室编著：《石油王国沙特阿拉伯》，北京大学出版社，1985，第43—44页。

② Md. Muddassir Quamar, *Education System in Saudi Arabia of Change and Reforms* (London: Palgrave Macmillan, 2021), pp. 172–173.

5%。在政府财政支持下，沙特不断发展女性教育。截至1969年，沙特拥有女性小学286所、其他学校45座，女性小学在校生96 824人，其他学校在校生7 840人，女性学生约占总体的三分之一，女校教师3 886人，约占教师总数的四分之一。[①] 1973年，第四次中东战争和第一次石油危机爆发，沙特为首的海湾产油国获得巨额财富，政府财政开支大幅度增加，教育被视为社会福利保障的重要内容迅速发展。受惠于石油财富增加的教育投入，沙特女性教育进一步发展，至20世纪70年代末，沙特女性受教育人数达到男性的一半左右。

（三）冷战后的沙特教育：女性自主

冷战结束后，中东地区先后经历了两次伊拉克战争和反恐战争，局势变动使沙特遭受了外部力量的严重冲击。变革中，沙特女性自主意识不断加强，一批沙特女性活动者积极奔走，推动女性教育不断发展。

1990年8月，伊拉克入侵科威特，沙特的国家安全遭到重大威胁，法赫德国王最终决定向盟友美国请求驻军保护，以美国为首的多国部队入驻沙特并于1991年初对伊拉克采取军事打击，最终迫使伊拉克全面撤军。海湾危机和海湾战争的爆发对沙特国内造成重大影响，安全的无助和西方文化的传播对沙特人造成强烈冲击，不同派别纷纷发声。自建国以来，沙特王室第一次面对来自社会各团体不断的辩论、示威和请愿，遭遇政治、经济、社会和文化教育改革的压力。其中，一些沙特女性活动者积极奔走、四处发声，推动政府认识到沙特经济社会的进步与发展不能拒绝女性这一半群体的参与。此后，沙特女性受教育环境进一步改善，教育资源不断丰富和提升，有更多的机会接触到高等教育，伊斯兰

---

① *Annual Report 1388-1389 A. H. (1969)*, Saudi Arabia Monetary Agency, p. 53, accessed June 17, 2023, https://www.sama.gov.sa/en-US/EconomicReports/AnnualReport/Ninth%20Annual%20Report.pdf.

院校和宗教机构也开始向女性开放。①

进入21世纪,沙特教育发展受到国际因素的重要影响。2001年,"9·11"事件爆发,19名劫机者中有15人是沙特籍,这将沙特和沙特教育问题置于全球焦点。《国际危机组织中东报告》(*International Crisis Group Middle East Report*, 2004)和《宗教自由中心报告》(*Center of Religious Freedom Report*, 2006)等研究都明确指出沙特教育系统中存在重大问题。沙特政府面临着以美国为首的国际社会的巨大压力,时任王储阿卜杜拉(Abdullah bin Abdulaziz Al-Saud,后来的阿卜杜拉国王)主动寻求教育系统改革,对教科书内容、学校课程进行审查、整改和重订,并再度加大教育投入,改善沙特学校的学习环境、提高整体教育质量。在此次教育系统变革中,沙特女性活动者积极参与其中,推动女性教育进一步发展。

2002年3月,麦加一所女校发生大火,宗教警察的不当措施导致15名女生遇难,沙特女性活动者再次站了出来,组织向政府请愿。沙特政府借助公众的不满,决定减少宗教人士对沙特女性教育的控制,将女子教育总局并入教育部,使其融入沙特主流教育。2005年,沙特女性得到允许学习法律等早先不向她们开放的学科领域。2009年,第一所男女同校的阿卜杜拉国王科技大学(King Abdullah University of Science & Technology, KAUST)在吉达正式开学。② 同年,富有经验的女性教育家诺拉·法耶兹(Norah Al-Fayez)成为沙特历史上第一位教育部女副部长,专门负责沙特女性教育。2017年,根据沙特统计局(General Authority for Statistics)的数据,沙特全国获得硕士和博士学位的学生分别有18 089名和4 096名,其中女性分别占比为41.7%和43.0%,在1 236 928名本科毕业生中女性学生更是达到了53.7%,超过了男性。③

---

① Md. Muddassir Quamar, *Education System in Saudi Arabia of Change and Reforms*, pp. 174–175.
② "Our Vision at KAUST," King Abdullah University of Science and Technology, accessed June 17, 2023, https://www.kaust.edu.sa/en/about.
③ *Education and Training Survey 2017*, General Authority for Statistics, accessed June 17, 2023, https://www.stats.gov.sa/en/903.

三、沙特青年与女性赋权

"阿拉伯之春"爆发后,沙特政府越发重视青年群体的声音和力量。2016年4月,沙特政府推出2030愿景,在国内开展全面深入的经济社会改革,大力推动以教育赋权为重要组成内容的女性赋权,将其视为支持青年发展,动员青年参与国家建设的重要举措。

(一)米斯克与沙特青年

2010年末,"茉莉花革命"在突尼斯爆发,随后"阿拉伯之春"席卷中东地区,多个阿拉伯国家的政权垮台。沙特政府高度关注这场运动,并认识到这场运动的主力军是阿拉伯青年人,他们的根本诉求需要依靠社会经济发展。

2011年,如今的王储、时任利雅得省埃米尔的顾问穆罕默德·本·萨勒曼(Mohammad bin Salman bin Abdulaziz Al-Saud)创建了穆罕默德·本·萨勒曼基金会(Mohammed bin Salman Foundation)。① 该基金会以"米斯克基金会"(Misk Foundation)而闻名,重点关注沙特青年问题,认为青年赋权的两大重要途径是教育与创业、文化与艺术。②

沙特阿拉伯的国王们有创立基金会的传统。1972年,以开国国王阿卜杜勒-阿齐兹命名的阿卜杜勒-阿齐兹国王研究和档案基金会[King Abdulaziz Foundation for Research and Archives(Darah)]成立,随后各个国王家族的子女们大都成立了纪念先人、传承精神的基金会,这些基金

---

① 王储的父亲萨勒曼国王时任利雅得省埃米尔。
② "About Misk," Misk Foundation, accessed June 17, 2023, https://misk.org.sa/en/about-misk/.

会各有特色和专注的领域。米斯克与它们最大的不同在于，其出发点不是某一领域，而是沙特青年。穆罕默德·本·萨勒曼认为，青年是沙特发展的引擎，强调决定沙特未来最关键的支柱是沙特青年。[①] 为了培育和支持青年的成长，米斯克提出为沙特青年创造一个充满活力的生态系统，帮助其打造沙特和世界的未来的愿景，并明确自身任务是开展针对沙特青年的创新计划，培养具有能力的未来领导者、企业家和科学家。[②]

米斯克成立后重点关注的领域有科学和技术，发起了科学和技术倡议（Scientific and Technological Initiatives）帮助沙特青年企业家和初创公司发展以实现经济繁荣、增加就业；教育和创业，这被米斯克视为实现战略目标的支柱，通过构建教育系统、提供培训机会，使沙特青年成长为公私各领域的领导者。[③] 为此，米斯克推出了塑造领导力、服务社区、创业精神、培训技能等四大方向的项目，包含了米斯克奖学金、点燃之声、精英计划、影响加速器、米斯克倡议孵化器、迪万创新、米斯克创业学校大师班、米斯克加速器、火花项目、虚拟工作体验等数十个项目。这些项目的时长从5周到9个月不等，为沙特青年提供了从中学到本科和研究生等不同阶段去国际顶级名校、组织机构体验访学的机会，也提供了前往中东地区和全球知名企业实习培训、接受创业指导、学习职业技能的机会。

2015年1月23日，萨勒曼·本·阿卜杜勒-阿齐兹（Salman bin Abdulaziz Al-Saud）继任为新国王，随后，萨勒曼父子在沙特推行政治、经济、社会全方位的改革。2016年4月，穆罕默德·本·萨勒曼以沙特经济和发展事务委员会（Council of Economic and Development Affairs）主席的身份提出了2030愿景（2030 Vision），他将创立米斯克时对沙特青年

[①] "Chairman's Message," Misk Foundation, accessed June 17, 2023, https://misk.org.sa/en/about-misk/.

[②] "Vision and Mission," Misk Foundation, accessed June 17, 2023, https://misk.org.sa/en/about-misk/.

[③] "Focus Areas," Misk Foundation, accessed June 17, 2023, https://misk.org.sa/en/.

赋权的关注延续到 2030 愿景之中。2030 愿景中多次提到年轻人是沙特国家最重要的财富之一，表示要充分发挥沙特青年的力量，调动沙特青年的天赋、潜能和奉献精神，携手创造一个更美好的国家，① 关注青年已成为沙特的国家改革发展重点之一。

（二）2030 愿景与女性赋权

2030 愿景在青年赋权过程中强调，"沙特女性是一笔伟大的财富"，特别是要投资沙特女性、挖掘她们的潜能。② 沙特政府一方面加大教育和培训领域的投入，为沙特女性提供更高质量和更全面的教育；另一方面完善相关法规制度建设，使沙特女性在生活工作中获得更多自由和权利。

在 2030 愿景的推动下，沙特教育部向沙特女性提供了更多的教育资源，向其提供国王奖学金（King Sand Scholarship），进一步增加了进入沙特顶级大学和一流学院的女生数量。教育赋权帮助更多沙特女性进入教育领域并担任重要职务，目前，有超过 1300 名沙特女性担任教育领导者，超过 3.3 万名沙特女性担任教职工，并有约 39.7 万沙特女性担任教师。同时，沙特教育部也推出系列专项计划和项目旨在培养女性科研人员，帮助其在沙特科研领域发挥更大作用。与 2018 年相比，2021 年，沙特女性科研工作者论文发表数量大幅度提升了 91%，被男性科研人员引用的比例也增加了 52%。③ 2022 年，沙特女性科研人员研究、创新和发展成果继续上升，在护理、医药、医学科学、计算机科学和工程等五大领域，论文发表占比分别达到了 26%、23%、21%、18% 和 14%，整体论

---

① *Vision 2030*, pp. 36 – 41, accessed June 17, 2023, https://www.vision2030.gov.sa/v2030/overview/.

② Ibid.

③ "Ministry of Education Celebrates International Women's Day," Ministry of Education, March 8, 2022, accessed June 17, 2023, https://moe.gov.sa/en/mediacenter/MOEnews/Pages/i-w-day-2022-8.aspx.

文发表占比提升至21%，根据SciVal平台的领域加权引用影响力指标（Field-Weighted Citation Impact，FWCI），她们的研究成果达到了与沙特男性研究者一致的水平。正是在沙特女性科研工作者的积极参与下，2022年，沙特在国际科研排名中高居阿拉伯世界榜首。①

2030愿景对女性的教育赋权不仅帮助其在教育科研领域取得成果，"萨勒曼的愿景将女性纳入所有领域"。② 2030愿景提出，至2020年底，要将沙特女性工作参与率提升至30%。③ 根据沙特官方数据，截至2020年底，沙特女性工作参与率为33.2%，超额完成既定目标。同期，沙特女性参与工作人数达到了117.3万人，与2011年底相比几乎翻了一倍，沙特女性与沙特男性参与工作的人数比更是从17.1%显著升至56.4%。除整体数据不断向好之外，沙特女性在劳工市场中特定的领域也获得了更多的职业培训和工作机会。在安全司法部门，如禁毒总局、监狱、法院等，沙特女性已获得更多的晋升机会，2020年，沙特各司法部门工作的女性雇员人数已达1 814名，全国获得执照的女性律师人数从618增加至1 029，同比增长66%。④ 2021年9月1日，沙特首批女兵正式毕业，沙特总参谋长法耶兹·本·哈米德·鲁瓦利（Fayyad bin Hamed Al-Ruwaili）中将出席主持毕业式，见证这一历史性时刻。⑤ 同年，沙特女性第一次作为安保人员，在斋月期间承担起麦加大清真寺和麦地那先知清真寺的安保工作。在伊斯兰世界一年中最神圣的时刻，沙特女性和男性一样被赋予这一神圣的职务，具有特殊的意义，标志着沙特女性赋权

---

① "The Ministry of Education Celebrates the International Day of Women and Girls in Science," Ministry of Education, February 11, 2023, accessed June 17, 2023, https://www.moe.gov.sa/en/mediacenter/MOEnews/Pages/World-Day-of-Women-and-Girls.aspx.

② "Saudi Arabia Opens Military Recruitment to Women," *Arab News*, February 21, 2021, accessed June 17, 2023, https://www.arabnews.com/node/1812906/saudi-arabia.

③ *Vision 2030*, p. 39, https://www.vision2030.gov.sa/v2030/vrps/ntp/.

④ 《女性律师数量增长了66%》，《利雅得报》2021年2月17日，https://www.alriyadh.com/1870339，访问日期：2023年6月17日。

⑤ 《武装部队女干部培训中心首批学员结业》，《利雅得报》2021年9月1日，https://www.alriyadh.com/1904940，访问日期：2023年6月17日。

达到了新高度。①

在沙特政府赋权女性的过程中,人力资源开发基金(Human Resources Development Fund)积极参与,提供技术支持,针对女性工作中的需求设计和推广特定项目,支持其投身职场。在沙特女性还未获得自由驾车权利的时候,为解决女性工作通勤问题,人力资源开发基金于2017年推出乌苏尔项目(Wusool Program)。② 该项目与出租车公司合作,通过电子平台和手机应用向沙特女性提供安全可靠的出行服务,并给予相应补贴。2019年,人力资源开发基金推出另一项极受欢迎的项目——古拉项目(Qurrah Program)。该项目旨在通过提供儿童照顾服务的方式,支持沙特女性在职场进行工作。古拉已覆盖沙特所有地区,最多可帮每位妇女照顾两个孩子直至他们年满6岁进入小学。人力资源开发基金还与塔卡莫尔控股(Takamol Holdings)合作推出与古拉同名的手机程序Qurrah,该应用程序可以根据使用者所在的位置、儿童的年龄以及儿童的需要等条件,搜索到附近的儿童中心。

沙特女性不仅在工作中获得了更多机会和便利,在生活也获得了更多的权利和自由。2017年2月15—18日,在海滨城市吉达,沙特官方举办第一届动漫展,沙特妇女不仅可以脱下黑袍、摘下面纱以各种Cosplay的形象展示自己,甚至还可以和男性一同进入某些展厅,翻看漫画书和参加游戏视频展。同年9月26日,萨勒曼国王颁布国王令:"鉴于禁止女性驾车带来的负面影响和女性驾车的积极意义,经沙特高级乌莱玛委员会大多数成员讨论,我同意执行交通法中关于给予女性和男性颁发驾照的规定,并在30天内组建由内政部、财政部、劳工部和社会发展部高级官员组成的委员会,提出具体操作建议,使得女性驾车在2018年6月

---

① "Saudi Arabia Stations Women Police Officers in Its Holy Cities for First Time," *The National*, April 29, 2021, accessed June 17, 2023, https://www.thenationalnews.com/gulf/saudi-arabia/saudi-arabia-stations-women-police-officers-in-its-holy-cities-for-first-time-1.1213130.

② "100 000 Working Saudi Women Have Benefitted from Discount Travel Scheme since 2017," *Arab News*, September 29, 2021, https://www.arabnews.com/node/1937836/business-economy.

开始实施。"① 一个月后,沙特女性被允许进入利雅得、吉达和达曼的三个国家体育场观看现场体育赛事。② 2019 年,沙特政府颁布了一系列法令解除对女性的约束,其中包括:女性可以自主获得护照、进行旅行无须男性成员的许可;③ 女性可以报告新生儿的出生、家庭成员死亡以及结婚或离婚等家庭事务。④

四、结语:网络技术+2030 愿景的新契机

沙特政府在新冠疫情下被迫采取了线上教育,沙特女性在这种全新的教学方式下取得了令人瞩目的成绩,究其原因在于历史上沙特教育系统中长期存在的男女有别,以及萨勒曼父子对沙特青年的重视,在 2030 愿景改革过程中强调赋权女性。

沙特建国后确立了男女有别的教育体系。很长一段时间内,只有身着白袍的男性可以进入学校学习,身披黑纱的女性被排除在受教育的群体之外。在费萨尔国王等人的努力下,沙特女性教育于 20 世纪 60 年代国家现代化进程中后发起步,此后,沙特经历了 70 年代石油财富带来的经济繁荣、90 年代初海湾战争引发的社会大辩论和 21 世纪初"9·11"事件带来的国际压力,这引发沙特教育体系在变革中进一步发展完善。

但在沙特教育系统中依然存在男女之别。时至今日,沙特依然实行

---

① "Saudi King Issues Decree Allowing Women to Drive—State Media," *Arab News*, September 27, 2021, accessed June 17, 2023, https://www.arabnews.com/node/1167916/saudi-arabia.

② "Saudi Arabia to Allow Women into Sports Stadiums," *BBC News*, October 29, 2017, accessed June 17, 2023, https://www.bbc.com/news/world-middle-east-41798481.

③ Stephen Kalin, "Cleared for Takeoff: Saudi Women Start Exercising Their Newest Right," Reuters, August 22, 2019, accessed June 17, 2023, https://www.reuters.com/article/us-saudi-women/cleared-for-takeoff-saudi-women-start-exercising-their-newest-right-idUSKCN1VC1Xi.

④ Anas Al-Yusuf, "Saudi Women Can Obtain Passports without Male Guardians' Permission," *Saudi Gazette*, August 1, 2019, accessed June 17, 2023, http://saudigazette.com.sa/article/573746/SAUDi-ARABiA/Saudi-women-can-obtain-passports-without-male-guardians-permission.

严格的男女分校制度，女教师不得在男子学校任教，教授女学生的教师也必须是女性，如果缺乏合适的女教师，只能由男教师通过闭路电视或网络进行教学。在沙特高校中，视频授课被广泛使用，避免异性学生之间进行接触和交流。女学生们在隔壁教室，通过视频实时观看男教师和男学生在课堂中讲授、讨论的内容。如果女学生有问题，男教师可通过佩戴的耳机听到她的提问，与其沟通，再将问题向课堂上的男学生们进行复述。因此，严格男女隔离的教学制度使沙特女性早在疫情之前充分利用网络技术进行学习，熟悉了线上授课模式，最终在疫情期间的线上教学中表现更出色。

此外，与以往技术进步相比，网络技术能在沙特女性教育中取得如此显著的成果，更重要的是沙特萨勒曼父子大力推行改革，关注青年，重视赋权女性。"阿拉伯之春"对沙特产生了震动，2011年，穆罕默德·本·萨勒曼成立了米斯克基金会，旨在为沙特青年搭建一个供其成长发展的平台，提供了众多类型的培训项目和丰富多彩的活动，覆盖了沙特青年从中学到本科、研究生，再到离开校园进行创业的各个阶段，希望通过教育与创业、文化与艺术两大途径实现青年赋权。

萨勒曼父子执政后，将米斯克基金会对青年的关注延续到2030愿景之中。沙特政府持续关注和强调沙特青年的重要性，通过2030愿景全面深入的经济社会改革，把赋权青年上升到国家发展的高度。教育赋权是青年赋权的重要途径，沙特政府加大教育领域的投入，为沙特青年提供更全面、更优质的教育资源。其中特别强调对沙特青年女性的教育赋权，沙特教育部从奖学金、高校入学名额、教育科研平台等多个层面做出了一系列努力，直接帮助沙特女性在教育科研领域取得了显著的成绩。同时，以教育赋权为起点，沙特女性赋权延伸到工作和生活中的多个层面，取得了瞩目的进步；而沙特女性在工作和生活中赋权取得的权利和自由进一步推动她们争取更多教育赋权，逐步取得和沙特男性平等一致的教育资源，这形成了良性循环。

在沙特女性教育发展中，迅猛发展的网络技术成为其"新钻井"，2030愿景则为其勘探出了一片肥沃的"油田"。"网络技术+2030愿景"为沙特女性教育提供了新契机，并将其发展推到了一个新高度。同时应注意到，沙特女生学校数量、技术设备等硬件配置和教师数量与质量、教学模式等软件实力仍存在不足。同时，沙特女性教育发展还在受到一部分保守势力的抵制和阻碍。沙特女生在国际科学和工程大奖赛上的优异表现是一个良好的开端，未来要想在更多科学技术成果中看到沙特女性的身影，沙特政府还有很长的路要走。

驱散"幽灵":越南线上教育的网络欺凌治理

郭小语 池龙威[*]

互联网是打开新世界的钥匙,但对有些人来说,这把钥匙也打开了潘多拉魔盒。新冠疫情下,互联网是越南教育持续开展不可或缺的帮手,也是滋生网络欺凌"幽灵"的渊薮。网络欺凌是欺凌在数字时代的新形式,主要发生在社交媒体、通信平台、游戏平台等空间,旨在恐吓、激怒或羞辱他人。在数字化时代,网络欺凌这只"幽灵"在越南存在感凸显,也越来越受到关注和重视。2021年,联合国教科文组织和联合国儿童基金会联合调查了疫情对越南教育的影响。结果显示,线上教育提高了学生使用互联网的频率,也进一步增加了网络欺凌发生概率。[①] 网络欺凌绝非小事,它会危害青少年的心理健康,甚至增加青少年自残或自杀倾向。

一、转机:新冠疫情"助力"线上教育发展

新冠疫情中断了越南传统教育,但也为线上教育提供了难得的发展

---

[*] 郭小语,上海社会科学院国际问题研究所硕士研究生;池龙威,华东师范大学历史学系博士研究生,研究方向为越南教育与社会转型。

[①] "Viet Nam Case Study Situation Analysis of the Effect of and Response to COVID-19 in Asia," UNICEF, August 1st, 2021, accessed April 19, 2023, https://www.unicef.org/eap/media/9346/file/Sit%20An%20-%20Viet%20Nam%20case%20study.pdf.

机遇。在疫情大考中，越南表现优异。疫情发生后，越南全国63个省直辖市均开展在线教育。在东南亚地区中，越南在线教育普及率堪称典范。① 实际上，越南在疫情前已积累了庞大的在线学习群体，硬件设施较为完善，为疫情期间线上教育开展提供充分准备。

（一）越南线上教育的基础

首先，越南整体的网络和终端设备发展较为完备，为线上教育提供硬支撑。根据宽带速度测试公司Ookla发布的全球网络速度统计数据，2023年3月，越南移动网络速度为43.32Mbit/s，在全球排名第51；固定宽带网络速度为91.24Mbit/s，全球排名第40。② 根据越南通信传媒部2022年统计数据，越南固定宽带用户已达到2 100多万，③ 移动宽带订阅数为8 200多万。④ 总体而言，2021年，越南互联网用户占总人口比例已达到74%，高于63%的全球平均水平。⑤ 越南互联网等硬件设施的发展和普及，为开展线上教育提供了有力支撑。

其次，越南在线教育市场和学习群体已初具规模。越南第一家在线学习平台永学教育系统（HOCMAI）创建于2007年。时至今日，该网站已涵盖从小学到高中阶段的所有科目。在数字化浪潮推动下，越南在线教育网站和机构不断涌现。根据全球教育智库HolonIQ 2018年的调查，

---

① 谢莉珠、邹小勤、许劲：《新形势下越南在线教育实践及质量提升对策》，《产业与科技论坛》2021年第20卷第18期。
② "Vietnam Median Country Speeds March 2023," Speedtest Global Index, accessed April 19, 2023, https://www.speedtest.net/global-index/vietnam#market-analysis.
③ 《2022年固定宽带用户发展情况》，越南通信传媒部，https://vnta.gov.vn/thongke/Trang/dulieuthongke.aspx，访问日期：2023年4月19日。
④ 同上。
⑤ "Individuals Using the Internet (% of population)," The World Bank, accessed April 19, 2023, https://data.worldbank.org/indicator/IT.NET.USER.ZS.

越南在线教育投入资金与法国并列全球第四,仅次于中国、印度和美国。① 2019 年,越南两个在线学习平台"ViettelStudy 在线学习社交网"和永学教育系统分别获得东盟信息技术与通信奖的金奖和银奖。② 在线上教学市场日益扩大的同时,越南也逐渐积累了一批庞大的在线学习用户群体,营造了良好的在线学习氛围。永学教育系统于 2020 年已拥有超过 450 万的用户。③

最后,越南政府为在线教育保驾护航。越南政府重视数字化转型,并将教育视为优先领域之一。④ 教育培训部于 2015—2019 年连续五年发文,指导教师运用在线教学软件改进教学手段和学习方法。此外,教育培训部还多次和企业联合举办在线比赛以推动线上教育发展,例如 2009 年举办的"在线授课设计大赛"等。⑤ 越南教育培训部在企业和学校之间搭建桥梁,运用多方资源优势鼓励线上教育发展。正是越南较为完备的硬"基础设施"和软"在线教育意识"为疫情下开展线上教育创造了有利条件。

---

① 谢莉珠、邹小勤、许劲:《新形势下越南在线教育实践及质量提升对策》,《产业与科技论坛》2021 年第 20 卷第 18 期。
② 《越南两个在线学习产品荣获 2019 年东盟信息技术奖奖项》,越通社,2019 年 10 月 25 日,https://zh.vietnamplus.vn/%E8%B6%8A%E5%8D%97%E4%B8%A4%E4%B8%AA%E5%9C%A8%E7%BA%BF%E5%AD%A6%E4%B9%A0%E4%BA%A7%E5%93%81%E8%8D%A3%E8%8E%B72019%E5%B9%B4%E4%B8%9C%E7%9B%9F%E4%BF%A1%E6%81%AF%E6%8A%80%E6%9C%AF%E5%A5%96%E5%A5%96%E9%A1%B9/103880.vnp,访问日期:2023 年 6 月 13 日。
③ 《品牌故事》,永学教育系统,https://hocmai.edu.vn/cau-chuyen-thuong-hieu,访问日期:2023 年 4 月 19 日。
④ 2019 年 8 月,越南计划投资部公布了《第四次工业革命国家战略草案》,其中指出教育是其技术转型优先发展领域之一。参见《对外投资合作国别指南越南(2021 年版)》,商务部,2021 年,https://www.investgo.cn/upfiles/swbgbzn/2021/yuenan.pdf。
⑤ 谢莉珠、邹小勤、许劲:《新形势下越南在线教育实践及质量提升对策》,《产业与科技论坛》2021 年第 20 卷第 18 期。

（二）疫情下越南线上教育实施阶段

新冠疫情暴发之初，越南严格的防控措施使疫情在短时间内得到控制。此后，越南逐步转变疫情政策，在提高疫苗接种率的情况下"与病毒共存"。越南教育开展情况随疫情形势和政策变化而变化，一共经历了如下四个阶段。

第一阶段（2020年1—5月）：防疫严格，全国教育停摆。越南于2020年1月23日春节假期期间出现第一例新冠疫情病例。2月14日，越南教育与培训部发布公告延长春节假期，暂停全国所有学校活动。3月初，越南发现多例欧美输入病例，出现本土病例和聚集性感染。此后，越南政府提出"防疫如防敌"口号，加强入境限制，并从4月1日起在全国范围内实施为期15天的社会隔离。部分严重地区延长隔离期限至3周。在越南高强度疫情防控政策下，越南取得连续100天未报告本土确诊病例的防疫成绩，但教育行业在这段时间一直处于停摆状态。

第二阶段（2020年5—7月）：疫情好转，学校短暂开放。5月，越南疫情形势好转，各地学校陆续开学，采取线上线下结合的方式灵活教学。① 越南高中毕业考试一般在每年6月25—27日举行。受疫情影响，越南教学时间不足以支撑考试。因此，越南教育部将2020年春季学期调整为5月至7月15日，并将高考时间推迟至8月9—10日举行。

第三阶段（2020年7月至2021年4月）：严格防疫，灵活开展教学。2020年7月25日，越南岘港暴发第二波疫情。越南政府迅速响应，要求

---

① 《若新冠疫情仍处于高危状态 学生们将暂时不能返校上课》，越通社，2020年4月20日，https://zh.vietnamplus.vn/%E8%8B%A5%E6%96%B0%E5%86%A0%E8%82%BA%E7%82%8E%E7%96%AB%E6%83%85%E4%BB%8D%E5%A4%84%E4%BA%8E%E9%AB%98%E5%8D%B1%E7%8A%B6%E6%80%81-%E5%AD%A6%E7%94%9F%E4%BB%AC%E5%B0%86%E6%9A%82%E6%97%B6%E4%B8%8D%E8%83%BD%E8%BF%94%E6%A0%A1%E4%B8%8A%E8%AF%BE/112880.vnp，访问日期：2023年6月13日。

酒吧等非必要服务场所暂停营业，疫情很快得到控制。8月25日，越南教育培训部下发文件，规定幼儿园、小学、初中和高中等学生最早于9月1日开始上学，并于9月5日举行开学典礼。第一学期于1月16日之前结束，第二学期于5月25日之前结束。开学典礼和上课方式视各地区疫情情况以线上线下结合方式灵活开展。①

第四阶段（从2021年4月开始）："与病毒共存"，线上线下教学并行。从2021年4月27日至2022年1月18日，越南暴发第四波疫情。越南政府最初采取严厉措施，限制市民出行甚至实施宵禁，但疫情感染人数不减反增。在此情况下，越南政府将防疫政策转变为"与病毒共存"，全国教育也转变为线上线下并存模式。全国共有14个省市学校开展课堂教学模式，占22.22%；30个省市以课堂、在线和电视相结合模式开展教学工作，占47.61%；19个省市开展在线和电视教学模式，占30.15%。②2022年2月初，越南青少年人群第一剂新冠疫苗接种率达到90.1%，第二剂新冠疫苗接种率达72.4%。教职工第二剂新冠疫苗接种率为82%，已具备开放学校条件。③越南教育与培训部指示各教育单位采取灵活主动策略，实施线上和线下教育相结合，确保停课不停学。

在新冠疫情冲击下，越南线上教育展现出强劲潜力。根据《2021年越南教育技术报告》，越南跻身全球教育技术增速最快的10个市场之一，

---

① 《越南教育与培训部代表：若疫情形势仍复杂严峻　各所学校可举行在线开学典礼》，《越南人民军队报》，2020年8月17日，https://cn.qdnd.vn/cid-6157/7223/nid-575292.html，访问日期：2023年6月13日。

② 《越南教育与培训部：应重新安全地开放学校》，越通社，2022年1月19日，https://zh.vietnamplus.vn/%E8%B6%8A%E5%8D%97%E6%95%99%E8%82%B2%E5%9F%B9%E8%AE%AD%E9%83%A8%E5%8A%94%E9%87%8D%E6%96%B0%E5%AE%89%E5%85%A8%E5%9C%B0%E5%BC%80%E6%94%BE%E5%AD%A6%E6%A0%A1/157010.vnp，访问日期：2023年6月13日。

③ 同上。

到 2023 年越南在线教育市场规模可达 30 亿美元。① 然而，线上教育使互联网和电子设备成为必需品，也增加了网络欺凌事件发生的可能性。

二、危机：线上教育加剧网络欺凌现象

研究表明，经常使用互联网的学生，更容易遭受网络欺凌。② 疫情期间，几乎所有越南学生都需要使用互联网，这大大增加了网络欺凌的发生概率。2020 年，美国非营利组织数字智商研究所（Digital Intelligence Quotient Institute, DQI）启动项目，对 30 多个经济体的未成年人在线安全开展调查。其中，越南的安全系数仅为 12.7（满分 100），位列倒数第三。③ 据报道，仅 2021 年 5 月，越南全国儿童保护热线便接到 40 通有关网络欺凌的电话。④ 可见疫情下的越南网络安全情况并不乐观。线上教育期间，越南青少年最易遭遇的网络欺凌是性骚扰和课堂入侵。

线上教育成为网络性骚扰的温床。2020 年，联合国儿童基金会、国际刑警组织和国际终止童妓组织合作的"破坏性伤害研究项目"

---

① 《2023 年越南在线教育规模有望达 30 亿美元》，越通社，2022 年 4 月 11 日，https://zh.vietnamplus.vn/2023%E5%B9%B4%E8%B6%8A%E5%8D%97%E5%9C%A8%E7%BA%BF%E6%95%99%E8%82%B2%E8%A7%84%E6%A8%A1%E6%9C%89%E6%9C%9B%E8%BE%BE30%E4%BA%BF%E7%BE%8E%E5%85%83/162895.vnp，访问日期：2023 年 6 月 13 日。
② Salleh, N. H. M., et al., "A Perspective of Malaysian Marine Training Providers and Shipowners on Communication Issues Onboard Merchant Vessels," *International Journal of E-Navigation of Maritime Economy* 11 (2019): 33–43. 转引自 Lea, Q. T., "A Study of the Core Relationship between Cyberbullying and Coping of High-School Pupils in Vietnam," *International Journal of Innovation, Creativity and Change* 11, no. 3, 2020. 有趣的是，Lê QuôcTiên 引用的原文中并无此观点，且该团队来自马来西亚登嘉楼大学。
③ "2020 Child Online Safety Index," Digital Intelligence Quotient Institute, February 11, 2020, accessed September 8, 2023, https://www.dqinstitute.org/wp-content/uploads/2020/02/2020COSI Report.pdf.
④ 《为儿童提供数字技能以在网络空间中保护自己》，越南儿童保护网络组织，2021 年 7 月 14 日，https://vn-cop.vn/tin-tuc-su-kien/trang-bi-ky-nang-so-cho-tre-tu-bao-ve-tren-khong-gian-mang.html，访问日期：2023 年 4 月 19 日。

(Disrupting Harm Research Project),公布了2017—2020年越南等东南亚六国（柬埔寨、印度尼西亚、马来西亚、菲律宾、泰国、越南）和非洲七国（埃塞俄比亚、肯尼亚、莫桑比克、纳米比亚、南非、坦桑尼亚、乌干达）12—17岁互联网用户遭受网络暴力数据（见表1）。① 数据显示，2017—2020年越南未成年人遭受在线性骚扰数量总体呈上升态势。2017—2019年，在线性骚扰事件上升27%。到2020年，案件数量激增，高达84.4万件，与2017年相比上涨202%，与2019年相比上涨137%。② 此外，据越南全国儿童保护热线111接线员阮越勇（音）回忆，2020年9月，一个八年级女孩受网络陌生人诱导，每天发送私密照片和视频，陷入无止境的威胁圈套中难以摆脱。③ 类似的性骚扰事件不胜枚举。

表1 2017—2020年越南在线性骚扰情况

	2017年（件）	2018年（件）	2019年（件）	2020年（件）	2017—2018年变化率	2018—2019年变化率	2017—2019年变化率	2019—2020年变化率	2017—2020年变化率
越南	272 286	71 0037	379 555	843 963	29%	-1%	27%	137%	202%
全球	10 214 753	184 62 424	16 987 361	21 751 085	81%	-8%	66%	28%	113%
占比	2.67%	3.85%	2.23%	3.88%					

资料来源："Disrupting Harm in Vietnam," https://www.end-violence.org/sites/default/files/2022-08/DH_Viet%20Nam_ENG_ONLINE.pdf。

随着线上教育的开展，除了上述提到的在线性骚扰，网络欺凌又多了新的形式：课堂入侵或"网课爆破"。通常表现为入侵在线课堂，发送

---

① "Online Sexual Exploitation and Abuse: New Findings," Global Kids Online, June 1, 2022, accessed October 24, 2022, http://globalkidsonline.net/disrupting-harm-findings/.

② "Disrupting Harm in Vietnam," End Violence Against Children, August 3, 2022, accessed October 24, 2022, https://www.end-violence.org/sites/default/files/2022-08/DH_Viet%20Nam_ENG_ONLINE.pdf.

③ Phan Duong, "Online Child Abuse Spikes Amid Pandemic," Vietnam Express, October 29, 2021, accessed May 2, 2023, https://e.vnexpress.net/news/life/online-child-abuse-spikes-amid-pandemic-4377503.html.

不良文字、图片、视频，或发送大量消息以扰乱课堂秩序，侮辱学生、教师人格等。一位接受联合国儿童基金会采访的教师表示，在她通过Zoom平台上课期间，一些人入侵平台并上传淫秽色情图片，她对此无能为力。这严重影响了学生的心理健康和教学质量。造成这样的原因有很多，比如教师对平台功能不熟悉、在线课堂规范作用弱、平台和校方监管不到位等。

线上教育为网络欺凌"幽灵"提供了恣意妄为的平台，同时也拓展了其作乱方式。一方面，这只"幽灵"向本就处于弱势地位的未成年学生伸出黑手，成为心存歹念之人的凶器；另一方面，这只"幽灵"横行在互联网课堂上，极大程度地扰乱课堂秩序，成为线上教育开展的绊脚石。

三、答卷：越南治理线上教育的对策

数字化转型大潮流下，越南教育亟须驱散笼罩其改革的"幽灵"。如今，随着越南逐渐放开防疫政策，各大中小学陆续开学，网络欺凌也许有所缓解。但线上教育是越南数字化转型中不可或缺的一步。越南的教育工作者已经预感到线上线下相结合的学习方式将成为一种常态。① 越南通信传媒部长阮孟雄也表示，鼓励"50—50"的教育方式，50%时间线上，50%线下。但这还不够，他表示要进一步推动建立"100%线上的数字大学"，以独立于现有的大学集团。② 因此，网络欺凌是数字化时代下越南无法逃避的问题。

---

① "The Future of Education—Learning Beyond the Pandemic," Vietcetera, May 12, 2022, accessed May 2, 2023, https://vietcetera.vn/en/the-future-of-education-learning-beyond-the-pandemic.
② "Digital University to Plug Vietnam's Digital Skills Gap," Digital Workface, September 26, 2022, accessed May 2, 2023, https://www.cdotrends.com/story/17181/digital-university-plug-vietnams-digital-skills-gap?refresh=auto.

面对网络欺凌，越南民众已自发组织多种活动加以抵制。2021年10月，越南网络博主李秀雅（音）以青年领袖的身份，参加了联合国妇女署在越南举办的线上培训。在加深了对性别平等、网络安全和越南当前社交媒体环境的认识和理解后，李秀雅和她的朋友联手开发了一个社交媒体项目，以打击针对青少年的网络性暴力和网络欺凌，得到了联合国妇女署的技术支持。仅在2021年11月，他们的"HOPE"项目的视频、海报和其他媒体的转载量超过30万次。① 此外，各路专家纷纷建言献策，以期防患于未然。越南国家网络空间安全监测中心（National Cyber Security Centre）的专家便建议家长要对孩子使用互联网的情况进行监督，例如可以设置设备使用时长，审核浏览内容，过滤搜索信息等。② 这些应对措施的重心在于如何"防"，而非如何"治"。想要驱散网络欺凌这只"幽灵"，更重要的是国家层面的行动。

新冠疫情前，越南政府已有行动。早在2017年，越南就开通了111全国儿童保护热线，为遭受暴力的未成年人提供法律咨询和帮助。这在疫情期间发挥了重要作用。2017年6月起，越南《儿童法》（*Law on Children*）正式生效。其中规定禁止在互联网上生产、复制、发行、经营、传播任何不利于儿童健康发展的出版物或其他产品。③ 2019年1月，越南通过网络安全法，对保障儿童网络安全作出规定，即机构组织、教师、家长等相关责任人应确保儿童在使用互联网时不接触色情内容。④ 新冠疫情

---

① "Vietnamese Youth Organize Creative Projects to Advocate for a Safe and Equal Cyberspace," United Nations Viet Nam, August 11, 2022, accessed May 2, 2023, https://vietnam.un.org/en/194370-vietnamese-youth-organize-creative-projects-advocate-safe-and-equal-cyberspace.

② 《线上教育：保护网络空间中的儿童》，越南网，2021年11月9日，https://vietnamnet.vn/hoc-online-can-bao-ve-con-tre-tren-khong-gian-ao-790629.html，访问日期：2023年5月2日。

③ "Law on Children No. 102/2016/QH13," Socialist Republic of Viet Nam, April 5, 2016, accessed May 2, 2023, https://www.economica.vn/Content/files/LAW%20%26%20REG/102_2016_QH13%20Law%20on%20Children.pdf.

④ "Cyber Information Security Law No. 24/2018/QH14," Economica Vietnam, June 12, 2018, accessed May 2, 2023, https://www.economica.vn/Content/files/LAW%20%26%20REG/Law%20on%20Cyber%20Security%202018.pdf.

后，驱散"幽灵"加速升级。2020年，越南通过15/2020/ND-CP法令，针对在社交网络上发布、分享虚假信息、谣言、诽谤、侵犯个人名誉尊严、迷信、淫秽色情信息的行为，罚款1 000万—2 000万越南盾（约合人民币3 000—6 000元）。① 2021年2月，越南中北部河静市的4名未成年人擅自闯入线上课堂，干扰教学工作，公然侮辱教师，被认定违反15/2020/ND-CP法令，予以警告行政处罚。② 这一事件引发越南民众关注，《青年报》刊登时评文章《警告4名学生的新闻令人诧异：我的孩子在网上做什么》，表达对未成年人所处网络空间的忧虑，呼吁家长要时刻关注孩子的网络行为。③

2021年6月，越南总理签署了第830号决定，其中批准了"2021—2025年阶段保护和支持儿童在网络环境中进行健康良好且具有创新性的互动"计划。④ 这是越南首个儿童网络保护全国项目，旨在为儿童提供安全和健康的在线环境，帮助儿童合理利用数字机会。该方案明确规定了未来5年通信传媒部（Ministry of Information and Communications）、教育与培训部（Ministry of Education and Training）、劳动荣军社会部（Ministry of Labour, Invalids and Social Affairs）、公安部（Ministry of Public Security）等部门的职责和任务。例如，通信传媒部负责监督互联网服务商，定期审查互联网内容，制定保护儿童网络安全行为规范；教育与培训部负责培养儿童互联网技能，监控和过滤学生上网内容；等等。项目还提出许

---

① 《第15/2020/ND-CP号法令》，越南规范性法律文件数据库，2020年4月15日，https://vbpl.vn/TW/Pages/vbpq-van-ban-goc.aspx?dvid=13&ItemID=140561，访问日期：2023年5月2日。

② 黎明：《对4名非法干扰网络课堂的学生予以警告》，《越南青年报》2021年2月11日，https://tuoitre.vn/canh-cao-4-hoc-sinh-xam-nhap-trai-phep-vao-lop-hoc-truc-tuyen-de-gay-nhieu-quay-roi-20211102151605233.htm，访问日期：2023年5月2日。

③ 阮清：《警告4名学生的新闻令人诧异：我的孩子在网上做什么》，《越南青年报》2021年2月11日，https://tuoitre.vn/dong-tin-canh-cao-4-hoc-sinh-khien-nguoi-lon-giat-minh-con-minh-lam-gi-tren-mang-20211104194703806.htm，访问日期：2023年5月2日。

④ 《越南颁布保护儿童在网络环境中健康成长的国家计划》，越南友好组织联合会论坛，2021年6月3日，https://shidai.thoidai.com.vn/detail-article-33809.html，访问日期：2023年9月8日。

多具体的解决方案，如应用人工智能和大数据，以自动收集、分析预警、过滤网络违法不良内容，并开展"拯救和保护网络环境中的儿童"活动，搭建相关网站，旨在提高公众对网络欺凌的认识，分享网络环境下的未成年人保护经验，及时接收、转接未成年人反映的网络欺凌问题。① 在各部门的合力下，越南政府编织保护网，保护儿童免受互联网上的暴力、剥削和虐待。② 2022 年 6 月，越南总理范明政颁布有关加强校园文化建设工作的第八号指示，将防治校园霸凌和网络欺凌视为核心任务之一。③

四、越南线上教育"驱魔"之策仍有升级空间

如前所述，越南为解决网络欺凌问题，已然采取诸多措施。这些措施为越南驱散网络欺凌"幽灵"提供了"硬实力"保障。即便如此，"幽灵"仍在线上教育实践中频繁出没。

在驱散"网络欺凌"幽灵方面，法律法规恐难有"万全之策"。这是因为现实生活远比法律法规复杂，法律条文很可能挂一漏万。正如越南国会文化教育、青少年与儿童委员会副主任范必胜接受采访时所言："当前的法律条例只是一个参考标准，无法涵盖所有犯罪情况，这是管理

---

① 《"2021—2025 年阶段保护和支持儿童在网络环境中进行健康良好且具有创新性的互动"计划获得批准》，越南儿童保护网络组织，2021 年 6 月 2 日，https://vn-cop.vn/tin-tuc-su-kien/lan-dau-viet-nam-co-chuong-trinh-cap-quoc-gia-rieng-ve-bao-ve-tre-em-tren-mang.html，访问日期：2023 年 5 月 2 日。

② Viet Nam., *Decision 830/QD-TTg 2021 Program on Support for Children in the Cyber Environment 2021-2025*, June 1, 2021.

③ 《加大力度防治校园暴力与欺凌》，越通社，2022 年 6 月 2 日，https://zh.vietnamplus.vn/%E5%8A%A0%E5%A4%A7%E5%8A%9B%E5%BA%A6%E9%98%B2%E6%B2%BB%E6%A0%A1%E5%9B%AD%E6%9A%B4%E5%8A%9B%E4%B8%8E%E6%AC%BA%E5%87%8C/166469.vnp，访问日期：2023 年 9 月 8 日。

网络事务的一大挑战。"① 在互联网时代，网络欺凌的渠道层出不穷，可能是常见的社交平台、视频网站、通信软件，也可能是较少人关注的 AirDrop（隔空投送）、蓝牙，以及在线课堂，总会存在法律死角。此外，网络还具有匿名性，施暴者可能来自世界各个角落。而像 Zoom 这类不需要登录的在线课堂，参会用户可能无法被追踪、查明，这便提高了执法难度。在上文提到的"网课爆破"案例中，作为在线课堂的 Zoom 平台没有实名要求，陌生人得以进入课堂恣意妄为，而不担心身份被人察觉。对此，越南国会文化教育、青少年与儿童委员会副主任阮氏梅花也承认当前立法存在不足，表示随着电信和通信信息技术的飞速发展，为了在网络环境中保护青少年，必须不断调整、更新法律的文本内容，以解决实践中产生的新问题。②

打铁还需自身硬。除了法律上的漏洞，青少年的行为和心理也应得到重视。青少年人好奇心和适应性强，喜欢探索和尝试新的事物。在缺乏鉴别能力的前提下，青少年很可能接触到危害身心健康的内容，成为网络欺凌的受害者。疫情期间，便有很多越南青少年，因为上网时间激增，接触到很多色情、暴力的东西。例如《青年报》就表达过对青少年在疫情期间浏览 TikTok 的担忧，认为 TikTok 平台上充斥着大量具有性暗示意味的擦边视频，不利于青少年的身心健康。③ 此外，多数青少年未形成独立思考问题、解决问题的能力。当网络欺凌发生时，出于恐惧和羞愧心理，他们往往选择忍气吞声，成为"沉默的受害者"。联合国儿童基

---

① "Vietnamese Children Need Safer Environment in Cyberspace," Vietnamnet, July 7, 2021, accessed May 2, 2023, https://vietnamnet.vn/en/vietnamese-children-need-safer-environment-in-cyberspace-753770.html.
② 《〈互联网环境儿童保护计划〉研讨会顺利召开》，越南儿童保护网络组织，2023 年 4 月 28 日，https://vn-cop.vn/tin-tuc-su-kien/toa-dam-hoan-thien-phap-luat-ve-bao-ve-tre-em-tren-moi-truong-mang.html，访问日期：2023 年 5 月 3 日。
③ 《TikTok 引发担忧：快节奏高风险》，《越南青年报》2021 年 11 月 4 日，https://tuoitre.vn/tiktok-qua-nhanh-qua-nguy-hiem-ky-1-nhung-noi-lo-mang-ten-tiktok-20211104094544296.htm，访问日期：2023 年 5 月 3 日。

金会等国际组织在相关研究报告中也提及，现有数据可能只是冰山一角，在现实生活中，也许还有更多网络欺凌事件，它们隐藏在未成年人难以启齿的羞愧心理背后，不为我们所知。沉默很可能助长网络欺凌的气焰，引发二次乃至多次欺凌，进而危及青少年心理健康。因此，家长要向孩子传授互联网安全知识，传输正确的价值观念，让孩子提高心理素质，养成良好的上网习惯，防患于未然。同时还要在力所能及的范围内对孩子的日常行为多加关注，及时察觉到孩子的反常举动。在孩子遇到欺凌时要成为倾听者和解决者，不要一味埋怨指责而导致二次伤害。

当然，学校也应在"驱魔"上有所作为。在越南乃至世界各国的案例中，欺凌者之所以能顺利入侵在线课堂，很大一部分原因是教师不熟悉在线平台的相关操作，比如设置入会密码、设置屏幕分享以及发言权限等。事实上，早在疫情初期，越南政府就意识到学校的作用，在2020年4月发布的"1247/BGDDT-GDCTHSSV"公告中，越南教育与培训部便强调各高校应当组织宣传和培训，以普及使用互联网和社交网络的知识和技能，确保开展线上教育的网络安全。① 不过，此后的种种案例表明，并非所有学校都能做到这一点。未来随着越南防疫政策逐渐放开，线上教育的频率也许会减少，但绝不会消失。学校方面应以当前的案例为戒，切实开展针对教职工的专项培训，使后者掌握线上教育平台的相关技能，从而防范潜在的网络欺凌。此外，对于已经遭受网络欺凌的学生，学校要建立健全心理辅导机制，让受害者尽早远离负面情绪的旋涡。

"互联网是有记忆的。"这是我们在数字时代经常听到的一句话。诚然，互联网保存了太多记忆，挥之不去。对有些受害者来说，这些记忆同样深深刻在他们心里，留下不可磨灭的伤痕。在前述研究中，不少孩子将网络欺凌归因于己，有的还因此患上抑郁症等心理疾病。网络欺凌

---

① 《关于加强学生网络安全的公告》，越南法律图书馆，2020年4月13日，https://thuvienphapluat.vn/cong-van/Cong-nghe-thong-tin/Cong-van-1247-BGDDT-GDCTHSSV-2020-an-toan-cho-tre-mam-non-trong-hoc-tap-qua-Internet-439748.aspx，访问日期：2023年5月3日。

给未成年人带来的创伤，不应被忽视。因此，为进一步提高驱散"幽灵"的成效，越南政府应增加法律法规的操作性，为孩子们披上"硬盔甲"，还要加大互联网知识普及和网络欺凌的宣传，建立健全学校和社会的心理辅导机制，为孩子们穿上"软盔甲"。这样既可以铲除"幽灵"滋生的土壤，为"失语者"提供发声、求助的渠道，又能让那些沉默的受害者知道，他们并没有错。

越南案例只是疫情时代的一个缩影，在线上教育普及的当下，各国因网络欺凌轻生的人，不乏其例。他们用鲜活的生命告诉我们，关注网络欺凌问题刻不容缓。相信随着各国采取更多有效措施，让网络欺凌这只"幽灵"再也不能肆意狂欢，再也不能剥夺每一朵鲜花绽放的权利。

缅甸数字教育创业者冲浪记

上官雯静[*]

"自从学校因为COVID-19关闭后，我就再也没去过了……当我想到我的未来时，我很不开心。我想学英语，我想在学校学其他东西，我想见见我的朋友和教师，好久没有机会见到他们了。"这是救助儿童会于2022年4月记录下的一个14岁缅甸女孩的心声。受新冠疫情的影响，无数个像这样的缅甸孩子面临着"无学可上"的困境。缅甸各大中小学于2020年3月16日起停课，学校关闭时长超过41周，上千万名学生的教育受到影响。[①] 缅甸学生迫切地需要"网课"来帮助他们摆脱窘境。此时，与管理模式陈旧、行动迟缓的政府相比，缅甸民间数字教育平台的力量显现了出来。在通信技术水平落后、政局突变等重重困难下，缅甸数字教育创业者们正努力带来积极的改变。

一、"希望渺茫"：缅甸学生苦教育久矣

根据经济发展与合作组织（OECD）给出的世界受教育程度排行，缅

---

[*] 上官雯静，北京外国语大学亚洲学院缅甸语专业本科生，研究方向为缅甸教育。
[①] "ASEAN Summit without Myanmar Leader Significant, but Not Enough," Reuters, October 20, 2021, accessed October 18, 2022, https://www.reuters.com/world/asia-pacific/asean-summit-without-myanmar-leader-significant-not-enough-us-.

甸位于受教育程度最低的十个国家之列。但在缅甸独立之初,它拥有着东南亚最好的教育水平。过去,缅甸有着"寺院即学校"的传统,缅甸僧侣于20世纪60年代开始筹办新式寺院学校,专注于孤儿和贫困家庭小孩的世俗教育。在缅甸佛教鼎盛时期,出现了一村一寺的盛况。彼时的寺院,承担了地方基础教育机构的功能。寺院学校的普及使得缅甸的识字率居亚洲之首。1931年,寺院学校在一定程度上衰落,但缅甸人识字率依然很高,5岁以上的识字男性占男性总人数的56%,识字女性占女性总人数的16.5%,几乎是印度同期识字率的4倍。但随着殖民入侵、现代国家对社会的操控,缅甸"寺院即学校"的传统逐渐被打破,世俗教育兴起、寺院学校衰弱,贫困家庭的学生与优质教育渐行渐远。①

从20世纪50年代起,缅甸当局为了摆脱一切被殖民时期的产物,做出了全面停止英语教育的决定。然而,这一政策忽略了当时缅甸语普及率低下这一国情,对于来自偏远地区的非缅族人民来说,只能用缅甸语学习和考试无异于断绝了他们升学和入职的道路,这对缅甸的教育水平造成了不可逆转的伤害,更造成了社会的割裂。教育制度落后和教育不公的问题也就这样一直存续在缅甸社会上,迟迟未被解决。缅甸公立学校入学考试的合格率也是急转直下,1952年,其入学合格率为19%,1957年便下降到了6%。发生在1988年的大规模民众运动,更是让缅甸军政府曾连续3年关闭所有大学,并在这3年内对包括大学教师在内的公务员进行系统的清洗,这对缅甸的公立教育又是一大重创。

缅甸的富裕家庭会选择让孩子就读私立寄宿学校,然后出国留学,他们能享受到优越的教学条件和师资力量。但是这高昂的花费根本不是普通家庭所能承受的。对于缅甸贫困家庭的学生来说,只能选择接受现有的公立教育,在持续的动荡与不安中求学,把全部希望寄托于高考。然而,由于公立学校基础教育设施不足,大部分学生必须额外购买学习

---

① 何海狮:《缅甸寺院学校的历史与现状》,《青海民族大学学报(社会科学版)》2019年第45卷第3期,第1页。

资料，报私人学校补习才更有可能通过高考，这更是加剧了缅甸教育体系中原本就存在的阶级性和不平等问题。

在2021年前的民盟执政期间，由于一系列的教育改革，缅甸的入学率和高考报考率每年增长。缅甸人民也期待着，民盟能对教育结构和教育体制进行进一步的优化，但疫情和政局突变再次粉碎了他们的希望。由于紧张局势的升级，从2021年5月到2022年4月，缅甸至少发生了260起袭击学校的事件，许多教师和学生已不敢返回教室（见图1）。[①] 被军方任命为教育部长的纽裴（Nyunt Pe）博士曾说，2022年6月，（因疫情关闭的）学校重新开放时，全国1 200万学生中有500万学生没有返回

图1　2021年6月1日，位于缅甸仰光的一所高中大门紧闭

资料来源："Schools to Remain Closed until End of October," Mizzima, October 25, 2021, accessed October 5, 2022, https://mizzima.com/article/schools-remain-closed-until-end-october。

[①] "Myanmar: Number of Children Out of School More than Doubles in Two Years," Save the Children, June 1, 2022, accessed October 17, 2022, https://reliefweb.int/report/myanmar/myanmar-number-children-out-school-more-doubles-two-years.

课堂，缅甸部分地区的入学率在两年内下降了80%。生活在最贫困、最偏远地方的缅甸学生受到的影响更大。

二、"无学可上"：数字教育创业者的顺势而为

2023年3月8日，为期近两周的缅甸高考正式开考（见图2）。这是缅甸教育部举行的最后一届旧教材高考，但同时缺考人数达到了17 992人。政局突变与持续的疫情，成为导致缺考考生大幅增加的主要原因。这样的双重打击给缅甸带来的风暴不断冲击着缅甸的未来。

图2 2022年7月18日，超过13万缅甸学生通过高考升学，录取率为46.88%

资料来源："Over 132 000 Students Pass University Entrance Exam in Myanmar; Covid-19 Pandemic Well under Control," The Star, June 18, 2022, accessed October 18, 2022, https://www.thestar.com.my/aseanplus/aseanplus-news/2022/06/18/over-132000-students-pass-university-entrance-exam-in-myanmar-covid-19-pandemic-well-under-control。

缅甸的高等教育属于精英教育，大学入学率较低。每年有成千上万名缅甸学生参加高考，这也是缅甸普通家庭"寒门出贵子"改变命运的宝贵机会。① 和中国类似，缅甸学生面临巨大的高考压力。学生们为了备战高考，多年来在应试的苦海中挣扎。然而新冠疫情暴发后，一些开展过网课的学校也因实施效果不佳完全暂停了线上教学。如果学校持续关闭，学生长期无法接受教育，有数百万儿童可能会丧失学习的权利，导致他们小小年纪就被迫结婚，或成为童工。雪上加霜的是，缅甸军方主导的教育部门规定，2023 年是缅甸最后一次进行十年制高考，从 2024 年开始将全面推行新的高考系统，使用新教材。这对于许多 2021 年辍学的学生来说，错过 2023 年的高考，意味着他们将不会再有补考机会。"无学可上""无路可走"的缅甸学生们对于复课的需求十分迫切，这就为缅甸新兴的数字教育平台提供了大量的市场。一些有想法的数字教育创业者也就此看到机会，希望在实现公司成长的同时，帮助到处于"空窗期"的缅甸学生。

三、断网缺钱：数字教育创业困难重重

特殊历史时期，大量学生"无学可上"的境况使缅甸的数字教育迎来了新机会，但仍有几座大山需要创业者们去攀登。首先，缅甸的基础设施建设十分不完善，网络普及率很低，截至 2022 年 11 月，缅甸互联网普及率仅为 45.9%，是东南亚国家中最低的。② 而且缅甸 70% 的人口住在

---

① Stephanie Pearl Li, "Edtech Startups Want to Reform Education in Myanmar, but Systemic Challenges Hinder Mass Adoption," KrASIA, January 6, 2021, accessed October 15, 2022, https://letschuhai.com/edtech-startups-want-to-reform-education-in-myanmar-but-systemic-challenges-hinder-mass-adoption.

② 深知元商标：《开拓东南亚市场如何选择合适的东南亚国家，东南亚国家商标如何注册》，网易新闻，2022 年 11 月 3 日，https://3g.163.com/dy/article/HL9DSD6S0539BCJJ.html，访问日期：2022 年 11 月 17 日。

农村，25%的人口处于贫困状态。在很多偏远地区，许多孩子并不熟悉如何使用网络，窘迫的经济条件更是让他们难以负担上网的成本。此外，电力短缺是缅甸常见的现象，截至2020年底，缅甸仅实现全国50%家庭供电，全国范围内仍有超过2.7万个村庄未实现通电。① 在2021年2月以后，由于天然气供应问题，停电对于缅甸民众来说已是家常便饭，缅甸大部分城市都经历过不规则的停电。在缅甸掸邦南部东枝市内的小镇中，情况更是严重，每天供电时间仅有8小时，居民们的日常生活被严重影响，更不用说上网课了。线上教学在缅甸的开展可谓困难重重。

还有很关键的一点，与其他东南亚国家相比，缅甸政府对教育的重视程度和投入较低，创业者们很难得到政府的有力支持。缅甸的教育经费投入严重不足，据世界银行统计，2018—2019财年，缅甸只有10.6%的财政支出划拨到了教育部门，而同期印度尼西亚和马来西亚的教育支出均占财政总支出的20%以上，泰国占比为19.1%，越南为18.5%。② 新冠疫情暴发之后，缅甸经济遭受重创，政府对教育的投入持续缩减，缅甸的教育境况更是雪上加霜。面临着内外交困局面的缅甸军政府难以顾及教育工作的开展，这样复杂的政治形势更是让国际投资者对缅甸数字教育市场望而却步，缅甸的数字教育创业者们只能依靠自己的力量。

四、无远弗届：数字教育创业者的逆流而上

近几年，缅甸涌现出了几家试图改善该国教育体系的数字教育平台。这些平台的创业者们为年轻人提供英语、职业教育等内容的线上课程，

---

① 蔡译萱：《缅甸：缺电、电价看涨，跨境电网合作提速》，南方能源观察，2022年7月13日，https://www.investgo.cn/article/gb/fxbg/202207/615673.html，访问日期：2022年10月13日。

② UNESCO Institute for Statistics (UIS), "Government Expenditure on Education, Total (% of Government Expenditure)," THE WORLD BANK, October 24, 2022, accessed September 15, 2022, https://data.worldbank.org/indicator/SE.XPD.TOTL.GB.ZS.

助力他们升学和就业。同时他们也克服重重困难，努力使来自偏远地区的缅甸学生享受到这样的优质资源。疫情期间，他们在缅甸学生的居家学习中起到了至关重要的作用。

海拉海拉赢（Hla Hla Win）和颜敏昂（Yan Min Aung）这对夫妇就是 360ed 数字教育平台的创业者，这个夫妻团队从美国硅谷的 NASA 研究园（世界级的研发、教育园区）开发程序，2016 年在缅甸成立自己的数字教育公司。从此，为缅甸的国民教育带来可扩展性的、指数级的影响。这家公司创立的初心和企业行为都充满着人为关怀。海拉海拉赢是一位毕业于哈佛大学的教育家与社会企业家。小时候，由于阅读障碍和多动症，她在传统的学校教育体系中未能顺利成长。但她的母亲一直相信她，用各种各样的方式和工具激发她的好奇心与对学习的热爱。海拉海拉赢最终获得了哈佛大学的全额奖学金，攻读硕士学位，这段成长经历激励着她开启成为社会企业家的旅程，继续用爱与温暖鼓舞他人。

海拉海拉赢非常关心农村教育。她在一篇有关农村教育的文章中写道，农村教育能直接影响到农村收入，影响到地球上 90 亿农村人口的前景。因此，需要有高水平的农业人才和教育人才留在农村地区。但由于缅甸农村地区各种资源匮乏、就业岗位少，许多父母已带着孩子移居到城市去寻求更好的教育资源，造成了永久性的农村人才流失。想改善农村教育的状况，急需变革性的解决方案。

在全社会鼓励创造性教育、自主学习的今天，海拉海拉赢发现农村教育面临的最大问题就是，缺乏训练有素的专业教师。她带领团队着手在缅甸寻找解决这一问题的办法。最终，她提出了利用数字软件进行教学的实践方案，他们团队提供围绕传统教科书构建的低成本工具，并将其与使用移动网络的低成本智能手机进行匹配。这样，无需一流的教师团队，农村学生们可以凭借着智能的学习软件随时随地接受高质量的教育、进行互动式的学习。①

海拉海拉赢不仅是一名企业家,还是一位慈爱的母亲。她曾说,"我希望我们的后代不论在哪里,都能获得高质量的学习资源"。她的想法也得到了丈夫颜敏昂的支持,他们热衷于使用最新技术来改善各个地区的教育状况,无论是缅甸最富裕的地区还是资源最匮乏的地区。同时,也为他们的女儿树立敬业、有责任心的榜样,让女儿知道如何成为一个优秀、成熟的变革领导者。

颜敏昂的职业是环境和土地政策顾问,但他同时也是一名科学家。颜敏昂负责把控产品开发流程和整体运营情况,包括协调创意团队、UX设计师、后端开发人员、课程设计师和教育心理学家等人才的管理。他凭借着作为多个国家、组织和公共办公室的顾问的经历,意识到自上而下的政策变革并不总是最有效的管理策略。有时,市场、技术和行为上的改变可以在系统层面产生巨大的变化。

除了人文关怀,他们的产品也拥有着独特的技术优势。首先,应用程序的运行无须依赖互联网,在手机或者平板电脑上下载后即可正常使用,这得以让那些生活在Wi-Fi信号弱的农村地区,或是因政局突变前往难民营避难的孩子们能够持续接受教育。此外,该团队还使用虚拟现实(VR)相机捕捉最佳的师生互动,为教师专门构建教育内容数字图书馆。该解决方案克服了缅甸教师培训中最大的困难——课堂观察、辅导、专家指导的缺失。海拉海拉赢还积极创建奖学金项目,为偏远地区的学生提供更多的经费支持。当然,这个创业团队所做的远远不止这些。

在如今的缅甸,英语的学科地位非常高,英语成绩好的学生往往会有更加广阔的前景。而在缅甸的教育现状下,由于教育资源受限,很多孩子很难获得正规的英文教育。而这个创业团队已为420万名小学生提供免费的英语学习软件,一定程度上缓解了缅甸英语教育的困境。此外,

---

① Hla Hla Win, "International Institute of Rural Reconstruction," accessed May 21, 2023, https://iirr.org/rethinking-rural-education/.

他们还为缅甸中小学生提供着物理、化学等科目的线上辅导。在新冠疫情这样的特殊背景下，他们的影响正持续加大。

2021年，海拉海拉赢获得了哈佛肯尼迪学院颁发的数字创新奖。该奖项于2018年设立，旨在表彰通过使用技术解决复杂问题并创造积极变化的校友。此外，她还曾获得施瓦布基金会授予的年度社会企业家奖、《日经亚洲》颁发的卓越奖、威廉佩恩大学颁发的新兴青年领袖奖、联合国教科文组织颁发的全球十大科技创新奖。① 由此，我们也可以看到这对创业者夫妇的广泛影响力和社会认可度，他们用实际行动为缅甸的数字教育带来了重大突破。

五、优化教学方法和体验：数字教育创业者的开拓创新

学生时期的海拉海拉赢，曾挣扎于缅甸陈旧、僵化的教育体系。如今，缅甸的教学方法依旧落后，教育水平远远低于世界平均标准。为了改善这一现状，海拉海拉赢计划使用虚拟现实（VR）、增强现实（AR）和智能手机技术来为缅甸学生引进多元的学习方法，带来全新的学习体验。由于无法让教师飞到全球各地学习现代教学理论，海拉海拉赢的团队使用360°相机来拍摄国外经验丰富的教师的课堂，只需要一副VR眼镜，就能将教师和学生运送到他们想去的任何地方——包括太空或深海，让缅甸师生看到更广阔的世界。

到目前为止，缅甸50万名教师中有超过5 000名教师有机会运用这项技术。

例如，借助360ed的沉浸式镜头，教师可以自由参观芬兰、日本的

---

① "We're Not Just Award-winning App Developers. We're Parents and Teachers Too," 360ed, accessed October 2, 2023, https://www.360ed.org/about-us/.

教室和课堂。海拉海拉赢说道："我想向他们展示课堂是可以互动的。"她还指出，在此之前，缅甸的课堂一直是一成不变的，连教科书都是黑白的。

但是现在，新技术允许彩色教学。学生可以通过智能手机扫描页面来显示引人入胜的2D、3D模型。海拉海拉赢解释说，这会鼓励他们阅读更多内容，并且可视化信息有助于他们更好地理解和记忆。与此同时，海拉海拉赢的团队正大力推广一款STEM（科学、技术、工程和数学教育）学习互动产品，孩子只需动动手指，就能在电子设备上体验到化学实验室里做实验、维修电路等场景。还能在词汇生成器等各种互动练习小游戏中练习发音、锻炼语言表达能力、扩大词汇量、增强记忆力。良好的显示效果，能持续激发他们学习的兴趣与好奇心。此外，该产品在任何地方都能使用，包括网络信号差的地区，完全不需要额外的工具、材料或特殊设备进行连接，非常适合学生们在家或在旅途中随时随地进行学习。该产品还能及时地提供深入的学习反馈，便于家长关注孩子的学习状态。

六、打造家庭学习新生态：数字教育创业者播种希望

疫情期间，"家"变成了缅甸学生重要的学习场所。数字教育创业者们积极采取行动，努力为缅甸学生创造更好的家庭学习条件。天玛玛特（Tin Ma Ma Htet）是一名曾获得澳大利亚政府奖学金的小学教育专家，她创建了Saya基金会，旨在为教育工作者和学校提供技术支持和指导。借助Saya基金会的力量，天玛玛特于2020年4月启动了第一个"在家学习"计划。她的团队持续发布"在家学习"系列视频课程，所有缅甸学生及其家人都可以加入该计划，孩子们得到了接受在线教育的机会。

天玛玛特团队推出的第一个在线课程就深受小学家长的喜爱，这使

得他们开发了另外三个项目。为了打造家庭学习新生态，Saya 基金会的团队成员联合来自各个地区的志愿者教师，为小学生准备了丰富的短视频课程。该课程还为家长提供了根据孩子的年龄和学习阶段进行调整的指导方针。该团队每个工作日都会在 Facebook 上发布两三条视频。这些学习视频的一个重要特点是，家长可以轻松地使用视频在家里教孩子，每节视频课都要求孩子及其家长提交一份作业来复盘孩子的所学知识。

天玛玛特自豪地对公众说："家庭学习计划惠及了很多来自缅甸全国各地的儿童和家长。"截至 2021 年 1 月，已有 699 名缅甸儿童参加了视频课程，其中有 499 人获得了结课证书。

为了进一步完成普及教育的使命，天玛玛特和她的团队推出了"在家学习奖"，以鼓励家庭学习的忠实支持者和实践者。例如，认真负责的父母和教师将获得"超级 Phay Phay（爸爸）""超级 May May（妈妈）"和"超级导师"奖。为那些无法使用互联网、手机进行视频课程学习的儿童提供帮助的人，将有资格获得"学习大使"奖。目前，天玛玛特的团队在克耶邦、伊洛瓦底、塔宁塔里和实皆地区都设有学习大使，学习大使们为那里的儿童带去教材和故事书，并尽力帮助他们利用网络进行学习。

除了开展"家庭学习"在线项目，天玛玛特还在新冠疫情大流行期间，为在家进行儿童教育的父母，以及对教学感兴趣但未参加教师培训的人提供"教学基金会"在线课程。每周六，她都会分享有关教学、教育或育儿的帖子，并以每月一次的频率，在 Facebook 上主持与一位或一组专家的现场讨论。在她与学生、家长、学校和教育工作者的合作中，天玛玛特致力于创造和分享无障碍的教育资源。她曾说道："我对未来的愿景是让缅甸儿童能够获得优质的教育资源。这包括确保教育资源对所有儿童都是包容的，比如来自不同种族背景、宗教信仰的缅甸儿童。"

七、成就更高价值的人生：数字教育创业者的信念

缅甸还有一些专注于其他领域的数字教育机构，例如 K12、MYEO、Helvetas 这样的成人培训平台，他们致力于让缅甸的职业教育数字化。缅甸有近四分之一的人口是 15—29 岁的年轻人，由于新冠疫情和不景气的经济状况，他们的失业率一度飙升至 8%。于是，数字教育创业者们开始致力于为缺乏职业培训的年轻毕业生们提供有偿的线上培训，教他们数据处理、运用领导力、简历书写和求职面试等方面的技能，并指导他们正确地使用一些在线学习平台，取得了显著的效果。

例如，有些创业者建立了以社会影响为导向的教育科技组织。这类组织在互联网上粉丝数量庞大，他们为缅甸的年轻人们提供着许多机会，包括但不限于线上实习、线上志愿活动、交换学习活动的资源和各种比赛信息，并为表现出色的学生提供奖学金，学生们还能在平台上选择免费的常春藤在线课程进行学习。

自新冠疫情暴发以来，Telegram（电报）这个社交软件在年轻人中流行起来。为了方便缅甸年轻人们使用 Telegram，一些创业者还在自己团队的平台官网上给出了详细的注册、操作教程，为处于封控中的缅甸年轻人提供了更多的娱乐方式和与外界交流的渠道。

Helvetas 是一所在世界范围内推广数字培训项目的公司。Helvetas Myanmar 的创业者希望通过自己的努力和创新，来确保低收入家庭的儿童和年轻人能够获得高质量的教育。他们的收费标准很低，并且，在学员没有找到稳定的工作或者未能通过创业获得可观的收入前，无须支付全额的学费。他们提倡一种将数字学习和实践学习相结合的学习方法。他们引导学习者先在线学习理论基础知识，然后再在小型企业中将知识付诸实践。他们提供的数字课程包括动画、视频、测验和游戏等多种元

素，这些互动元素根据用户的学习需求量身定做，能调动年轻人的学习积极性。并且由于该项目区的缅甸年轻人的识字率较低，因此他们的课程使用了大量数字动画效果。有调查显示，女性尤其喜欢数字课程，因为这让她们能不受时间和地点的限制进行学习，按照自己的节奏灵活地获取知识，在学习的同时又能兼顾家庭。

凯维伦（Khaing Wai Lwin）就是一个被缅甸数字教育创业者改变命运的农村女孩。在中学阶段，因为她的家庭无法负担学费，只得被迫放弃学业，凭借在农业部门当日工来养家糊口。直到她听说某个数字教育机构能免费提供就业技能职业培训，她抓住了机会，接受了摩托车机械师的培训，并在该机构学习了会计、创业和沟通等数字技能课程。最终，她创立了一个摩托车工厂，实现了自己的人生价值。

MYEO成人教育培训平台的战略总监杜特拉（Dutra）曾在采访中表示，虽然缅甸的在线教育产品在资本市场表现平平，但他仍对其抱有乐观的看法，"未来，缅甸的在线教育产品将更加细化。虽然现在，我们的大多数服务都针对有一定购买力的城市居民，但在未来两三年，市场将会提供更多产品给希望提高或者重新学习某门技能的中年人、老年人或大学生。缅甸的在线教育将会探索出一套最适合本国的服务模式"。[①]

至此，我们已经看到，在疫情时代下，缅甸国内虽然还未出现集中的、成效好的网络教学，但缅甸的数字教育已初具特色。一些有志的青年企业家，面对着复杂、多变的外部形势，依然积极地探索着推广数字教育的道路。虽然他们提供的课程不全是免费的，但切实地为疫情下的缅甸年轻人提供了更多求知的渠道，让更多的人有机会看到外面的世界，接触到优质的教育。目前，这些平台也在努力开拓海外市场。例如海拉

[①] Stephanie Pearl Li, "Edtech Startups Want to Reform Education in Myanmar, but Systemic Challenges Hinder Mass Adoption," KrASIA, January 6, 2021, accessed October 15, 2022, https://letschuhai.com/edtech-startups-want-to-reform-education-in-myanmar-but-systemic-challenges-hinder-mass-adoption.

海拉赢、颜敏昂夫妇已在印度尼西亚、越南和菲律宾推广产品，并计划将影响力扩展至更多东南亚国家。

  此外，经合组织发展援助委员会的相关数据显示，在新冠疫情肆虐的 2020 年，缅甸接受的国际教育援助实现了逆势增长。① 并且，中国驻缅甸大使馆、中国银行和中国扶贫基金会长期为缅甸的教育事业给予捐助。目前，新冠疫情的影响并未完全消除，动荡的政局依然威胁着缅甸的正常教学，具备推广大规模网课的能力是缅甸亟待实现的目标。我们期待着，在国际社会的援助下，在这些创业者、人民以及政府的合力下，一朵浪花能推动另一朵浪花：缅甸的通信设施、网络信号等条件能有所改善，缅甸的数字教育能在未来迈上一个新的台阶，帮助缅甸的青少年们摆脱困境。

---

  ① 杨体荣：《中国向漩涡中的缅甸提供教育援助的畅想》，澎湃政务，2021 年 10 月 26 日，https：//m.thepaper.cn/baijiahao_15072760，访问日期：2022 年 10 月 8 日。

线上教育转型风潮

跨越数字边界的印度尼西亚求学者

尹楷珺[*]

"在家上网课",是新冠疫情期间各个国家为避免学校出现聚集性病毒感染的常用手段。让学生们在家用网络设备云端上课,教师们在网络上通过直播授课,教学便可以正常进行。但在印度尼西亚,情况似乎没有那么简单——这个拥有1.7万多个岛屿的国家面临十分复杂的情形。由于区域发展水平差异和复杂的地理环境,许多居住在偏远地带的孩子既缺乏用来上网的数字工具,又很难找到方便快捷的网络信号。比如居住在边远小岛的孩子,他们那里要么还没有建设网络通信设施,要么已建成的信号塔覆盖范围很小,他们要如何才能拿到线上教育的入场券?

在疫情背景下,线上教育成为最主要的教育渠道,而能不能有效上网、有没有网络设备像是一道无形的门槛,阻拦了许多数字信号范围之外的孩子。学生的数字接入能力,即学生通过工具连入互联网、使用互联网资源的能力成为入场的关键——这种能力似乎塑造了隐性的教育边界,划定了线上教育的范围。学生们要如何跨越数字的边界?印度尼西亚又为此做出了哪些努力?在跨越数字边界的行动中,我们似乎能够看到一个在政治、经济之外的,由信号界定的"线上印度尼西亚"。

---

[*] 尹楷珺,北京大学区域与国别研究院博士研究生,研究方向为印度尼西亚社会转型。

一、跨越数字边界，师生各出奇招

虽然印度尼西亚拥有众多岛屿，但其大多数人口都生活在爪哇岛上，爪哇岛之外的众多岛屿人口密度较低。爪哇岛与外岛之间的天然隔阂，让印度尼西亚被分成内外两个区域——爪哇岛内资源密集、基础设施较为完备，尤其是雅加达首都特区集中了大量数字资源；而外岛地区则发展相对滞后。许多岛屿上的乡村地区交通不便、设施不齐、经济发展滞后，农耕、捕鱼依然是人们的主要经济来源，工业发展不足。巨大的区域发展差异，让边远地区的学生很难适应线上教育的进程，数字接入划定了线上教育的界限，缺乏数字接入能力的学生则很难真正突破屏障，跨越数字边界。

一方面，学生们缺少接入互联网的数码工具。已有研究表明，在全国范围内，只有不到15%的农村儿童和不到25%的城市儿童拥有用于家庭学习的电脑，许多孩子想要在线学习，只能与兄弟姐妹或父母共享手机。① 在外岛地区，许多学校自线上上课以来教学陷入停滞；即使在爪哇岛内，缺少工具的问题也普遍存在。来自东爪哇省任抹县（Jember）的受访学生表示，她现在需要花更多的时间在晚上学习，因为她必须等姐姐下班回家。等到姐姐不用手机时，她才可以通过手机学习——有时用一个小时，有时半个小时，甚至更少。②

---

① *Strengthening Digital Learning across Indonesia: A Study Brief*, Unicef, 2020, accessed May 26, 2023, https://www.unicef.org/indonesia/media/10531/file/Strengthening Digital Learning across Indonesia: A Study Brief.pdf.

② Ibid.

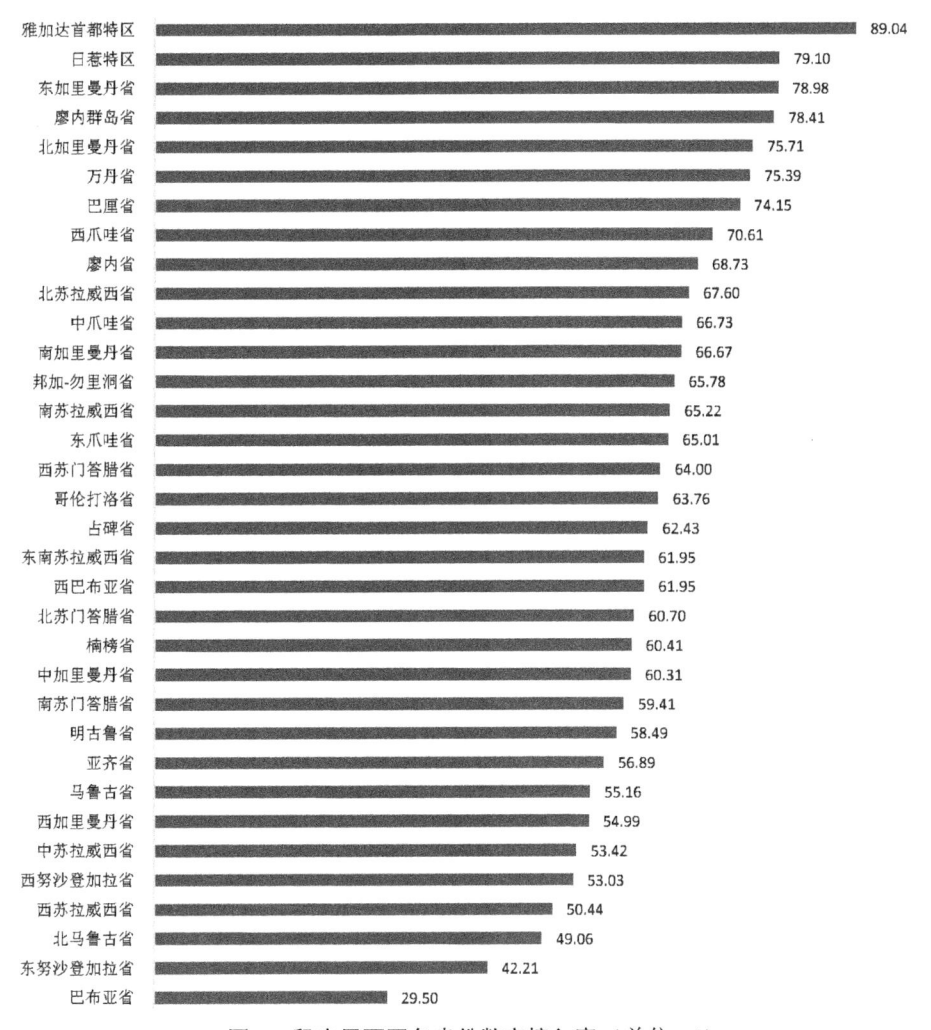

图1 印度尼西亚各省份数字接入率（单位:%）

省份	比率
雅加达首都特区	89.04
日惹特区	79.10
东加里曼丹省	78.98
廖内群岛省	78.41
北加里曼丹省	75.71
万丹省	75.39
巴厘省	74.15
西爪哇省	70.61
廖内省	68.73
北苏拉威西省	67.60
中爪哇省	66.73
南加里曼丹省	66.67
邦加-勿里洞省	65.78
南苏拉威西省	65.22
东爪哇省	65.01
西苏门答腊省	64.00
哥伦打洛省	63.76
占碑省	62.43
东南苏拉威西省	61.95
西巴布亚省	61.95
北苏门答腊省	60.70
楠榜省	60.41
中加里曼丹省	60.31
南苏门答腊省	59.41
明古鲁省	58.49
亚齐省	56.89
马鲁古省	55.16
西加里曼丹省	54.99
中苏拉威西省	53.42
西努沙登加拉省	53.03
西苏拉威西省	50.44
北马鲁古省	49.06
东努沙登加拉省	42.21
巴布亚省	29.50

资料来源：*Strengthening Digital Learning across Indonesia: A Study Brief*, Unicef, 2020, accessed May 26, 2023, https://www.unicef.org/indonesia/media/10531/file/Strengthening Digital Learning across Indonesia: A Study Brief.pdf。

另一方面，孩子们找不到一个方便、快捷、可靠的互联网信号。虽然在雅加达首都特区，家庭互联网接入率达到了89.04%，但这一指标存在着巨大的地区差异：巴布亚省的接入率只有近30%，而北马鲁古省和东努沙登加拉省均不到一半；雅加达首都特区（第一名）是巴布亚省（最后一名）接入率的近三倍。需要注意的是，这一数据以家庭为单位，并没有考虑到居住单位与地理单位的不同。由于信号塔覆盖的范围有限，而经济发达地区的人们多聚集居住、楼层也更高，可以想象不到一半的数据接入率在地图上可能只代表了该地区极小的地理区域。巴布亚等地区的实际情况可能更糟。

没有信号，学生们去哪里上课考试呢？师生各出奇招。为了追寻覆盖范围有限的信号，人们有时不得不爬火山、穿激流，才能接入网络。东努沙登加拉省拉姆巴塔县（Kabupaten Lembata）的一些学生为了参加在线考试，不得不攀爬两千米，到活火山上寻找互联网信号。① 火山仍有喷发的风险，学生们甚至能听到火山内部运动爆发的轰隆声。在教师的陪伴下，学生们即使害怕，仍小心翼翼地完成了考试。事实上，在线上课程期间，学生们的学习接近停摆，因为并没有网络能够支持线上教学，很多学生也没有智能手机。

相似的情况还发生在北加里曼丹省的努努干县（Kabupaten Nunukan），这里的人们依靠森林采伐和渔猎维持生计，部分地区还尚未通电。② 这些生活在印度尼西亚边境地区的学生们仍然需要按规定参加教育部组织的国家线上评估考试（ANBK），这无疑给他们出了一道难题——网络信号的问题要如何解决？最终，学校决定出资护送这些孩子乘坐小船，沿河顺流而下，经过6个多小时到达曼萨隆村（Mansalong），在这个能够接收信号的地区参加考试。沿途流水湍急、十分危险，稍有不慎便会撞上巨石；而在水位低的河段又不得不用绳子拉着小船前进。学校成为这些孩子跨越数字边界的摆渡人，即使暗流涌动、路途艰辛，

---

① Nansianus Taris, "Demi Sinyal Internet, Pelajar SMP di NTT Terpaksa Ujian di Gunung Ile Lewotolok yang Sedang Meletus," Kompas, October 19, 2021, accessed May 26, 2023, https://regional.kompas.com/read/2021/10/19/154824278/demi-sinyal-internet-pelajar-smp-di-ntt-terpaksa-ujian-di-gunung-ile.

② Ahmad Dzulviqor, "Perjuangan Siswa Perbatasan RI-Malaysia Ikut Ujian ANBK, 6 Jam Arungi Sungai Deras Cari Sinyal Internet," Kompas, October 6, 2021, accessed May 26, 2023, https://regional.kompas.com/read/2021/10/06/165025878/perjuangan-siswa-perbatasan-ri-malaysia-ikut-ujian-anbk-6-jam-arungi-sungai.

为了孩子们的前途也必须冒险。

图 2　学生们不得不爬到山坡上参加在线考试

资料来源：Nansianus Taris, "Demi Sinyal Internet, Pelajar SMP di NTT Terpaksa Ujian di Gunung Ile Lewotolok yang Sedang Meletus," Kompas, October 19, 2021, accessed May 26, 2023, https://regional.kompas.com/read/2021/10/19/154824278/demi-sinyal-internet-pelajar-smp-di-ntt-terpaksa-ujian-di-gunung-ile。

除此之外，学生们还尝试通过"蹭网"的方式获取信号。在西加里曼丹省，这里有多达 45 名学生为了参加国家线上评估考试，不得不在山上搭起帐篷度过三天两夜。① 有趣的是，他们上山所获得的信号并不来自本地的网络，而来自邻近的地区。相比之下，明古鲁省的考尔县（Kabupaten Kaur）学生情况稍好，他们只需要去河边集中学习，避免了

---

① "Demi Dapat Sinyal Internet untuk ANBK, 45 Murid SMP di Kalbar Menginap di Bukit," Kompas, October 14, 2021, accessed May 26, 2023, https://regional.kompas.com/read/2021/10/14/134420778/demi-dapat-sinyal-internet-untuk-anbk-45-murid-smp-di-kalbar-menginap-di.

长途跋涉（见图3）。① 虽然当地有12个村，但只有1个村有信号，且仅限于河边这片区域。

图3 学生们在河边接入互联网学习

资料来源：Firmansyah, "Banyak Murid di Bengkulu Belajar di Tepi Sungaisupaya Dapat Sinyal," accessed May 26, 2023, https://regional.kompas.com/read/2021/08/13/144644378/banyak-murid-di-bengkulu-belajar-di-tepi-sungai-supaya-dapat-sinyal。

除了学生，教师的数字接入也并不十分成功。同样在东努沙登加拉省，阿达杜斯·赫尔穆斯·布科（Audatus Helmus Buko）作为一名小岛上的教师，正在参加教师选拔面试。② 他成功地进入了线上面试的第二阶段，但为了保证自己的面试过程在下一阶段考核中不出问题，他不得不翻山越岭跋涉15千米，找到稳定的、能够进行视频的网络信号（见图4）。

---

① Firmansyah, "Banyak Murid di Bengkulu Belajar di Tepi Sungai supaya Dapat Sinyal," Kompas, August 13, 2021, accessed May 26, 2023, https://regional.kompas.com/read/2021/08/13/144644378/banyak-murid-di-bengkulu-belajar-di-tepi-sungai-supaya-dapat-sinyal.

② Nansianus Taris, "Kisah Audatus, Guru di Flores yang Tempuh 15 Kilometer Menuju Bukit demi Sinyal," Kompas, August 19, 2021, accessed May 26, 2023, https://regional.kompas.com/read/2021/08/19/075156078/kisah-audatus-guru-di-flores-yang-tempuh-15-kilometer-menuju-bukit-demi.

他说，他需要持续奋斗，而寻找互联网本身就是为了实现教师梦想而必须完成的挑战。

图4　阿达杜斯为参加面试长途跋涉来到山上

资料来源：Nansianus Taris, "Kisah Audatus, Guru di Flores yang Tempuh 15 Kilometer Menuju Bukit demi Sinyal," Kompas, August 19, 2021, accessed May 26, 2023, https://regional.kompas.com/read/2021/08/19/075156078/kisah-audatus-guru-di-flores-yang-tempuh-15-kilometer-menuju-bukit-demi。

即便拥有工具、能够接入网络，人们同样面临网络不稳定等诸多问题——政府免费提供的互联网工具包在实际分发过程中遭遇到了许多挑战，部门之间的协调也出现困难，这都使得数字设施尚未匹配到位。对印度尼西亚加里曼丹岛的调查结果显示，网络信号不稳定、上网条件差等状况在线上学习过程中频繁出现，成为学生们抱怨的首要问题。数字基础设施建设的不完善甚至让教师也十分无奈。东雅加达的一位教师表示："网络信号太弱了，我甚至无法将学生的电话号码上传到中央数据库，来让他们拿到试卷。"[①]

[①] *Strengthening Digital Learning across Indonesia: A Study Brief*, Unicef, 2020, accessed May 26, 2023, https://www.unicef.org/indonesia/media/10531/file/Strengthening Digital Learning across Indonesia: A Study Brief. pdf.

无论是学生还是教师，在印度尼西亚线上教育的实施过程中，他们都感受到了强大的数字边界的限制。边界内的数字世界照常接受国家教育，而边界外的人们则游离于教育之外。为了跨越边界，人们不得不各出奇招，但效果并不令人满意。数字的边境像是难以攀登的城墙，划定了国家教育的范围。

二、信号的范围，就是国家的范围？

数字接入像是接受教育、通往现代社会的一把钥匙；但印度尼西亚仍处于数字网络的发展时期，疫情时期全国范围内推行线上教育，不仅一定程度上影响了教育质量，还广泛作用于社会治理等其他领域。

对印度尼西亚线上教育自下而上的分析可以看到，印度尼西亚数字接入能力的不足，让印度尼西亚边远地区教育受损、整体教育水平下降，教育的数字鸿沟进一步扩大，甚至还对学生的人身安全产生了威胁。

令人担忧的首先是边远地区的教育停滞和教育损失。因为缺乏工具和网络信号而出现的教学停摆现象广泛存在，即使能够采取线上方式，其进度和成效也无法与线下教育相提并论。如果学生无法上网，所谓的"线上教学"要如何进行？印度尼西亚的教师们付出了各自辛苦的努力，不少教师采用登门拜访的方式，去往学生家中。在日惹一所小学的一年级教师坦言，他不得不定期去一个学生家中拜访，因为学生没有手机信号，家长受教育程度也有限，没办法布置线上作业。[1] 当地村庄的另一名教师布拉梅斯蒂·乌塔米（Pramesti Utami）也采用了同样的方式，但实行起来有些困难：在疫情暴发初期，学生的村庄是封闭的，孩子有时与

---

[1] Markus Yuwono, "Susah Sinyal, Guru Tidak Tetap di Gunungkidul Terpaksa Datangi Murid," Kompas, May 10, 2020, accessed May 26, 2023, https://regional.kompas.com/read/2020/05/10/15413451/susah-sinyal-guru-tidak-tetap-di-gunungkidul-terpaksa-datangi-murid.

父母一起下地干活，约定一个碰面时间并不容易。在乡村，大多数教师只布置作业而不做解释，就好像孩子们被要求在父母的帮助下自己学习一样；孩子们的学习生活相对停滞，这使得印度尼西亚在许多区域的教育质量受到严重影响。根据印度尼西亚反暴力侵害女性事务委员会数据，仅2020年印度尼西亚童婚的数量便猛增了300%。[1]

此外，数字接入能力的差异导致印度尼西亚以区域为界限的数字鸿沟进一步扩大，催生了区域发展差异的恶性循环。数字鸿沟，是指因网络技术资源的拥有程度、利用能力等差别，而造成的知识上的信息落差及经济上的贫富分化的趋势。在这个意义上，印度尼西亚出现了两幅图景——雅加达的孩子们在家就可以使用电脑，获取各种印度尼西亚教育部开发的线上教学资源；而边远地区的孩子们则需要跋山涉水、翻山越岭，才能找到互联网覆盖的有限范围。对数字资源使用水平的差距，将会进一步拉大地区之间的数字技能，让未来资源越来越集中于核心发展地区，造成国家发展的某种"断裂"；缺乏数字接入能力，不仅使这些孩子们面临愈加扩大的、与其他印度尼西亚孩子的数字鸿沟，还让他们面临一个个现实的鸿沟。

真实世界的"鸿沟"也带来了真实的生命威胁。除了上文提到的火山爆发、沿河顺流而下可能给学生带来的生命威胁，还出现了学生外出寻找信号最后失踪的事例。在西加里曼丹的孟加影县（Bengkayang），媒体报道了一名女高中生在离家找信号后五天仍没有回家的消息，最终，这名学生平安回到了家中，失踪事件是虚惊一场。[2] 此外，有些地区的学

---

[1] "Ketimpangan Pendidikan Si Kaya dan Si Miskin Saat Pandemi, Orangtua di Ladang Tak Bisa Dampingi Anaknya Belajar," Kompas, October 26, 2021, accessed May 26, https://regional.kompas.com/read/2021/10/26/ 075000578/ketimpangan-pendidikan-si-kaya-dan-si-miskin-saat-pandemi-orangtua-di.

[2] "Kronologi Ditemukannya Gadis SMA yang Hilang 5 Hari di Ladang, Berawal Pamit Cari Sinyal," Kompas, November 3, 2020, accessed May 26, https://regional. kompas. com/read/2020/11/03/09554791/kronologi-ditemukannya-gadis-sma-yang-hilang-5-hari-di-ladang-berawal-pamit?page=all.

生不仅要上山上网，还必须爬到树上，那里信号更稳定（见图5）。① 中爪哇省古农鲁拉村（Gununglurah）里的学生本来通过政府分发的手持对讲机来收听课程，但就在期末考试之前，转播电台坏掉了。学生们开始集体上山找信号，但那些树枝脆弱易断，在雨季则更加危险。

图 5　学生们爬上树以获得更好的信号

资料来源：M Iqbal Fahmi, "Potret Siswa MTs Pakis di Banyumas, Harus Panjat Pohon di Puncak Bukit, Cari Sinyal demi Belajar Daring," Kompas, December 29, accessed May 26, https://regional.kompas.com/read/2020/12/29/06412171/potret-siswa-mts-pakis-di-banyumas-harus-panjat-pohon-di-puncak-bukit-cari。

---

① M Iqbal Fahmi, "Potret Siswa MTs Pakis di Banyumas, Harus Panjat Pohon di Puncak Bukit, Cari Sinyal demi Belajar Daring," Kompas, December 29, 2020, accessed May 26, https://regional.kompas.com/read/2020/12/29/06412171/potret-siswa-mts-pakis-di-banyumas-harus-panjat-pohon-di-puncak-bukit-cari.

而从政府层面自上而下进行分析可以看到，在全面转向线上教育的阶段，国家教育对地方的管理也受到了数字边界的限制。当网络信号成为国家教育传播的仅有途径时，信号所覆盖的区域，几乎代表了国家教育覆盖的区域；在信号区域之外，地方教育很难承担起国家教育的任务。

第一，线上考试的推行，造成了国家教育各类测评的实质性分野，进而增加了部分偏远地区人群的考试难度，教育精英化趋势加强。由于疫情持续了近三年时间，除课程教学转为线上之外，一些考试也不得不转为线上进行。边远地区的学生为了能够顺利毕业，必须接入网络参加考试；教师为了能够拿到相应资格或考取证件，也必须通过网络面试获得成绩。就像阿杜达斯，他所在的地方网络信号很弱，更别提使用Zoom等会议软件了。但是，"无论条件如何"，他"都必须参加教师选拔"，这样才能跨入国家教育的系统，取得教师资格。考试的艰苦条件极大影响了考生的发挥，而无法参加考试的学生则被阻隔在了国家教育体系之外。与之相比，身处城市中心的学生才真实处在国家教育体系之中。他们能够更好地利用线上资源准备考试、同等水平下更容易通过考核。于是，国家教育认证与选拔更多的集中于城市等数字网络区域，并在数字区域内培养更多的代言人；而数字边界之外的人无法进入国家教育的序列，也无法使用国家的线上教育资源。

第二，部分学生数字接入能力的不足，让他们在资源获取和教育认同方面都存在差距，无法在学校教育中获得足够的集体认同。一方面，边远地区学生缺乏丰富的线上教育资源，无论是印度尼西亚教育部着力开发的在线教育平台，还是电子成绩单系统、印度尼西亚频道的建设、"智能印度尼西亚卡系统"等，这些国家线上教育的种种制度构架和内容拓展，无论其发挥了多大的作用，都无法触及那些未能接入网络的人群。另一方面，线上教育也削弱了部分学生的教育认同感。长时间的线上教育进程不仅影响了考试形式，还让许多塑造认同感的教育仪式难以实行，数字边界之外的教育仪式则更加薄弱。西苏门答腊省武吉丁宜市

（Bukittinggi）的毕业生克里斯蒙表示，他特意跑到山上寻找一个有数字信号的地方，只是为了参加线上的毕业典礼。他解释道："接受大学教育的标志是毕业，而能穿毕业服参加毕业典礼是我的梦想。我在山上（寻找信号），这样就可以（在线上）参加典礼。"① 在数字区域内，学生们通过网络视频的互相连接塑造认同感，而无法接入数字的区域则更难对国家教育产生深刻的印象。

数字接入能力的差异，让大量民众不得不采取非常手段。在缺乏信号的区域，随着国家教育的缺席，学生们既没有进入国家精英序列的渠道，难以使用国家教育资源，也无法形成强烈的身份认同。为了解决这一问题，印度尼西亚政府与线上教育企业做出了许多努力，加快推进国家教育数字化转型。

三、"软硬兼施"，政府力图转危为机

提高民众的数字接入能力，已经成为印度尼西亚未来数字发展不可忽视的一环。印度尼西亚社会希望政府在扩大数字信号覆盖面积，改善民众数字生活水平方面有更大作为——媒体呼吁"地方政府不能放手"，地方政府应当主动调查当地民众的数字接入情况并采取相关措施，克服中央政府政策可能带来的实施困难。② 此外，受到信号缺失影响的学校在接受采访时，都会呼吁政府建设网络信号塔，这应当是政府的义务和责任。不少地区已经向有关部门反映数字接入的困难，但迟迟得不到答复。

---

① Perdana Putra, "Cerita Ahmad Krismon, Rela Naik Bukit Cari Sinyal Agar Bisa Ikut Prosesi Wisuda Online," Kompas, August 27, 2020, accessed May 26, https://regional.kompas.com/read/2020/08/27/11285671/cerita-ahmad-krismon-rela-naik-bukit-cari-sinyal-agar-bisa-ikut-prosesi.

② "Ketimpangan Pendidikan Si Kaya dan Si Miskin Saat Pandemi, Orangtua di Ladang Tak Bisa Dampingi Anaknya Belajar,"Kompas, October 26, 2021, accessed May 26, https://regional.kompas.com/read/2021/10/26/075000578/ketimpangan-pendidikan-si-kaya-dan-si-miskin-saat-pandemi-orangtua-di.

在巴淡市（Kota Batam），政府承认收到过许多关于缺少网络信号的投诉，负责人员也已经向省政府进行反馈。① 但是，由于架设网络很难取得经济效益，巴淡市外围偏远小岛附近建设通信设施陷入长期停滞的局面。政府的努力有限，只能让邻近的三座岛屿收听到收音机。受访民众几乎都认为，改善数字接入是政府的职责之一，民众呼唤有为政府的出现。

自 2020 年印度尼西亚教育和文化部新任部长纳迪姆（Nadiem）上台以来，政府教育部门采取了一揽子措施推动边远地区教育数字化。政府的做法，一言以蔽之，便是"政企合作，'软''硬'兼施"。在软件方面，政府搭建平台、统一教学网络。通过教学平台、申请平台等网站搭建，政府希望降低教育过程中的交易成本，方便学生的数字接入。目前，已经有超过 27 万名教师和 66 万名学生在国家创立的家校教学平台（Rumah Belajar）上注册，② 平台可以提供从幼儿园到高中各个年龄的教育内容及各种教育教学功能，包括远程教学、访问学习资源、进行题目练习、在虚拟实验室中做实验，等等。除了教学平台搭建，对学校的物资采购、资金发放、学生补助等各方面，政府都采取措施推动数字化。印度尼西亚政府打造了学校信息采购系统（SIPLah），并于近年对这一系统进行了完善优化，让其更好地承接学校物资采购的工作。这一系统还会联通政府和各地学校，资金将直接通过学校信息采购系统进行物资发放。更多的市场主体、供应商和配送人员将被纳入进来，学校受到欺诈或出现交易错误的情况将进一步减少。印度尼西亚教育和文化部还升级了"智能印度尼西亚卡系统"，为学生提供学费及生活费资助，以促进印度尼西亚教育公平发展。学生申请国家教学补助有了更好的系统保障，同时也更加方便。同时，对于印度尼西亚教育和文化部提供和发放的各

---

① Hadi Maulana, "Curhat Warga Pulau Jaloh Batam: Di Sini Tak Guna HP Mahal, Sinyal Susah, Anak-anak Sulit Belajar 'Online'," Kompas, August 24, 2021, accessed May 26, https://regional.kompas.com/read/2021/08/24/162833878/curhat-warga-pulau-jaloh-batam-di-sini-tak-guna-hp-mahal-sinyal-susah-anak.

② "Rumahbelajar," http://rumahbelajar.id/.

类基金、奖学金等，也基本都能够通过网络形式进行申请和监督，如"学校运营援助资金（BOS）""教育基金管理机构（LPDP）奖学金""印度尼西亚文化基金"等。①

线上教育企业为拓展数字边界外的市场，也采取了离线课程、话费支付等更为灵活的方式。印度尼西亚的线上教育市场规模庞大、竞争激烈，这些教育科技公司面对数字边界的限制，开始思考如何让数字接入能力弱的孩子能够接受教育。比如，印度尼西亚极点公司（Zenius）专门为偏远地区的学校开发了一个实体的教育硬件盒，里面包含超过8万个教学视频课程，让孩子们能够在没有网络的情况下，通过观看离线课程获得知识。② 由于超过半数的印度尼西亚人没有银行账户或者信用卡，许多学生还面临无法支付教育费用的困难。许多线上教育企业遂找到印度尼西亚最大的电信公司合作，通过电信话费的渠道解决教育付费的问题。

此外，硬件设备是数字接入能力的核心——只有信号塔覆盖的区域，才有数字接入的可能。在人口密集、投资回报比率较高的地区，印度尼西亚电信行业入局建设商业体系；而在那些人口稀少但面积广大的外岛，只能依靠政府投资改善网络环境。政府已经制订了多项计划全面铺开国内的网络设施建设，印度尼西亚总统佐科在2020年提出了五点战略方向，第一项就是扩大数字接入和完善数字基础设施。③ 印度尼西亚计划在今年发射一颗多功能通信卫星，同时针对边远、落后地区，在近两年内建设9 113个通信塔。④ 印度尼西亚通信与信息部负责人伊尔哈姆表示，印度尼西亚面临的另一个挑战是"基础设施分布不均"。他提到，"雅加

---

① "Merdekabelajar," accessed May 26, https://merdekabelajar.kemdikbud.go.id/.
② 《印度尼西亚在线教育也内卷，科技公司还有机会吗?》2022年3月28日，https://mp.weixin.qq.com/s/CelvYBpGX9hWOftzkIR93w，访问日期：2023年5月26日。
③ "5 Langkah Percepatan Transformasi Digital," Indonesiabaik, 2021, accessed May 26, https://indonesiabaik.id/infografis/5-langkah-percepatan-transformasi-digital.
④ M. Ikhsan, "Kominfo Klaim Infrastruktur Internet RI Berkembang Pesat Kala Pandemi," Cnnindonesia, December 14, 2021, accessed May 26, https://www.cnnindonesia.com/teknologi/20211214200002-213-734069/kominfo-klaim-infrastruktur-internet-ri-berkembang-pesat-kala-pandemi.

达特区已经很好了，但我们必须考虑东部地区，例如巴布亚。除此之外，还需要政府为那些负担不起费用的人提供互联网补贴"。① 分发电子设备是试图从另一端解决问题的尝试。在 2019 年底，印度尼西亚教育部便启动了一项学校数字化计划，为 1 142 名边远地区学生分发了平板电脑，涉及的学校还得到一整套电脑器材，让数字终端能够惠及更多的边远区域。

困难与机遇往往相伴而行，印度尼西亚试图抓住"全民线上"的阶段，以教育为突破口推动数字信息网络发展。但目前来看，印度尼西亚的线上教育情形仍然不容乐观。根据国际发展管理研究所（IMD）发布的数字发展数据，2022 年，印度尼西亚在世界 63 个主要经济体中，数字竞争力仅排名第 51。② 虽然这一排名比 2018 年（第 62 名）上升了不少，但仍然处在主要经济体中十分落后的位置。尤其值得注意的是，在数字竞争力的各项指标中，快速上升的数据集中于数字金融与商业贸易领域。在数字教育、线上课程等方面，印度尼西亚的排名始终处于第 60—64名，改善网络条件、拓宽教育路径、扩大线上教育规模、提升线上教育质量，仍然是未来一段时间印度尼西亚需要努力的方向。

四、数字媒介当道，多元印度尼西亚去向何方？

新冠疫情催生的线上教育形式，不仅对教育质量、政府政策方向有着强烈影响，还可能更深层次地影响了印度尼西亚国家建构的过程。跳出具体的数字接入与教育水平的讨论，在更宏大的印度尼西亚国家历史语境中，我们能够发现，教育媒介的使用与转换对印度尼西亚国家发展

---

① "Mengejar Peningkatan Infrastruktur Digital dan Penyediaan Layanan Internet," wantiknas, accessed May 26, http://www.wantiknas.go.id/id/berita/mengejar-peningkatan-infrastruktur-digital-dan-penyediaan-layanan-internet.
② "Digital Competitiveness Ranking Indonesia," World Competitiveness Center, 2022, accessed May 26, https://worldcompetitiveness.imd.org/countryprofile/ID/digital.

进程产生了巨大的作用。

本尼迪克特·安德森在他著名的《想象的共同体》一书中谈到,在20世纪三四十年代,随着"印刷资本主义"的兴起,统一语言的报纸得到了广泛传播。① 那时,印度尼西亚还在荷兰殖民者的统治之下,还不存在一个统一的国家,各个岛屿文化差异巨大,彼此在地理上也相隔甚远。原本互不相识的、不同文化背景的人如何能够彼此认同"印度尼西亚人"的身份?安德森认为,人们使用同一种语言、阅读同一种报纸的行为起到了重要作用。在纸媒的传播及印刷资本主义的发展过程中,印度尼西亚民族的概念、对印度尼西亚国家的想象融入了人们的日常生活。在这个意义上,"纸上教育"最终将支离破碎的人群黏合在了一起,形成了统一的印度尼西亚。

进入20世纪七八十年代,新的教育媒介——如广播和电视——开始走进人们的生活,"广播教育"与"电视教育"两种新的教育形式也帮助苏哈托维持了政权的稳定。在苏哈托发动政变后,全国的广播信号被中央政府掌控,不间断地循环播放官方口径的历史内容,帮助政府快速稳定各地局势;70年代后,苏哈托授意全国的小学生每年都要接受历史教育,集体组织观看讲述官方历史的纪录片,强化历史记忆,通过电视教育培育新一代的印度尼西亚青年。

印度尼西亚民主化改革之后,21世纪以来,互联网信息技术突飞猛进,线上教育逐渐崭露头角,并在疫情时期成为几乎唯一的教育形式。网络化的印度尼西亚教育带来了多元化教育的阶段:学生们通过互联网能够获得来自世界各地的知识,在视野被拓宽的同时,其思想见识更加国际化、更具多元性。通过使用网络形成的社群,支持和促进了多元文化的传播;同时,政府也在深入发掘印度尼西亚不同岛屿的传统文化特色,利用网络平台提升印度尼西亚文化软实力。

---

① 本尼迪克特·安德森:《想象的共同体》,吴叡人译,上海人民出版社,2016。

从报纸、广播、电视到互联网，在日益更新迭代的教育媒介作用下，印度尼西亚也经历了从统一的印度尼西亚、稳定的印度尼西亚到多元的印度尼西亚的转变。但是，在线教育时代的印度尼西亚尚未完成向多元化的转变——无论是数字鸿沟的加剧，还是数字边界的限制，都让印度尼西亚的"多元化"教育氛围日益偏向"中心化"的青年培养。如何跨越在线教育的数字边界，拓展数字区域的范围，避免多元的倾向归为中心化，是印度尼西亚政府正努力解决的问题。随着疫情时代的落幕，各个学校从只能依赖于线上教育，到普遍恢复线下教育模式，以及开发线上线下相结合的教育手段，数字的边界不再严格地限制教育的范围。跨越数字边界的求学者是疫情时期的特殊产物，还是将反复出现的固定群体，取决于未来政府主导的基础设施建设与网络化进程能否取得实质性成效。

五、结语

在疫情时期的线上教育阶段，由于数字边界的天然屏障，印度尼西亚出现了许多跨越数字边界的求学者。为了追寻有限的信号，学生们往来于网络之间，为了升学或考试努力突破地理的阻隔。信号的局限，让部分学生无法接触到丰富的线上资源，数字边界的限制扩大了社会的数字鸿沟、损害了教育的质量，同时加剧了国家精英化倾向，削弱了边远地区人们的教育认同。虽然印度尼西亚政府和企业在网络软件与信息基础设施等诸多层面加紧推出各项举措，致力于让信号走得更远、传得更广，但直到现在，印度尼西亚的线上教育仍然相对落后，数字竞争力排名上升缓慢。面对新一轮的教育媒介迭代，从纸上教育、电视教育、广播教育到线上教育，印度尼西亚再次来到了一个历史的转折点上——能否抓住机遇，加快提升数字接入能力？

线上教育时期，有信号才有教育，能接入才能表达。只有当不同岛屿地区、各个省份的学生都能够借助网络获取知识和表达观点时，不同部族文化才能够在线上得到对话和共享，才能实现"多元印度尼西亚"的发展。否则，万岛之国的印度尼西亚将面临愈加"中心化""集中化"，甚至"爪哇化"的未来。

乘着数字经济的东风，印度尼西亚踏上了发展的新旅途。但或许，数字接入不仅是无数跨越数字边界求学者接受教育的入场券，还是印度尼西亚步入新发展阶段的金钥匙。

疫情浪潮过处泰国贫困学生"何以为学"?

王晞蓓儿[*]

设想一下：假如你住在小村庄地下室，室内潮湿、空气不流通，这个偏僻的家中仅有一台只能看几个频道的电视。你每天要步行到村里唯一的小学去上课，学校条件落后。整个学校所有年级教师加起来不超过十个人，学校里的学生大多来自单亲家庭或其他困难家庭，抑或是父母外出务工的留守儿童或孤儿。这时突然接到政府发布的"因为新冠疫情，所有学校转为线上学习"的通知。你疑惑了，"什么是互联网""什么叫作线上学习""我又要怎样上这个线"。你想问爸爸，但是他在外地打工；你想问奶奶，但她上了年纪也不懂；你想问哥哥，可没比你高几个年级的哥哥也一头雾水。这时你该怎么办？这不是来自非洲某国，而是来自东盟发展较好的国家——泰国的二年级学生"考芳"遇到的问题（参见图1）。

---

[*] 王晞蓓儿，北京外国语大学亚洲学院泰语专业本科生，研究方向为泰国教育与文化。

图 1　考芳

资料来源：《在线学习：疫情时代的远程学习与教育不平等》，英国广播公司（BBC）泰国分台，2020年5月23日，https://www.bbc.com/thai/thailand-52766138。

考芳的母亲已经过世，父亲在外府打工，她与62岁的祖母布恩·克莱桑和上中学三年级的哥哥住在一起。当英国广播公司（BBC）泰国分台新闻记者赶到时，祖母布恩正发愁怎么让孩子们上网课。对于一个以卖烧炭为生的老人来说，这太难了。祖母的月收入只有600泰铢养老费、300泰铢贫困补贴，加上四处打工的孙儿寄来的钱。即使以后接入互联网，她也支付不起每月数百泰铢的网费。疫情时代激增的远程学习发人深省，像考芳一样的学生"何以为学"？

自2020年新冠疫情暴发以来，教育数字化进程大大加速，线上教学成为推动教学工作的主要方式。截至2022年10月，泰国已经历了六轮疫情，泰国为应对新冠疫情提出"在线学习理念，挑战数字时代"，网课政策进行动态调整，由全国所有学校停止线下上课，到根据疫情风险等级颜色分区采取"线上+线下"相结合，再到2022年5月全面线下复课。网课政策的实施也暴露出泰国教育不平等的惊人现状。为此，泰国政府采取了一系列措施来帮助贫困学生完成网课学习。

一、疫情期间泰国教学政策的调整

新冠疫情如泰国湾的浪潮般多次袭来,泰国政府为"停课不停学"做出多番努力,该国教育部提出"在线学习理念,挑战数字时代"① 的口号。

(一) 泰国疫情及教学政策

自2020年3月起,泰国经历了六轮疫情。由全国管控,到局部管控,再到全面线下复课,泰国应疫情变化动态调整教学政策。

1. 2020年3—7月:第一轮疫情全国各级学校关闭

2020年3月17日,泰国教育部宣布:"从2020年3月18日起关闭所有各级公立和私立学校,以防止疫情蔓延。"② 此阶段至5月中旬处于泰国学生的假期,对学生没有很大影响。5月18日,教育部规定5月18日至6月30日从幼儿园到高中试行远程学习和在线教学。学校通过泰国远程教育电视台(DLTV)开展在线学习。5月23日,泰国卫生部和教育部共同制定了开学指南,明确了"入学前筛查—始终戴口罩—勤洗手—保持距离—清洁公共接触空间—减少集体活动"的要求。学校举办"卫生知识"教师培训,6月中旬,学校根据泰国Thai Stop COVID+平台进行自我评估,为7月1日开学做准备。

---

① 《教育部携手抗疫:在线学习理念,挑战数字时代》,泰国皇家政府,2020年3月26日,https://www.thaigov.go.th/news/contents/details/27931。

② 同上。

2. 2020年12月下旬至2022年5月：根据疫情风险实施分区管理

2020年12月下旬至2021年3月第二轮疫情暴发，12月24日，泰国疫情管理中心（CCSA）通过决议，对新冠疫情危险级别区域实行红橙黄绿四种颜色代码分类管理（参见表1）。

表1 泰国第二轮疫情分区

颜色	名称	定义	个数
红色	严格管控区	感染人数众多、疫情风险等级高	1
橙色	管控区	位于红色区域周围、感染趋势有所上升或确诊人数超过10人	4
黄色	严格防控区	确诊人数不超过10人，且疫情形势仍可控	24
绿色	防控区	目前未出现确诊病例，且无感染风险	48

注：笔者根据泰国头条新闻网相关数据制作而成。
资料来源：《新一轮疫情暴发 泰国对新冠疫情危险级别区域统一颜色代码》，泰国头条新闻网，2020年12月24日，https://www.thaiheadlines.com/86449/。

2021年4月，泰国第三轮疫情暴发，5月1日起，泰国疫情管理中心将泰国划为6个深红色区（单日确诊病例超过100例的最严格管控区），45个红色区，26个橙色区。[①]

"新学期最初定于5月17日开学，但因担心疫情恶化，教育部在4月底宣布开学日延后至6月1日。此次决定将再推迟2周，新学期将延后至6月14日开学，深红色区学校则用在线授课的方式。"[②]

2021年6月至12月，第四轮疫情暴发，泰国疫情管理中心延长全国紧急状态令，6月1日生效，为期两个月。12月16日起，疫情好转，泰

---

① 吕元媛、王涛：《外国人5月获批赴泰恢复14天隔离》，凤凰网，2021年5月3日，https://super.sina.cn/shequn/post/detail_530174214867062785.html。
② 黄如旭：《泰国新冠疫情蔓延 各级学校开学日期延至6月14日》，中国侨网，2020年5月19日，https://baijiahao.baidu.com/s?id=17001688566256193694&wfr=spider&for=pc。

国疫情管理中心取消全境内的深红色区,新设 8 个蓝色区(旅游试点区)。① 泰国实行"学校沙盒计划",② 寄宿学校或其他通过评估、实行严格防疫措施(确定学校进出人数标准、教职员工新冠疫苗接种覆盖率达到 85%以上等)的学校率先恢复线下教学。2022 年 1 月,第五轮疫情暴发,泰国疫情管理中心将橙色区调整为 69 个。虽然这轮疫情波及不少大学,如泰国东方大学出现集群疫情,但政府教育场所无关闭计划,仅建议相关工作人员增加居家办公时间 14 天。

2020 年 12 月下旬至 2022 年 5 月,随着疫情变化,颜色分区进行动态调整。总体上泰国采取"线上+线下"相结合的教学方式,疫情风险低的地区转为线下教学,疫情风险高的地区仍采取线上教学。

3. 2022 年 5 月至今:泰国学校全面开学线下复课

泰国教育部 2022 年 5 月 17 日宣布全国学校全面重新开放,恢复现场授课。这是自 2020 年新冠大流行以来,泰国首次允许学校全面重新开学。泰国政府已准备好过渡到"共存"的后疫情时代,尽管 7 月出现第六轮疫情,但 9 月 21 日,泰国副总理兼卫生部长阿努廷在泰国国家传染病委员会会议上宣布,自 10 月 1 日起,取消自 2020 年 3 月颁布的《紧急状态令》,并撤销多条防疫措施,全国各级学校全面恢复线下授课常态。

(二)网课政策暴露的教育不平等问题

教育体系的变革是一个长期的、渐进的过程,与金融体系相比,教育体系应对突发危机的反应较为迟缓。新冠疫情突然暴发,大部分国家

---

① 李敏:《泰国取消两个高级别疫情管控区 增加旅游开放先行区至 26 个》,央视新闻,2021 年 12 月 16 日,https://m.gmw.cn/baijia/2021-12/16/1302723899.html。
② 《泰国实行"学校沙盒计划" 68 所学校将率先恢复线下教学》,中国侨网,2021 年 9 月 11 日,https://baijiahao.baidu.com/s?id=1710532932279529823&wfr=spider&for=pc。

尚未具备全面数字化学习的条件。充足的电力供应、稳定的网络环境、流畅的网课设备是上好网课的基础。疫情期间突然转为线上学习，使得没有电子设备，甚至连网都上不了的学生面临难以求学的困境。

1. "零辍学"项目①任重道远

2017年，泰王国宪法第54条规定，"国家必须为所有儿童免费提供从学龄前到义务教育12年的教育"。② 泰国政府教育改革独立委员会设立公平教育基金会，旨在促进教育公平。该基金会官网公布的数据显示，"贫困导致约50万泰国儿童已辍学，另有约200万泰国儿童缺乏优质教育机会"，③ 这也显示出泰国目前存在的教育差距问题。新冠疫情使得公平教育基金会推进的"零辍学"项目受阻，很多学生连学都上不了，更别说上网课了。

2. 家庭互联网和电脑配置率有待提高

泰国国家统计局2016—2020年相关数据显示（参见图2），虽然泰国越来越多的家庭配置了互联网，但2020年还有14.8％的家庭未配置互联网。泰国家庭电脑配备率增长速度远低于家庭互联网配备率，2020年配备电脑的家庭只有19.3%。以考芳所在的瓦德班格拉吉特学校为例，在130多名学生中，只有一半的学生可以使用电视和互联网进行远程学习。网络是网课的输送通道，电脑是网课的视频终端。"家庭信息化设备短缺落后，不仅手机屏幕小，不方便，在线学习的平台系统也主要设计用于在电脑上运行。"④ 疫情导致失业人数激增，很多家庭收入来源中断，难

---

① 泰国公平教育基金会实施的贫困学生补贴计划。
② 《根据2017年泰王国宪法规定，为幼儿提供教育》，泰国议会，2017年7月27日，https://www.parliament.go.th/ewtadmin/ewt/parliament_parcy/ewt_dl_link.php?nid=42029。
③ 泰国公平教育基金会（Equitable Education Fund, EEF），https://www.eef.or.th/about/，访问日期：2023年5月24日。
④ 《"在线学习"和"未准备好"的泰国家庭，在新冠疫情危机期间，教育将走向何方?》，《曼谷商报》2020年2月26日，https://www.bangkokbiznews.com/social/880578。

以支付网费并购置电子设备。

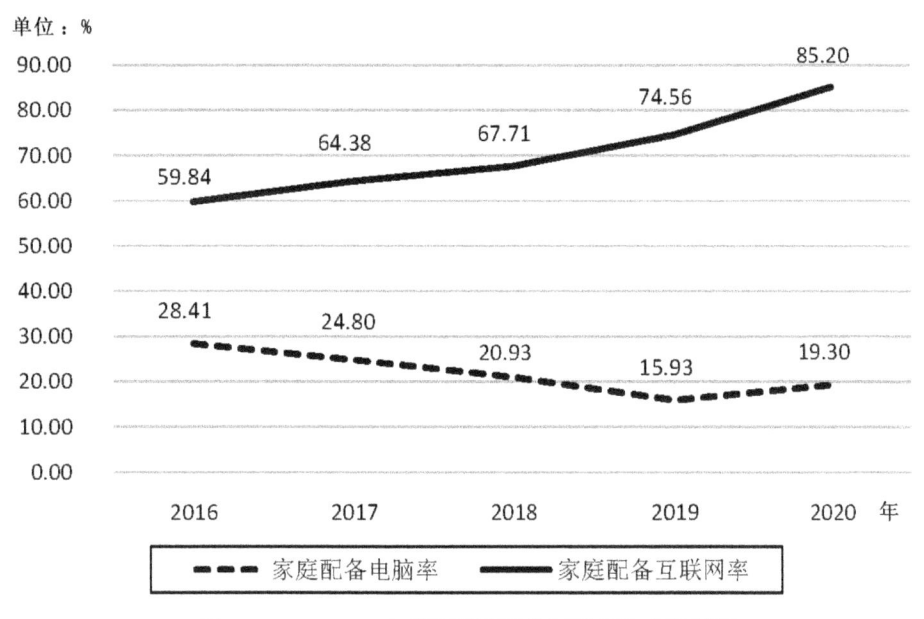

图 2　2016—2020 年泰国家庭配备互联网和电脑情况

注：笔者根据泰国国家统计局相关数据制作而成。

资料来源：《2010—2020 年泰国按地区、府分类拥有信息和通信技术设备的家庭数量》，泰国国家统计局，https://view.officeapps.live.com/op/view.aspx?src=http%3A%2F%2Fstatbbi.nso.go.th%2Fstaticreport%2Fpage%2Fsector%2FTH%2Freport%2Fsector_16_201031_TH_.xlsx&wdOrigin=BROWSELINK。

3. 缩小城乡数字差距不可忽视

泰国国家统计局 2016—2020 年相关数据显示（参见图 3），泰国电脑和互联网配置城乡差距仍较大。2020 年城市人口电脑占有率为 32.76%，农村人口的电脑占有率则仅有 21.17%；虽然泰国农村人口互联网连接率增长速度高于城市，但城市人口的互联网连接率为 83.56%，农村人口的互联网连接率则为 73.15%。"对于山上的社区来说，每天都停电……"[①]

---

① 《在线学习：疫情时代的远程学习与教育不平等》，英国广播公司（BBC）泰国分台，2020 年 5 月 23 日，https://www.bbc.com/thai/thailand-52766138。

泰国很多山区，电力供应尚未稳定，难以保障网络宽带和电子设备的使用。"会不会很贵……一百泰铢能学多少天？"这是偏远地区学生的父母打有线电话咨询时问得最多的一个问题，他们当中很多人甚至连互联网是什么、可以用来做什么都不知道。基本应用程序和必要技术的不可访问性使得贫困地区学生接受数字教育困难重重，教育资源加速向更富有的学生群体倾斜。

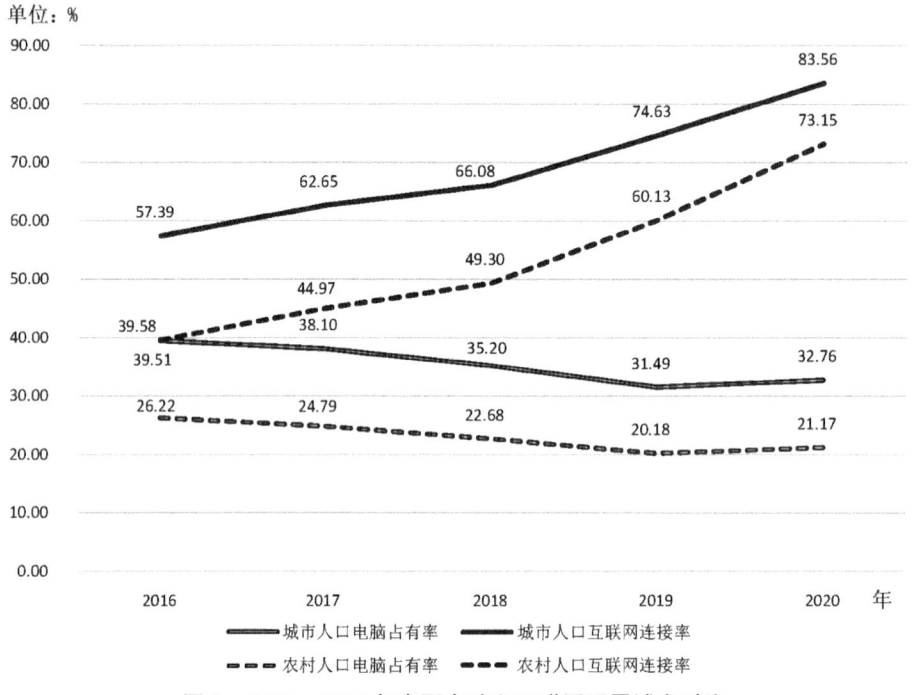

单位：%

年份	城市人口电脑占有率	城市人口互联网连接率	农村人口电脑占有率	农村人口互联网连接率
2016	39.51	57.39	26.22	39.58
2017	38.10	62.65	24.79	44.97
2018	35.20	66.08	22.68	49.30
2019	31.49	74.63	20.18	60.13
2020	32.76	83.56	21.17	73.15

图3 2016—2020年泰国电脑和互联网配置城乡对比

注：笔者根据泰国国家统计局相关数据制作而成。

资料来源：《2010—2020年泰国按地区、府分类拥有信息和通信技术设备的家庭数量》，泰国国家统计局，https://view.officeapps.live.com/op/view.aspx?src=http%3A%2F%2Fstatbbi.nso.go.th%2Fstaticreport%2FPage%2Fsector%2FTH%2Freport%2Fsector_16_201021_TH_.xlsx&wdOrigin=BROWSELINK。

二、泰国政府的应对措施

面对新冠疫情这种全球公共卫生紧急事件,泰国政府采取了更为主动的措施,保障来自贫困家庭或地区的学生在疫情期间平等接受教育的机会。

(一)提供补贴:增强教育公共服务保障力度

泰国政府加大了教育财政支出,增加了教育公共产品供给。2021年7月27日,泰国内阁批准了包括给每位学生提供2 000泰铢补助,增加教育机构拨款在内的一系列优惠措施。泰国公平教育基金会发布的《因为教育不能停止:新冠肺炎期间外国是如何学习的?》,① 总结了其他国家帮助贫困学生上网课的政策。例如,新加坡2021年底完成为所有中学生提供平板电脑或笔记本电脑的目标,韩国向贫困学生免费提供租赁数字设备和无需互联网连接的学习系统等。政府可以通过和互联网提供商合作,发放或提供租赁电子设备来解决贫困家庭设备短缺的问题。

泰国国家广播和电信委员会拨款1 200亿泰铢给泰国民办教育委员会、泰国基础教育委员会办公室和泰国教育部职业教育委员会办公室,再由它们打款到学生家长的银行账户,供幼儿园、小学和中学学生自主选择并支付TRUE、DTAC或AIS电信运营商的套餐。套餐每月单价仅为79泰铢(不含增值税),有效期不超过两个月。除了Microsoft Teams、Google Meet、Zoom等在线视频会议学习应用的定向流量,该套餐还有额外的2GB上网流量。如果使用家庭宽带上网学习,将支持每月79泰铢

---

① 《因为教育不能停止:新冠肺炎期间外国是如何学习的?》,泰国公平教育基金会,2021年8月8日,https://www.eef.or.th/education-abroad-covid/。

（不含增值税）上网费，帮助减轻缴费负担。

同时，泰国政府增加了线下复学后采购卫生物资的支出，如在课桌和餐桌安置透明塑料隔板，采购口罩、消毒液等防疫物资。2020年6月30日，泰国教育部决定每天发放20万个口罩给全国4万多所学校，包括基础教育、职业教育、民办教育学校。由全国各府的教育局负责，各县的学校去县行政署领取口罩，为7月1日新学期开学做准备。泰国政府还规定所有教育机构保持公共区域和公共设备清洁，并提供公共酒精凝胶用于消毒。

（二）适当放权：允许学校灵活调整教学政策

对于泰国目前的贫富差距情况来说，恢复线下教学更有利于保障贫困地区学生接受教育的权利。因此泰国政府积极呼吁教职员工接种疫苗以及开学前14日尽量不前往疫情风险区，来推动恢复线下教学。为减少聚集造成的传染风险，泰国也同中国、韩国、马来西亚、新加坡和文莱一样采取分批开学的方法——毕业年级学生最先返校，低年级的学生依次推后一周返回。在存在疫情风险的地区，泰国政府允许该地区的学校能够以社区护理中心的方式管理教学（参见图4）。每班学生人数小于10人的小型学校，像往常一样开放。

为了支持2020年7月1日新学期的开学，曼谷大都会管理局（BMA）提出了新上课方案"交替到校——单数双数日"（参见图5）。

图 4　克伦托伊社区的学生围在教师身旁复习泰语

资料来源：《在线学习：疫情时代的远程学习与教育不平等》，英国广播公司（BBC）泰国分台，2020年5月23日，https://www.bbc.com/thai/thailand-52766138。

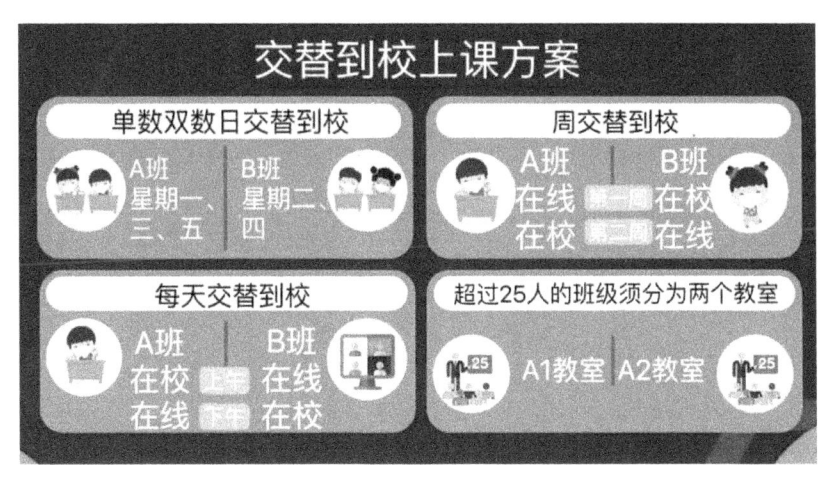

图 5　曼谷大都会管理局提出的四种模式

资料来源：笔者根据《经理人报》文章《曼谷市辖下学校开学以来，强调采用"交替到校—单数双数日"新上课方案》制作而成，https://mgronline.com/politics/detail/9630000062246。

在第四届玛哈查克里王子奖颁奖典礼暨教师与教育公平区域会议上，诗琳通公主表彰了新冠疫情中推进教育的工作范例。在无法进行线上学

209

习的偏远山区，边防警察学校的教师和卫生工作者一起帮助检查落实学生的健康状况和学习情况。虽然这些教师仍被称为"马背上的老师"，但现在他们的交通工具是摩托车（参见图6）。他们在崎岖的道路上为孩子们带来教育救生袋，除了口罩、酒精凝胶和其他预防新冠病毒的必需品，还有蔬菜种子、家庭作业和练习本。这些摩托车还用于运送病人，或把医务人员带到村里。

图6 马背上的老师

资料来源：《马背上的老师：在新冠疫情中作斗争》，泰国公平教育基金会，2020年6月8日，https://www.facebook.com/EEFthailand/posts/3443240209043297/?paipv=0&eav=AfaI919EiIeSiJcyDXPY2wKUyX6QFO7h_W_JWh6-xIOuD_naQauspSoqh-xJNXodON_Y&_rdr。

（三）加强合作：与亚太地区共同应对

泰国作为东南亚第二大经济体，全球信息社会指数（ISI）在东南亚国家中位居第四，但也出现了上述窘迫的情况。东南亚其他经济发展水平更低的国家的情况则与其相似甚至更糟。在亚太经合组织（APEC）编制的反映成员国受新冠疫情影响情况的《亚太地区对新冠肺炎的教育回应——挑战与解决方案》报告中，菲律宾相关方表示该国在提供在线学习材料方面特别困难，尤其是在"最后一英里学校"①（参见图7）。

图7　《亚太地区对新冠肺炎的教育回应——挑战与解决方案》

资料来源："Education Response to COVID-19 in the Asia-Pacific Region: Challenges and Solutions," APEC, November 18, 2021, https://www.apec.org/docs/default-source/publications/2021/11/education-response-to-covid-19-in-the-asia-pacific-region/221_hrd-education-response-to-covid-19-in-the-asia-pacific-region.pdf?sfvrsn=2ebede7_2。

2021年10月30日，"教师和教育平等区域会议：东南亚人民教育"举行，会议指出东南亚的教育平等形势非常具有挑战性。来自越南的教

---

① "最后一英里学校"（Last Mile Schools）指这样的学校：教室少于4间；无电；过去4年没有资金用于维修或新建资金项目；距中心1小时以上的通勤距离；教师少于5名，学生少于100名且其中75%以上是本地学生。

师反映，资金较少的教师和儿童没有资源购买学校用品，不同社会阶层教学质量标准不统一。马来西亚教师表示，农村和城市学校在获取资源和学习设施方面存在差异。各国代表也分享了本国促进教育平等的管理经验。

为保障贫困学生的受教育权，亚太经合组织成员采取了各种措施：为贫困学生分发或出租学习设备，提供在线和离线教育相结合学习系统和通过投资信息通信技术来缩小数字鸿沟。亚太经合组织一直重视教育的发展，2016 年，亚太经合组织教育部长会议通过《亚太经合组织教育战略》文件，计划到 2030 年，亚太经合组织将建成包容和优质为特色的教育共同体。泰国是 2022 年亚太经合组织会议东道主，泰国总理巴育强调数字化的重要性。为支持亚太经合组织 2022 年的主题"开放、联通、平衡"，泰国提议将"塑造具有数字化和环保意识的智慧公民"作为亚太经合组织人力资源开发工作组（HRDWG）2022 年的主题。举办亚太经合组织领导人非正式会议给泰国带来从疫情中复苏，实现更具包容性和可持续发展的机遇，泰国需要把握主办亚太经合组织会议带来的机遇，推动线上教育实现更高质量的发展。

2022 年 10 月 25 日，内阁同意泰国教育部（MOE）主办和主持第 13 届东盟教育部长级会议及相关会议，并通过了《2022 年东盟教育系统数字化转型宣言》（*2022 Declaration on the Digital Transformation of Educational Systems in ASEAN*）。宣言明确指出，要促进各级学校的长期筹资计划，重点是边缘化人群，以促进教育的数字化转型。2023 年 2 月，第三届东南亚教育会议（SEACE2023）强调，提高东盟较贫穷成员国的教育水平和质量仍然是一个必须共同应对的挑战。

泰国正努力将自身打造成东南亚地区的数字经济中心，中泰两国数字经济领域的合作空间十分广阔。2022 年 11 月 29 日，中国—东盟中心举办中国—东盟数字经济合作对话，旨在分享中国与东盟在数字化促防疫复苏双进展、数字基础设施建设和数字化转型等方面的经验，促进中国同东盟国家数字经济的长期健康发展。中国企业正助力泰国偏远地区的数字化转型,让数字化惠及更多泰国民众。2008 年,华为"未来种子"项目在泰国开展,帮助泰国教育产业适应数字时代。2019 年,华为在泰国开设华为东盟学院,组织数字技能培训,支持泰国 4.0 战略。在基础设施层面,华为为泰国诗纳卡宁威洛大学提供了高传输速度和低延迟的网络,提高了无线网络覆盖率和安全性。

三、教育之路上"不让任何人掉队"

疫情浪潮凶猛袭来之时,教学方式不得不改,世界各地的教育部门都在寻找在最短的时间内将线下教学转到线上教学的解决方案。疫情浪潮退去后,各国又恢复了以线下授课为主的教学模式,似乎教育模式并未彻底改变为线上上课。但疫情基本结束不代表着贫困学生所需的教育救助结束,不代表数字教育发展的结束。泰国深刻意识到教育是国家经济发展的重要基础,是国家可持续发展并稳定地克服各种危机的基础。

(一)皇室重视

为纪念拉玛九世普密蓬·阿杜德大帝登基 50 周年,泰国远程教育电视台于 1995 年 12 月 5 日首次开播。普密蓬·阿杜德大帝以 5 000 万泰铢个人资金作为启动资金,以支持发展优质的可持续教育。他希望用当时最先进的技术为人民提供公平的教育,解决师资短缺问题特别是偏远地区的教师专业与教学科目不匹配的问题。远程教育电视台是泰国学生们在疫情期间"停课不停学"的重要保障。2020 年 5 月 18 日起,远程教育电视台通过 17 个电视频道免费教学,涵盖幼儿园、小学、初中、高中以及职业教育课程。并采用重播制度,以方便家中有多个孩子及不同年级的孩子可以错开时间学习。

2022年8月20日，为更有效地解决教育不平等问题，进一步促进基金会的现代化运作，拉玛十世玛哈·哇集拉隆功国王陛下和王后主持了新远程教育电视台（NEW DLTV）的落成典礼。泰国皇室赞助创建的新远程教育电视台，通过延长频道播出时间至24小时；从标清系统升级到高清系统；改善广播录制教室条件；将制作流程由现场直播改为录音，方便教师提前备课和下载教案；拓宽收看渠道①等方式来保障疫情期间线上教学活动的正常开展。

（二）午餐补贴

疫情期间，学校的关闭不仅对贫困学生的学习造成影响，还对他们的健康状况和营养状况造成影响。在疫情导致学校大范围关闭之前，世界粮食计划署2019年发布统计称，"低收入和中等收入国家至少有3.1亿儿童在学校吃午餐"。② 当学校停课时，许多儿童不可避免地面临饥饿和营养不良。

泰国父母希望孩子上学的原因之一是他们能在学校吃午饭，节省家庭的伙食开支。为避免学生因营养状况不良而学习效果不佳的问题，泰国政府实行午餐补助。从2022年11月起，所有幼儿园至小学六年级学生午餐和营养品（牛奶）补贴由每人每天21泰铢调整为根据学校规模分配（参见图8）。

---

① 能够通过泰国皇家卫星远程教育基金会网站（www.dltv.ac.th）、DLTV应用软件和YouTube频道随时随地观看。

② "The Impact of School Feeding Programmes," World Food Programme, November 27, 2019, https://docs.wfp.org/api/documents/WFP-0000102338/download/.

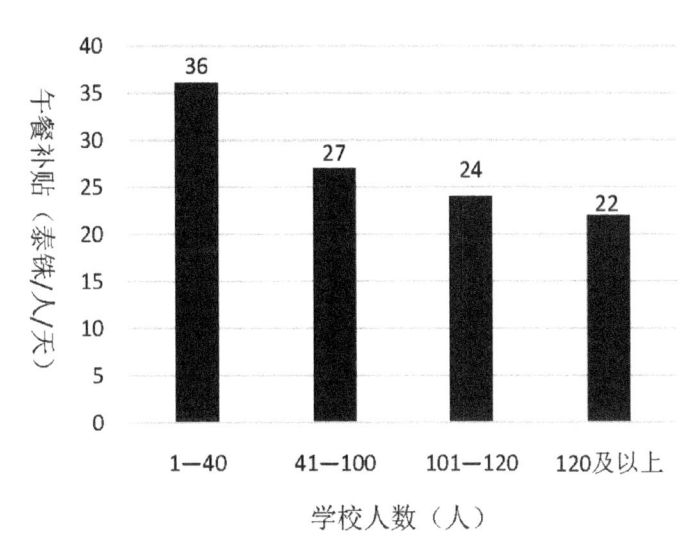

图8 泰国学校午餐费和营养品（牛奶）补贴费

注：笔者根据泰国地方行政部（Department of Local Administration）相关数据制作而成。

资料来源：《第二季度学校午餐和营养品（牛奶）费用清单（2023年1—3月）》，泰国地方行政部，2023年2月27日，http://dn.core-website.com/public/dispatch_upload/backend/core_dispatch_316659_1.pdf。

除了普惠性补贴，泰国也成立了专门改善残疾儿童及其家庭生活质量的残疾儿童基金会（Foundation of Children with Disabilities）。民众可以通过曼谷银行、泰国银行、开泰银行和暹罗商业银行等银行进行午餐项目捐款。政府每年拨款20 000泰铢的午餐计划费给泰国社会慈善组织（Foundation for Rehabilitation and Development of Children and Family），支持"这顿午饭……哥哥姐姐帮帮我"供餐计划。

（三）奖金支持

泰国基础教育制度几经改革，1921年颁布初等教育条例，规定义务教育为4年；1936年，修订《全国教育规划》延长至7年义务教育；1960年，根据教育平等的原则和促进教育发展的方针进行教育改革；

1977年，将七三二学制改为六三三学制，普及六年义务教育；1990年，决定逐步实施九年义务教育；1997年，12年义务教育被写入宪法；2009年，阿披实政府实行15年免费高质量教育战略。

2022年10月13日，泰国教育部通过"修复、创造和保护"① 政策，即减少教育不平等（修复）、创造教育机会（创造）和提高教育质量（保护）。在政策指导下，设立了如下项目：不让任何人掉队（No One Left Behind）、教育部安全中心（MOE Safety Center）、优质中心（Excellent Center）、优质学校（Quality School）与解决教师债务问题项目（Teacher's Debt Solving Project）。

泰国发现了学生义务教育毕业后大多不再继续接受教育的问题，意识到通过提供高等教育机会，帮助青年拥有未来职业所需技能和知识的重要性。增加奖学金学生的数量，扩大奖学金覆盖面，是防止学生辍学的主要手段。

1. 进步奖学金资助贫困学生完成高中教育或职业教育

促进贫困学生的在线教育与"泰国4.0"的"通过充分发挥社会所有成员的潜力，创造一个不让任何人掉队的社会（包容性社会）"的社会福祉目标相契合，与"将泰国人变成'21世纪的有能力的人'和'第一世界的泰国人'"的人民价值目标相匹配。

泰国公平教育基金会重视鼓励有潜力和有才华但经济条件窘迫的青年，帮助他们根据潜力接受教育和发展。基金会设立2023学年高中教育或职业教育进步奖学金，根据资产管理小组委员会的规则和程序，分配给家庭经济困难或残疾的青少年和教育机构及从事青少年工作的公益组织。

---

① 《教育部拯救泰国教育，用"修复、创造和保护"的政策应对危机》，《经理人报》2022年10月13日，https://mgronline.com/celebonline/detail/9650000098209。

2. 职业奖学金帮助学生获得谋生长久之计

泰国银行50周年基金会主要任务是为成绩优异、品德优良但家庭经济困难的学生提供奖学金，但目前得到奖学金的学生人数占贫困学生总人数比例较少。以泰国银行基金会为例，在过去的30年里，全国各地仅有2 000多名缺乏教育机会的学生得到了基金会的帮助。基金会统计发现，贫困学生经常在高三毕业后脱离教育系统，不再继续接受高等教育。

2023年3月24日，泰国银行50周年基金会与泰国公平教育基金会正式签订谅解备忘录，设立连续5年的高等职业创新奖学金。二者合力为教育机会平等提供保障，迈出参与社会教育机会保障制度的重要一步。基金会深入调查高等职业创新奖学金获奖学生后，发现他们大部分父母的教育水平低于义务教育。为帮助学生踏入工作岗位，承担家庭责任，成长为具有全面知识的人力资源，泰国银行50周年基金会与学术机构合作。通过教授奖学金获得者、家长、教师和社区金融知识，帮助培养获奖学生良好的财务能力。

3. 曼谷准备成为泰国第一个用当地资金增加对学生补贴的地区

2022年10月20日，为支持经济困难、残疾等弱势群体，曼谷在2022学年第一学期首创贫困学生数据库——曼谷市政府下属学校的奖学金筛选系统（BKK.thaieduforall.org）。泰国公平教育基金会通过间接收入衡量方法（PMT），分析家庭平均月收入、住房、农业用地、饮用水源、电力来源、车辆和家庭用品等8个家庭状况信息。通过贫困筛查和监测教育状况，泰国公平教育基金会与曼谷市政府于2023年3月2日一起向曼谷符合条件的贫困学生分配奖学金。

曼谷是泰国的政治中心、经济中心，也是人口最多的城市。曼谷市副市长萨农表示，正在共同努力提出建议，希望利用曼谷的预算，为学生制定更多教育的基本福利政策。进入曼谷市政府理事会的预算审议如果被接受，曼谷将是第一个用当地资金增加对学生补贴的地区。在经济发展水平较高的府用本府的财政进行补贴，能更有力缩小本府教育差距。率先在曼谷实行用当地资金增加对学生补贴，对其他府发挥了示范带动作用。

教育公平，意在使每个具有不同基本需求的学生得到必要的帮助，并发挥最大的潜力。帮助贫困学生和家庭通过接受教育来打破贫困的代际传递，使他们不再是为了"有饭吃"而上学，而是在保证受教育基本权利之后，激发他们学习和深造的内生动力。最终，这些学生将有平等的机会发展自己，从而推动国家的可持续发展。

虽然新冠疫情已基本结束，疫情凸显了泰国不断放大的教育公平差距。考芳的故事，也让人看到泰国教育数字化转型中巨大的城乡差距问题。在"泰国4.0"政策"创造一个不落下任何人的包容性社会"[①] "让教育继续前进，不让任何人掉队"[②] 目标的指引下，泰国政府正在为实现教育公平，加速教育现代化而不懈努力。

[①] "Thailand 4.0," The Royal Thai Embassy in Washington, D.C., https://thaiembdc.org/thailand-4-0-2/, accessed May 24, 2023.

[②] 《新冠疫情期间为儿童和青少年创造教育机会所做的工作示范》，公平教育基金会，2021年11月2日，https://www.eef.or.th/news-021121/。

俄罗斯教育数字化转型:动因、路径与挑战

刘奇 王陈昊志[*]

21世纪以来,数字技术对人类社会的生产发展产生了深刻影响。互联网、大数据、云计算、区块链等技术不仅给人类的生活方式和思维模式带来了重大变革,也深刻影响了教育系统的发展。2020年,俄罗斯将"数字化转型"写入国家发展目标,力争于2030年前在医疗、教育和国家管理等经济和社会领域的主要行业实现"数字成熟"。近年来,俄罗斯政府将数字化作为教育转型的主要方向,要求将智能决策支持系统、大数据智能分析系统、物联网、云技术等前沿技术融入教育发展。在此背景下,俄罗斯政府和高校积极实施"数字大学""数字思维"等项目,展开了如火如荼的"数字教育空间"建设。然而,新冠疫情叠加国际局势风云突变,俄罗斯教育的数字化转型注定面临重重挑战。

一、历史与现实因素合力推动教育数字化转型

俄罗斯在教育领域有着辉煌的历史。从积极学习西欧国家的教育经

---

[*] 刘奇,兰州大学外国语学院硕士研究生,研究方向为区域学(后苏联空间国家研究);王陈昊志,北京大学区域与国别研究院博士研究生,研究方向为俄罗斯及中亚高等教育。

验建立起独具特色的教育体系,到苏联时期作为科技强国称霸世界舞台,这片沃土培养出了元素周期律的发现者门捷列夫、高级神经活动生理学的奠基人巴甫洛夫、文学家屠格涅夫等诸多在各领域彪炳史册的人物。然而,苏联解体以后,教育目标的迷失、路径选择的迷茫以及财政资源的短缺让各种教育问题接踵而至,数字化转型成为俄罗斯教育重新崛起的重要突破口。

(一) 俄罗斯教育数字化转型的历史逻辑

俄罗斯的教育体系曾"取经"于西欧国家,在漫长的发展过程中逐渐形成了自己的特色。1682年,彼得一世即位后,在俄罗斯开展了大刀阔斧的改革,为俄罗斯打开了通向欧洲的窗口。"他以钢铁般的意志和巨大的干劲颁布了3 000多条法令……引入成千上万的专家,派出一批批俄罗斯年轻人去外国学习,并建立起许多具有实利主义性质的学校:数学和航海学校、海军学校、陆军学校、计算学校和居于最高地位的科学院。"[①] 1724年1月,彼得一世批准了建立彼得堡科学院的计划。彼得堡科学院的突出特点,是把科研机构、大学和中学结合在一起,使其具有科研和教学的双重职能,以便"用很小的代价,得到很大的好处",而彼得堡科学院附属大学也成为俄罗斯历史上第一所世俗高等学校。彼得一世逝世后,其女儿伊丽莎白的改革再一次深刻影响了俄罗斯教育的发展。1755年1月,俄罗斯女沙皇伊丽莎白签署谕令,宣布组建莫斯科大学。设立之初的莫斯科大学设法律、哲学和医学三个系,共10个教研室,有物理专用室和解剖室。学者既从事教学,也进行科学研究。与莫斯科大学同时开办的,还有两所附属文科中学,一所为贵族子弟而设,另一所接受除农民以外的各阶层子弟入学。为了给附属文科中学、贵族寄宿专

---

① 斯塔夫里阿诺斯:《全球通史:1500年以后的世界》,吴象婴、梁赤民译,上海社会科学院出版社,1992,第377页。

修学校、喀山文科中学培养师资，莫斯科大学在1779年还开办了俄国第一所师范学堂。师范学堂的学生除学习专业学科之外，还学习教育学并进行教育实习。总之，在200余年的欧化过程中，俄罗斯先后学习借鉴了德国、奥地利、法国等西欧国家的教育经验，建立起了属于自己的教学体系和教学制度。虽然这一时期的教育机构大多只为贵族提供掌握文化的机会，但是其开设和运营对俄罗斯整个社会的发展都起到了推动作用。

十月革命之后，列宁在社会主义改造与建设过程中十分重视工农群众和年青一代的教育问题。在坚持无产阶级教育革命、教育生产相结合、发展现代教育、重视培养工农子弟、提高教师地位等思想的指导下，苏联教育达到了比较高的现代化水平。20世纪50年代中期，苏联发射了世界上第一颗人造地球卫星。许多西方人士认为，苏联在太空探索领域的成就离不开其科学技术的迅速发展，而这又得益于其先进的教育体系。受此观念影响，西方国家掀起了学习、考察苏联教育经验的热潮。经过60年代中期至70年代的发展，苏联的教育质量有了进一步的提高，于70年代末80年代初实现了普及十年义务教育。1981年5月，美国《华盛顿邮报》发表文章，对美苏两国的普通教育进行了比较。文章指出，98%的苏联学生能够进入中学学习，而在过去十年间，美国的高中毕业生仅占75%。此外，苏联学校对学生的要求也严格得多。到中学毕业，苏联学生已学过五年代数、十年几何、两年微积分、五年地理、五年生物、五年物理和四年化学；而在美国，学过一年物理的高中毕业生只有9%，学过一年化学的只有16%，学过一年生物的也只有45%。[①] 苏联教育的发展对国家经济、科学和文化的发展起到了巨大的促进作用，其成就为世界所认可。

苏联解体后，俄罗斯在迷茫中步入了"西化"的行列，以市场经济

---

① 吴式颖：《俄国教育史——从教育现代化角度所做的考察》，人民教育出版社，2006，第423页。

为导向推进教育发展。2003 年,俄罗斯加入博洛尼亚进程,开始大规模引入"学士—硕士"两级高等教育体系和学分制度,尝试扩大与欧洲国家的教育科研合作,促进高等教育与国际接轨。对此,俄罗斯国内的质疑声此起彼伏。一些人认为,俄罗斯的政治、经济和文化教育体制与欧盟国家存在显著差异,加入博洛尼亚进程将导致俄罗斯丧失其在高等教育领域的优良传统,是"削足适履、迷失方向的自我毁灭过程"。① 从欧化模式到苏联模式,从市场化发展到加入博洛尼亚进程,俄罗斯的教育体系总体上呈现出从培养"实用型"人才向培养"专业型"人才过渡的趋势。苏联解体后,俄罗斯教育的竞争优势逐渐变弱,教学内容陈旧和教学质量不达标使其毕业生的雇主满意度不断下降。根据全俄社会舆论研究中心的调查,30%的俄罗斯人希望其子女在国外接受高等教育。② 俄罗斯高等经济大学于 2018 年发布的一份报告显示,只有约三分之一的俄罗斯人认为与科学研究相关的工作是有前途的。③ 这些民意调查数据表明,俄罗斯政府和高校迫切需要提高公众对本国教育系统和科学成果的满意度,并使其符合世界教育数字化发展的大势。

(二)俄罗斯教育数字化转型的现实推力

20 世纪 60 年代中期,苏联出现了一场基于计算机的"程序化学习和控制"运动,被认为是俄罗斯教育数字化转型的开端。④ 这场运动得到了当时科研和教育界的强烈响应,教育数字化的思想由此在俄罗斯生根

---

① 刘淑华:《俄罗斯教育战略研究》,浙江教育出版社,2013,第 269 页。
② Треть россиян хотят, чтобы их дети и внуки учились за границей—опрос, Интерфакс, 02. 10. 2019, https://academia.interfax.ru/ru/news/articles/3640 (дата обращения: 10. 05. 2023).
③ Российская наука в цифрах / В. В. Власова, Л. М. Гохберг, Е. Л. Дьяченко и др.; Нац. исслед. ун-т «Высшая школа экономики». —М.: НИУ ВШЭ, 2018, С. 25.
④ Кибернетика и проблемы обучения / под ред. А. И. Берга. М.: Прогресс, 1970 (转引自 Трудности и перспективы цифровой трансформации образования / под ред. А. Ю. Уварова, И. Д. Фрумина. М.: Издательский дом Высшей школы экономики, 2019, С. 57).

发芽。2001年，俄罗斯政府颁布了《发展统一的教育信息环境（2001—2005年）联邦专项纲要》，将教育信息化发展确定为教育领域的优先事项。2006年，俄罗斯启动"现代教育技术引进"项目，在2006—2008年投入了40.88亿卢布以实现俄罗斯中小学的网络全覆盖，[1] 进一步推动了教育数字化进程。近年来，俄罗斯的数字学习环境有了明显改善。计算机实验室的普及、互联网和数字资源在教育中的应用以及新冠疫情催生的线上教育市场繁荣等因素促进了俄罗斯教育界数字思维的觉醒。俄罗斯基洛夫州的报告表明，计算机已经智能到可以完成许多工作的常规部分，而人类需要做的是培养出能够驾驭机器的情商和批判性思维。[2] 具有数字思维的人才是发展数字经济的决定性要素，但俄罗斯超过56%的雇主认为，企业数字化转型中的主要瓶颈是缺乏虚拟现实和增强现实技术、大数据、人工智能、神经技术等领域的人才。[3] 这样一来，数字思维的觉醒和数字教育的不足成为制约俄罗斯数字经济发展的主要矛盾。

2022年2月，乌克兰危机升级后，欧美国家对俄罗斯实施了史上"最严厉的全面制裁"。随着乌克兰危机的长期化，欧美国家的制裁目标逐渐从"制造恐慌和危机进而摧毁俄罗斯经济"转变为"削弱和破坏俄罗斯的综合实力和长期发展潜力"。[4] 制裁对俄罗斯的教育领域也产生了不利影响：Zoom视频通信公司一度拒绝向莫斯科国立鲍曼技术大学、莫斯科工程物理学院、高等经济大学等高校提供服务；美国开放式在线课程提供商Coursera也自2022年3月起限制俄罗斯用户访问，并且下架了

---

[1] Интернет в российских школах. Справка, РИА Новость, 30.09.2009, https://ria.ru/20090930/186941184.html?ysclid=liaamw07t1423804989（дата обращения: 12.05.2023）.

[2] Ф79 Формирование цифровой грамотности обучающихся: Методические рекомендации для работников образования в рамках реализации Федерального проекта «Цифровая образовательная среда» / Авт.-сост. М. В. Кузьмина и др. —Киров: ИРО Кировской области, 2019, С. 6.

[3] Морозова О. И., Семенихина А. В. Проблемы кадрового дефицита в условиях цифровой экономики // МНИЖ. 2020. №6-4 (96). URL: https://cyberleninka.ru/article/n/problemy-kadrovogo-defitsita-v-usloviyah-tsifrovoy-ekonomiki（дата обращения: 06.06.2023）.

[4] 徐坡岭：《美欧制裁压力下俄罗斯经济的韧性、根源及未来方向》，《俄罗斯学刊》2022年第4期。

俄罗斯高校的全部课程。为了应对制裁风险、保障经济社会持续健康发展，俄罗斯将目光投向了教育的数字化转型。俄罗斯学者在分析了爱尔兰经济腾飞的案例后认为，国家的经济发展与教育的数字化转型密切相关。在教育数字化的影响和推动下，高校和企业的合作进一步加强，高校培养的高水平人才更加符合现代企业的需要，助力经济社会发展。① 与此同时，数字经济特有的高渗透性、高创新性、高倍增性等特点，对于俄罗斯摆脱能源经济依赖与弥补人口不足的劣势具有重要的战略意义。②

随着新兴科技的不断革新、数字经济的飞速发展、劳动力市场要求的不断提升，教育的数字化转型在世界范围内成为大势所趋。在"内忧外患"之下，俄罗斯传统的教育体系、组织形式、教学模式和学习模式都面临着数字时代的全新挑战，实现教育数字化转型的需求愈加急切。在此背景下，如何实现教育的数字化转型成为俄罗斯教育界无比关心的议题。

二、"三步走"推进教育数字化转型

教育数字化转型是一种划时代的系统性教育创变过程，指将数字技术整合到教育领域的各个层面，推动教育制度、教学模式、学习思维等全方位的创新与变革，从供给驱动变为需求驱动，建立起具有开放性、适应性、柔韧性、永续性的良好教育生态。③ 新冠疫情放大了数字技术的作用和效能，"线上+线下"的混合式教学成为教育常态，教育"云合

---

① Трудности и перспективы цифровой трансформации образования / под ред. А. Ю. Уварова, И. Д. Фрумина. М. : Издательский дом Высшей школы экономики, 2019, С. 55.
② 杜岩岩、唐晓彤：《面向2030的俄罗斯高等教育数字化转型现实图景与战略规划》，《比较教育研究》2022年第3期。
③ 祝智庭、胡姣：《教育数字化转型的本质探析与研究展望》，《中国电化教育》2022年第4期。

作"迅速发展。在此背景下,为了扭转科技竞争力下降、教育市场份额缩减的态势,俄罗斯力图通过发展数字经济夺回全球科技发展的主导权和话语权,以数字技术推进教育转型升级。面对瞬息万变的国际局势和转瞬即逝的窗口期,俄罗斯科学和高等教育部副部长亚历山大·纳鲁卡夫尼科夫表示,在当前形势下,教育的数字化转型之路注定无法按部就班地进行,"我们被迫同时做几件事情"。① 在此背景下,俄罗斯试图从顶层设计、基础设施和思维模式同时入手,分三步走出教育数字化转型的"俄罗斯模式"。

(一) 数从何来? 制度先行

2020 年 7 月,俄罗斯颁布了《2030 年前国家发展目标》,提出要在教育等经济社会关键领域实现"数字成熟"。2021 年,俄罗斯教育部和俄罗斯科学和高等教育部先后颁布了本部门的《教育数字化转型战略》,为俄罗斯教育的数字化转型作出了顶层设计。俄罗斯教育部规划了数字图书馆、数字档案、数字管理系统、数字助手等 6 个战略方向,推动实现教育资源、行政管理、教学模式等方面的数字化转型。科学和高等教育部实施了数据库、数字化转型架构、数字大学、统一科学服务平台、软件和设备保障市场、数字教育、数字服务中心等 7 个项目,为教育领域服务系统、数据管理、基础设施和人力资源管理等方面的数字化转型提供保障。两个转型战略由两个部门分别牵头组织实施,数字发展、通信和大众传媒部(以下简称"数字发展部"),各部属高校,中等教育学校和企业多元主体推进,确保项目按时完成。除及时出台政策方案外,

---

① Опубликована стратегия цифровой трансформации науки и высшего образования: к чему готовиться? Научно-технологическое развитие Российской Федерации, 22. 07. 2021, https://xn--m1agf. xn--p1ai/events/opublikovana-strategiya-tsifrovoy-transformatsii-nauki-i-vysshego-obrazovaniya-k-chemu-gotovitsya/?ysclid=lhqg73rvpv755987619 (дата обращения: 15. 05. 2023).

俄罗斯政府对教育数字化转型也"慷慨解囊"。数据库和统一科学服务平台项目作为紧急项目，国家财政将在2021—2024年内先后拨款6.85亿和9.75亿卢布。① 俄罗斯教育部正在实施的"数字教育环境"项目总预算为701亿卢布，其中603亿卢布将分配到各联邦主体。② 到2024年，教育支出将占国内生产总值的5.2%，③ 这对于正处于乌克兰危机拉锯战中的俄罗斯来说可谓一笔不小的开销。

在完善规划和充足预算的支持下，俄罗斯首先选择建立覆盖全国的数字教育管理系统。自2023年初开始，俄罗斯所有的高校和中小学必须使用国家信息系统。"我的大学"和"我的学校"系统将把学校的各项数字信息接入国家信息平台。俄罗斯科学和高等教育部计划同本国数字技术企业一起，联合打造集成性数字信息服务系统，为所有高校提供关键业务的数字化服务。与此同时，各教育机构预计在2024年实现档案无纸化，90%的文件将完成电子归档。④ 到2030年，教育评估不再基于学校的报告完成，教育领域的管理决策将基于智能算法支持的大数据分析结果进行。数字教育服务还推出了"大学在线录取"功能。2020年，54所俄罗斯高校入驻该系统，近2万名毕业生完成了在线申请。2021年，入驻该系统的高校达到442所。俄罗斯科学和高等教育部计划于2023年

---

① Стратегия цифровой трансформации отрасли науки и высшего образования. Москва, 2021, C. 49, 149. https://minobrnauki.gov.ru/upload/iblock/e16/dv6edzmr0og5dm57dtm0wyllr6uwtujw.pdf (дата обращения: 15.05.2023).

② Федеральный проект: Цифровая образовательная среда, Минпросвещения России, 07.03.2023, https://edu.gov.ru/national-project/projects/cos/ (дата обращения: 16.05.2023).

③ Порядка 3,8 трлн рублей направят из бюджета России на образование в 2022–2024 годах, ТАСС, 01.10.2021, https://tass.ru/ekonomika/12549109?ysclid=lhiuisjxox605143692 (дата обращения: 18.05.2023).

④ Паспорт стратегии Цифровая трансформация образования. Москва, 2021, C. 16. https://docs.edu.gov.ru/document/267a55edc9394c4fd7db31026f68f2dd/?ysclid=likhj1zvk1654585795 (дата обращения: 16.05.2023).

在全国范围内推广该服务。①

在政府统筹推进教育数字化的同时,俄罗斯高校也以校际联合、单设部门等方式寻求数字化转型。2019年6月,鄂木斯克国立技术大学等32所高校共同签署了《教育空间数字化宪章》,并在此基础上成立了数字大学联盟。联盟高校将在数字化活动的开发、实施和管理过程中使用统一的数据格式,共享精品在线课程、数据库、智能服务和预测系统,共同保护智力成果和知识产权。② 2021年,莫斯科国立大学数字化转型委员会成立,央捷科斯等多家科技企业的高层领导齐聚成立大会会场。莫斯科大学校长萨多夫尼奇院士表示,俄罗斯高校未来十年的任务只有在现代数字化平台上才能完成。因此,现在急需将学校已有的数字基础整合成数字化技术加持的"盔甲",③ 来抵御西方国家在教育领域的制裁措施。

(二) 数作何用? 技术赋能

数字基础设施的普及度是教育数字化转型的重要指标。俄罗斯教育部领导的"数字教育环境"项目计划在2024年前为22 010家教育机构配备数字教育设备,建立340个儿童数字教育中心,确保至少30%的学校、45%的教师使用国家数字教育环境信息服务平台。④ 就数字基础设施的普及度而言,俄罗斯的数字教育环境有了明显改善:在2021—2022年,俄

---

① К суперсервису «Поступление в вуз онлайн» подключились 442 высших учебных заведения, ТАСС, 25.06.2021, https://tass.ru/obschestvo/11749541? ysclid = lhkq3mll2i43122123 (дата обращения: 21.05.2023).

② Хартия о цифровизации образовательного пространства, https://www.tltsu.ru/hartiya/ (дата обращения: 18.10.2022).

③ В МГУ создан Совет по цифровой трансформации, МГУ, 23.06.2021, https://www.msu.ru/news/v-mgu-sozdan-sovet-po-tsifrovoy-transformatsii.html (дата обращения: 23.05.2023).

④ Федеральный проект: Цифровая образовательная среда, Минпросвещения России, 07.03.2023, https://edu.gov.ru/national-project/projects/cos/ (дата обращения: 23.05.2023).

罗斯 9 157 个教育机构新配备了数字基础设施，建立了超过 14.9 万个无线网络接入点，安装了 3.1 万个摄像头和 9 000 个录像机。① 基础设施的更新换代促使教学从传统的低互动式转变为互动式和开放式，让教学场域转向利用混合数字技术的"智慧教室"。托木斯克国立大学的科研团队于 2020 年开发了"阿克特鲁"混合教育系统。据项目负责人介绍，研发与测试"阿克特鲁"系统通常需要超过两年时间，但疫情迫使他们快速反应，仅用一年时间就让系统投入使用。该系统能帮助教师摆脱技术难题，可以容纳 2 500 名线下学生和 4 500 名线上学生同时学习，有效扩大了教学空间。针对国际学生提到的上课过程中"听不懂、网不好"等问题，该系统可以将授课内容实时翻译成多国语言，并在课程结束后将课程录像自动上传到云盘，从而实现教育资源的"云同步、云共享"。该校学生格里戈莉安表示："'阿克特鲁'系统用起来十分方便，一个按钮就能启动所有功能；还能进行语音对话、实时翻译，它让我们的课堂变得更加有趣。"②

2022 年 2 月乌克兰危机升级以来，以美国为首的西方国家对俄罗斯的制裁不断加码，教育领域制裁也接连不断：拒绝与俄罗斯科研人员的合作、勒令部分软件在俄罗斯停用、禁止俄罗斯用户访问网课资源……面对"史上最严厉的制裁"，俄罗斯一一接招，以数字化手段改良国内教育环境，走上"逆西方化"之路。当前，俄罗斯正在开发统一科学服务平台，整合成果研发、科研人员交流和数据共享等功能，试图打破西方的科研成果垄断和学术话语霸权。俄罗斯的教育软件也逐渐实现了进口替代。越来越多的俄罗斯学校放弃使用微软公司的产品，转而使用俄罗

---

① Калмацкий М. Цифровизация образования в России выходит на новый уровень, ФГБУ «Редакция «Российской газеты», 13. 02. 2023, https://rg.ru/2023/02/13/cifrovizaciia-obrazovaniia-v-rossii-vyhodit-na-novyj-uroven.html?ysclid=lf9o7ffog8504371337（дата обращения: 15. 03. 2023）.

② Лобанова М. Первые в стране: ТГУ создал новое пространство для гибридного обучения студентов, tomsk.ru, 08. 02. 2022, https://www.tomsk.ru/news/view/188244-pervye-v-strane-tgu-sozdal-novoe-prostranstvo-dlya-gibridnogo-obucheniya-studentov（дата обращения: 06. 12. 2022）.

斯国产办公软件。2021年3月，俄罗斯教育部、数字发展部、俄罗斯电信公司和Mail.ru集团联合推出信息通信平台Spherum，成为国内网课使用的主流平台。截至2023年2月，Spherum平台的用户总数已达690万，其中包括614万学生和76万教师，4.43万个教育机构使用该平台授课。①

与此同时，俄罗斯政府和学校还致力于数字资源的开放共享，努力丰富国内的网课资源。科学和高等教育部的数据库项目正试图建立一个具有收集、处理和展示数据的能力的数据管理系统。该系统不仅能简化大学和科研机构与教育部门之间的数据交换，还将为企业和公众提供信息访问路径，以求让科学发展的成果为全社会所共享。早在2018年，"数字学院"项目在莫斯科启动。该平台涵盖120个高等教育专业和17个普通中学教育学科的562门课程。学生可以在"数字学院"平台上在线听课，进行各种主题研讨，并在模拟器上进行练习。目前，"数字学院"已经扩展到49所学校，正在俄罗斯全国逐步推广。② 在普通中等教育数字资源的提供上，"我的学校"系统已投入使用。该系统不仅可以访问经过验证的教育数据库和测试系统，而且具有云存储、文件编辑等功能。该系统拥有超过6500份教育资料，学生和教师可以有针对性地选择课程进行学习和教学，系统将根据师生的选择形成个人教育或教学轨迹。预计到2024年，俄罗斯基础教育阶段所有科目的教学内容都将通过"我的学校"系统提供。

（三）数有何效？人才蓄势

数字时代的浪潮不可逆转。在作出顶层设计、完善数字基础设施的

---

① Калмацкий М. Цифровизация образования в России выходит на новый уровень, ФГБУ «Редакция «Российской газеты», 13.02.2023, https://rg.ru/2023/02/13/cifrovizaciia-obrazovaniia-v-rossii-vyhodit-na-novyj-uroven.html?ysclid=lf9o7ffog8504371337 (дата обращения: 15.03.2023).

② 同上。

同时，俄罗斯教育界更加注重对数字思维的培养。在"优先-2030计划"框架下，俄罗斯政府专门设立了"数字教研室"项目，在115所高校设立了"数字系"，为学生提供数字领域的第二学位教育，以提高学生数字技能，拓展学生数字思维。目前，莫斯科国立师范大学的数字系已经吸引了超过200名学生。与此同时，一些学校则致力于教学理念的创新与变革，利用数字技术转变教育模式，实现学生个人发展和国家现实需求的辩证统一。以秋明国立大学为例，该校在俄罗斯率先实施"个人教育轨迹"项目，转向"2+2+2"培养模式（2年通识教育+2年专业教育+2年硕士教育）。学生将在导师指导下自由选择课程，制订个人教学计划，并且可以通过网络平台选择其他学校甚至其他国家的课程。秋明国立大学计划打破学位证书上只注明单一专业的传统，将学生完整的、多元化的教育过程反映在毕业证书上，① 以增加学生在就业市场上的竞争力。"个人教育轨迹"项目在学生中引起了较大反响，一些学生希望自己能够成为"新闻专业的法医""管理专业的摄影师"。调查数据显示，超过80%的学生愿意参与这一项目，超过40%的学生认为该项目有利于教育质量的提升。②

为了让数字人才更快投入到经济社会的数字建设中，除了学校本身的数字资源，俄罗斯高校也在积极拓宽与教育技术公司的合作，在更大范围内培养符合企业需求的数字人才。2021年，高等经济大学、俄罗斯总统国民经济和公共管理学院等4所高校同教育技术公司联合推出了25个线上教育项目，主要面向数据科学、机器学习、网络开发等IT领域。③

---

① Создай индивидуальный образовательный трек, ТюмГУ, https://www.utmn.ru/obrazovanie/priority-education/?ysclid=leca0fmz6g820746631（дата обращения: 06.02.2023）.

② Студенты об индивидуальных образовательных траекториях, ВКонтакте, 05.07.2019. https://vk.com/@tyumen.university-studenty-ob-individualnyh-obrazovatelnyh-traektoriyah（дата обращения: 06.02.2023）.

③ Высшее образование онлайн: как EdTech и вузы запускают совместные программы, Медиа нетологии, 28.01.2022, https://vc.ru/hr/355658-vysshee-obrazovanie-onlayn-kak-edtech-i-vuzy-zapuskayut-sovmestnye-programmy?ysclid=l8vpm025y2319408335（дата обращения: 16.10.2022）.

如表1所示，这些线上教育项目组织结构清晰，校企分工明确，更重要的是，这种以劳动力市场为导向、将校企合作贯穿人才培养全过程的教学方式更能得到雇主的青睐。与此同时，为了加速知识成果转化、促进毕业生就业，俄罗斯研发了"数字同步地图"系统，以实现高校和企业之间的有效互动。俄罗斯教育科学院专家纳塔利娅·布拉耶娃表示，"数字同步地图"系统能够实现资源互动，包含了毕业生就业率、课程专业性、学校基础设施和雇主需求等教育系统和地区经济互动的关键指标。① 该系统的数字资源在俄罗斯全国范围内互通，各地的教育部门可以通过它来比较不同地区的教育状况，收集企业的用人需求，以此来为企业一对一定制教育方案，从而改善教育机构与实体经济之间的互动模式。总体而言，教育的数字化转型促进了学生数字思维的形成，以数字教育为基础、以市场需求为导向的人才培养模式提高了俄罗斯教育的吸引力和竞争力。

表1 高校与教育技术公司的分工

高校：提供学术环境	教育技术公司：提供实践机会
设计整体教学方案和内容	提供技术支持
选拔学生，处理相关文件和行政事务	吸引学生
组织教师开展基础课程教学	开设实践课程
辅导毕业论文，组织答辩	组织实习
按照国家标准给予学分，颁发国家文凭	为学生和企业专家提供交流合作平台

资料来源：Высшееобразованиеонлайн: как EdTech ивузызапускаютсовместныепрограммы, vc. ru, 28. 01. 2022, https://vc. ru/hr/355658-vysshee-obrazovanie-onlayn-kak-edtech-i-vuzy-zapuskayut-sovmestnye-programmy?ysclid=lmbwglgej432736656（датаобращения: 15.03.2023）。

教师在教学过程中起着主导作用，教师的数字技能培训是教育数字化转型的另一个重要任务。在基础教育领域，教育部主持开发的"教师

---

① Калмацкий М. Цифровизация образования в России выходит на новый уровень, ФГБУ «Редакция «Российской газеты», 13.02.2023, https://rg. ru/2023/02/13/cifrovizaciia-obrazovaniia-v-rossii-vyhodit-na-novyj-uroven. html?ysclid=lf9o7ffog8504371337（дата обращения: 15.03.2023）.

数字助理服务"通过数字手段有效减轻了教师的负担。这项数字服务不但能满足教师的数字化培训,还能通过人工智能辅助教师批改家庭作业、规划教学方案,甚至可以根据教师的专业资格和兴趣制订教师的职业生涯发展方案,为教师的个性化、全方位发展提供对策建议。在高等教育领域,在科学和高等教育部主导的"数字教育"项目中,项目高校计划就数字教学资源的使用和开发、线上数字技术课程的开设、主要软件和设备的使用等内容为教师提供培训,以此来提升教师的数字素养。莫斯科国立师范大学校长、俄罗斯教育科学院院士阿列克谢·卢布科夫表示,俄罗斯正在创建第四代联邦高等教育标准,大学教师的数字化技能培养是其重中之重,"我们计划在师范大学引入'教师培训核心'系统,为教师适应数字化教育环境做必要的准备"。①

三、俄罗斯教育数字化转型的挑战

2022年5月,俄罗斯宣布正在研究退出"博洛尼亚进程",回归俄罗斯传统的、独特的教育体系。俄联邦安全会议秘书尼古拉·帕特鲁舍夫在采访中表示,"事实上,我们的学生和教师已经被排挤出了西方科学和教育领域。我认为我们应该放弃博洛尼亚教育体系,回归到世界上最好的国内教育模式"。② 乌克兰危机升级以来,俄罗斯在经济社会发展的各个领域走上了"逆西方化"道路。然而,如何在重重包围和夹击中实现教育的数字化转型,如何以数字人才培养激发经济社会活力,这是俄罗斯必须直面的问题。

---

① Калмацкий М. Цифровизация образования в России выходит на новый уровень, ФГБУ «Редакция «Российской газеты», 13. 02. 2023, https://rg.ru/2023/02/13/cifrovizaciia-obrazovaniia-v-rossii-vyhodit-na-novyj-uroven.html?ysclid=lf9o7ffog8504371337(дата обращения: 15. 03. 2023).
② 《俄科教部证实准备退出"博洛尼亚进程"》,俄罗斯卫星通讯社,2022年5月25日,https://sputniknews.cn/20220525/1041568009.html,访问日期:2023年3月15日。

（一）数字化转型的顶层设计落实不到位，整体架构急需完善

从 2016 年的"俄罗斯联邦现代数字教育环境建设"项目，到 2018 年出台的《俄罗斯国家教育方案》，再到 2021 年两个教育部门分别出台的《教育数字化转型战略》，俄罗斯在短短 5 年间出台了多个旨在推动教育数字化转型的政策方针，体现出其推动教育数字化转型的决心。然而面对教育数字化转型，俄罗斯"心有余而力不足"。财政紧缺成为顶层设计不能按时按量落实的主要原因。俄罗斯在"教育发展"等国家计划中，2017—2018 年分别下放 4 501 亿卢布和 5 601 亿卢布，而 2019 年甚至少于 2 000 亿卢布。2018 年俄罗斯国家财政的教育投入占国内生产总值的 3.5%，仅为教育大国瑞典占比的二分之一。①

此外，俄罗斯许多高校未能及时建立与数字化教学相适应的评教考核制度和行政管理体系。俄罗斯学者马克西姆·果洛夫钦认为，俄罗斯教育领域尚未建立起完善的"数字网"来取代传统上严密而冗杂的"制度网"。② 学校的行政管理体系并没有完成数字化转型，现有的数字系统也无法对教学过程和结果进行有效评估，师生都无法得到对方的有效反馈。我国学者指出，在美欧制裁长期化背景下，俄罗斯经济将走上一条经济主权优先，有限开放、有限市场竞争与政府深度介入资源配置相结合的发展道路。③ 因此，在国家主导教育拨款的同时，俄罗斯的学校或将

---

① Образование в цифрах: 2022: краткий статистический сборник / Л. М. Гохберг, Л. Б. Кузьмичева, О. К. Озерова и др. ; Нац. исслед. ун-т «Высшая школа экономики». —М. : НИУ ВШЭ, 2022, С. 28.

② Головчин М. А. Институциональные ловушки цифровизации российского высшего образования // Высшее образование в России. 2021. №3. URL: https://cyberleninka.ru/article/n/institutsionalnye-lovushki-tsifrovizatsii-rossiyskogo-vysshego-obrazovaniya (дата обращения: 06.06.2023) .

③ 徐坡岭：《美欧制裁压力下俄罗斯经济的韧性、根源及未来方向》，《俄罗斯学刊》2022 年第 4 期。

通过与教育科技公司合作或引进外资以实现"开源",并通过缩减行政管理费用来实现"节流",以此支撑教育数字化转型方案的落实和数字管理系统的完善。

(二)基础设施差距造成的数字鸿沟加剧了教育不平等

教育数字化转型的初衷之一,是促进教育资源的共享和平等,让不同地区、民族和社会地位的学生平等享有丰富的网络教育资源,推动数字化教育资源的有序流动和全社会范围内的人才培养。尽管数字技术正在变得更广泛、更易获取,但就目前而言,其应用是不均衡的。俄罗斯学者指出,因在获得数字技术的途径上不平等而产生的差距被称作数字鸿沟。① 当前,俄罗斯正在通过在全国范围内提升学校的数字基础设施来弥补数字鸿沟,教育部通过"数字教育环境"项目为中等和学前教育机构更新基础设施,科学和高等教育部领导的《教育数字化转型战略》的7个项目也包括了基础设施的现代化,希望通过更换所有过时的设备来确保大学和研究中心的基础设施符合现代化数字教育的要求。然而,虽然技术方面的数字鸿沟不断缩小,但是地域上的数字鸿沟却变得日益明显。在莫斯科、圣彼得堡等发达地区的学生使用现代化设备学习时,西伯利亚等欠发达地区甚至无法满足一名学生一台电脑的基本配置。在俄罗斯建设世界一流大学的"5-100"计划中,不同地区高校间的差异尤其明显:位于莫斯科和圣彼得堡的高校在数量和地理优势的基础上,吸纳了包括学生、教师在内的大部分资源。② 高等经济大学在"5-100计划"中获得的项目经费总额超过50.3亿卢布,而南乌拉尔国立大学、西伯利亚

---

① Проблемы и перспективы цифровой трансформации образования в России и Китае. М.: Издательский дом высшей школы экономики, 2019, С. 37.
② 元璠璠、周倩:《从"5-100计划"到"优先-2030计划"——俄罗斯世界一流大学建设计划的反思与展望》,《比较教育研究》2022年第5期。

联邦大学和波罗的海联邦大学在同一时段的项目经费只有4.26亿卢布,两者相差近12倍。① 财政支持的差异使得地处偏远的学校数字化转型举步维艰。

与此同时,人的数字鸿沟也在数字技术的普及中逐渐显现,尤其体现在两个教育主体——教师与学生之间。在俄罗斯,尚有许多教师未能掌握数字技术,海量的数字教育资源也未能促使教师扩充教学资料储备。托木斯克国立大学于2021年进行的调查显示,俄罗斯有25%的教师没有掌握数字教育所需要的技术。在数字教育资源被广泛使用的今天,仍有70%的教师仅使用学校内部的教学资源,仅有10%的教师会引用国际化的教学材料。② 在数字技术不断更新换代的前提下,只有不断加大教育数字基础设施的投入,提高弱势群体对数字技术的掌握程度,才能尽量弥合不断出现的数字鸿沟。

(三)人才培养质量无法满足经济社会发展需求

在人才培养质量方面,俄罗斯的联邦国家教育标准将培养学生独立学习的能力作为教育工作最重要的成果之一,以及数字经济发展的重要基石。③ 然而,教学程序、教学实施者(课程教师、导师或辅导员)之间的责任分配和绩效指标并不固定,也没有建立适当的程序来评估学生是否已经形成了独立学习的能力。目前的教育重点仍停留在向学生传递知识,很少有教师关注学生技能的发展。事实证明,教育和人才培养质量不达标已经严重阻碍了俄罗斯的经济社会发展:由于进入劳动力市场

---

① 王陈昊志:《21世纪的俄罗斯教育:在曲折中前进》,载北京大学区域与国别研究院主编《博望天下》第1辑,世界知识出版社,2022,第95页。

② Фрумин И Д. Качество образования в российских университетах: что мы поняли в пандемию: Аналитический доклад / Суханова Е. А. Томск: Издательство Томского государственного университета, 2021, С. 36.

③ Проблемы и перспективы цифровой трансформации образования в России и Китае. М.: Издательский дом высшей школы экономики, 2019, С. 39.

的毕业生教育质量低下，无线电子行业人员短缺已达到40%—60%。工业和贸易部以及计算机硬件制造商协会甚至致函教育部，要求将无线电专业学生的培训延长一年，以此促进学生"保质保量地提升专业技能"。① 与此同时，基于数字技术的远程教育加剧了学生的学术不端行为。数据显示，约40%的学生承认在考试中使用过参考资料，近1/4的学生提交了从网上下载的论文，而只有1/3的学生对作弊感到羞耻。大多数学生认为，因害怕忘记材料或没有足够时间准备考试而使用小抄的行为是可以被原谅的。② 当前，在人才培养质量下行的背景下，发展以结果为导向的教育模式、重视培养学生的实践技能或将成为俄罗斯提高人才培养质量、满足经济社会发展需要的有效途径。

在数字化浪潮的推动下，俄罗斯教育系统的数字化转型已成大势所趋。俄罗斯政府和学校以经济社会需求为导向，从制度、技术、人才培养三方面入手进行数字化改革，为教育系统的发展提供了新动能，在当前教育全球化、数字化的浪潮中初步脱困。然而，在小有成就的同时，俄罗斯教育的数字化转型也面临着许多棘手的问题。从宏观层面看，持续了一年多的乌克兰危机已进入拉锯模式，各方势力暗中较量，冲突局势不甚明朗。乌克兰危机的持续是否会让俄罗斯本就不多的高等教育投资"雪上加霜"？在动荡不安的国际局势下，已经"半松绑"的教育体系是否会被裹挟、被转型？从微观层面看，数字化教育在发展的过程中存在教育质量不高、学术不端等问题。如何保证和提升混合式教学的质量？如何使数字教育体制化、系统化、规范化？无论如何，数字教育能

---

① Производители электроники пожаловались на качество образования специалистов, ФГБУ «Редакция «Российской газеты», 15.05.2023, https://rg.ru/2023/05/15/proizvoditeli-elektroniki-pozhalovalis-na-kachestvo-obrazovaniia-specialistov.html (дата обращения: 28.05.2023) .

② Фрумин И Д. Качество образования в российских университетах: что мы поняли в пандемию: Аналитический доклад / Суханова Е. А. Томск: Издательство Томского государственного университета, 2021, C. 37–38.

否在俄罗斯大地上生根发芽,并顺利成长为新的"俄罗斯模式",这是俄罗斯教育转型必须直面的问题。总体而言,俄罗斯教育的数字化转型已经开始,需拭目以待。

《博望天下》征稿函

当今中国正在走向世界，迫切需要更加全面系统、深入细致地了解和理解世界，建立充实、成熟的国际视野和世界图景。中国的区域国别研究（Area Studies）是从"关注自己"向"关注世界"转变的学术自觉，是帮助中国理解世界的重要窗口。

研究始于观察。对外国社会的深入观察，对国际重大事件的客观记录、对区域问题的审视思考、对全球治理的宏大叙事，都会极大丰富国人理解世界的想象和方式，服务新时代中国参与全球治理的使命担当。在区域国别研究中，我们始终提倡和鼓励开展实地观察，旨在为中国提供一种看世界的思想方位，为中国融入世界提供广泛而坚实的知识支撑。我们希望汇聚这样一种力量，让那些具有家国情怀、人类关怀和世界视野的观察者聚在一起，凭借不同领域的专业知识和敏锐的洞察力开展学术反哺。

为此，我们愿提供这样一种平台，为身处海外的学者、社会人士、留学生等群体敞开发表真知灼见的大门，鼓励观察者从不同角度、不同维度针对特定国家或地区撰写观察日志，包括但不限于观察对象的经济、政治、社会、文化、民俗、组织及其他与人类相关的社会活动，真正把文章写在对象国大地上。我们努力争取让每一篇观察日志都尽可能通过多种渠道呈现给读者，并以《博望天下》丛刊进行结集出版，让参与者拥有自己署名的纸质作品。

鉴于此，由北京大学区域与国别研究院主办的《博望天下》丛刊面向全世界的观察者征集稿件，欢迎海内外从事和关注区域与国别研究的朋友们投稿，投稿要求如下：

1. 事情真实，观点鲜明，论证严密，行文规范接地气，最好有一个或几个主题，避免流水账。

2. 一般在 3 000—10 000 字，附有图片或短视频，附有作者简介（包括姓名、职业、教育背景等）。

3. 来稿请采用 Word 格式，投稿邮箱：pkuias@pku.edu.cn。

4. 本征稿启事自发布之日起，长期有效。

主办单位：北京大学区域与国别研究院

地　　址：北京大学燕南园 66 号院　100871

电　　话：010-62759083

电子邮箱：pkuias@pku.edu.cn